Paris und Umgebungen

Friedrich Hermann

Copyright © BiblioLife, LLC

BiblioLife Reproduction Series: Our goal at BiblioLife is to help readers, educators and researchers by bringing back in print hard-to-find original publications at a reasonable price and, at the same time, preserve the legacy of literary history. The following book represents an authentic reproduction of the text as printed by the original publisher and may contain prior copyright references. While we have attempted to accurately maintain the integrity of the original work(s), from time to time there are problems with the original book scan that may result in minor errors in the reproduction, including imperfections such as missing and blurred pages, poor pictures, markings and other reproduction issues beyond our control. Because this work is culturally important, we have made it available as a part of our commitment to protecting, preserving and promoting the world's literature.

All of our books are in the "public domain" and some are derived from Open Source projects dedicated to digitizing historic literature. We believe that when we undertake the difficult task of re-creating them as attractive, readable and affordable books, we further the mutual goal of sharing these works with a larger audience. A portion of BiblioLife profits go back to Open Source projects in the form of a donation to the groups that do this important work around the world. If you would like to make a donation to these worthy Open Source projects, or would just like to get more information about these important initiatives, please visit www.bibliolife.com/opensource.

Griebens Reise-Bibliothek, Band 21.

PARIS
und Umgebungen.

Praktischer Führer

neu bearbeitet

von

Friedrich Hermann.

Mit neuem **Plane von Paris**, neuer **Uebersichtskarte**, dem Plane des **Bois de Boulogne** und neuer Karte der Umgebungen von Paris.

Sechste Auflage.

Berlin 1886.
Verlag von Albert Goldschmidt.

Inhalts-Verzeichniss.

	Seite
Praktische Notizen.	
Ankunft in Paris	1
Pass und Zoll, Geld, Sprache	2
Zur Orientirung	5
Zeit-Eintheilung	6
Stundenzeiger der Sehenswürdigkeiten	10
Beförderungsmittel.	
A. Droschken (Voitures de places)	17
B. Omnibus und Pferdebahnen (Tramways)	18
Liste der Sehenswürdigkeiten mit Angabe der dorthin führenden Omnibus- und Pferdebahnlinien	23
C. Dampfboote (Bateaux-Omnibus)	26
D. Eisenbahnen	28
Hôtels	29
Restaurants	34
Cafés	42
Bierhäuser (Brasseries)	43
Konditoreien (Pâtissiers)	44
Crêmeries	44
Cigarren, Lesekabinets (Cabinets de lecture)	45
Bade-Anstalten (Bains)	45
Post und Telegraph	46
Ministerien	48
Photographien	49
Theater	50
Circus	53
Konzerte	54
Cafés chantants	55
Bälle	56
Rennen (Courses)	57
Paris (Allgemeines)	58
Die Boulevards. (Von der Bastille zur Madeleine)	58
Die Champs-Elysées	65
Die Rue de Rivoli	69
Das Bois de Boulogne	76
Die Kunstsammlungen.	
Die Sammlungen des Louvre	81
Musée du Luxembourg	98
Jardin du Luxembourg	101

	Seite
Panthéon	102
Musée de Cluny	104
Conservatoire des Arts et Métiers	107
Ecole des Beaux-Arts	108
Bibliothèque Nationale, Fontaine Molière, Musée Carnavalet	110
Musée des Archives Nationales, Staatsdruckerei (Imprimerie Nationale), Musée Mineralogique, Musée des Arts décoratifs, Musée de Sculpture comparée	111
Musée d'Ethnographie	112

Schlösser, sehenswerthe Gebäude.

Hôtel des Invalides	112
Invalidendom	114
Palais de Justice	116
La Sainte Chapelle	118
Palais Bourbon	119
Palais de la Légion d'Honneur, Palais de l'Elysée, Palais de l'Institut	120
Statue der Republik und Statue von Voltaire	121
Bibliothèque Mazarine	121
Hôtel de la Monnaie (Münzsammlung, Münzwerkstätten)	122
Manufacture des Gobelins	123

Denkmäler. Passagen. Märkte	123
Kirchen	129
Die Kirchhöfe. (Les Cimetières.)	142
Katakomben	151
Egouts (Siele)	151
Wasserwerke	152
Gärten und Parks	153

Umgebungen von Paris.

Vincennes	157
Saint-Denis	158
Saint-Cloud	159
Sèvres	161
Versailles	161
Die Gärten von Versailles	167
Die Trianons	169
Saint-Germain-en-Laye	170
Fontainebleau	171
Compiègne	172

Namen-Verzeichniss zum Plan von Paris	174
Alphabetisches Register	193

Praktische Notizen.

Ankunft in Paris. Die Eisenbahnbillets werden beim Ausgange aus dem Bahnhofe abgefordert, man halte dieselben also zur Hand. Wegen des Gepäcks hat man bei der Ankunft in Paris gewöhnlich nur die Frage eines Beamten nach Alkohol, Wein und Fleisch zu beantworten, welche steuerpflichtig sind. Im Allgemeinen genügt eine einfache, verneinende Antwort.

Sobald man in Paris angekommen ist, gehe man zunächst zum Droschkenhalteplatz vor dem Bahnhof und lasse sich von einem Kutscher eine Marke geben, die man wohl aufbewahre. Eine viersitzige Droschke (voiture à galerie), den Berliner Gepäckdroschken ähnlich, ist hier am dienlichsten, da mehrere Gepäckstücke auf das Verdeck geladen werden können. Fahrpreis 2 fr., für jedes Kolli 25 cent., für 3 Kolli und darüber 75 cent.; Trinkgeld 25 bis 50 Cent. Handgepäck, das man zu sich nimmt, ist frei. Zweisitzige Droschke 1 fr. 50 cent.

Trotzdem meist eine grössere Zahl von Droschken vor dem Bahnhof stehen, sind sie doch schnell vergriffen. Nachdem man sich durch Entnahme der Marke eine Droschke gesichert hat, kehre man in den Wartesaal zurück. Das Gepäck, das aus fremden Ländern kommt und an der Grenze noch nicht untersucht worden ist, muss in Paris revidirt werden. Der Gepäckträger (facteur) bringt das Gepäck an die Droschke, deren Nummer man ihm, zum Aufrufen am Halteplatz, übergiebt. Dem Gepäckträger 50 cent. bei gewöhnlichem Reisegepäck. Droschkentarif siehe Seite 18.

Pass und Zoll. Obgleich nirgends eine Legitimation der Reisenden verlangt wird, ist die Mitnahme einer Passkarte doch zu empfehlen. Man gebraucht dieselbe zur Empfangnahme eingeschriebener Sendungen; auch sind dem Vorzeiger einer Passkarte mehrere Sehenswürdigkeiten zugänglich, zu welchen sonst eine besondere Erlaubniss nothwendig ist.

Für Reisegepäck, wenn es den gewöhnlichen Umfang nicht überschreitet, ist die Zoll-Revision, welche meist an der Grenze stattfindet, schnell erledigt. Der Beamte zeigt gegen zuvorkommende Reisende Vertrauen und begnügt sich häufig mit der Frage nach Tabak und Cigarren. Nur 6 Cigarren sind zollfrei.

Geld. In Frankreich kursiren französische Münzen und die damit gleichwerthigen Münzen Belgiens, der Schweiz und Italiens. Die am meisten vorkommenden Münzen sind Goldstücke zu 20 francs (Napoléon d'or), 10 fr. und 5 fr., Silbermünzen zu 5, 2, 1 fr., zu 50 und 20 centimes, Bronzemünzen zu 10 und 5 cent. Sehr gebräuchlich ist die Bezeichnung ‹sou› für 5 cent., 1 fr. hat 100 cent. oder 20 sous. (1 franc = 80 Pf. nach deutschem Gelde = 40 Kreuzer ö. W.) — Für die Reise nach Paris ist das Praktischste, sich zu Hause mit französischem Gelde zu versehen. Geldwechsler findet man besonders im Palais Royal und Place de la Bourse 6 *(Allard); Mayer et Asser*, Rue Saint-Honoré 238.

Sprache. Trotz der vielen Pariser Hôtels, Restaurationen und Cafés, in welchen sich deutsch redende Kellner befinden, ist einige Kenntniss der französischen Sprache doch erforderlich, wenn man sich nicht ganz und gar in die Abhängigkeit von einem Kommissionär (der in jedem Hôtel nachgewiesen wird) begeben will. Wir verweisen zur Vorbereitung und Mitnahme auf das von uns herausgegebene, kleine Buch «**Deutsch - Französisch**», welches bequem in jede Rocktasche gesteckt werden kann und das für die Reise erforderliche Material an Wörtern etc. so vollständig enthält, dass für den Reisenden der Inhalt ganz ausreichend ist.*) Unendlich freilich wird der Genuss am Pariser Aufenthalt für Diejenigen gesteigert, die der Sprache so mächtig sind, dass sie den französischen Theatervorstellungen zu folgen vermögen.

Im Allgemeinen befleissigt man sich in Paris einer knappen Sprachweise. Wenn der Fremde, mit der Hand am Hute, grüssend an den Vorübergehenden herantritt und frägt: «*Notre-Dame, s'il vous plait*», so wird der Angeredete sofort den Weg dorthin bezeichnen. Im Hôtel, wie im Restaurant und Café genügt der Name des verlangten Gegenstandes, nebst dem verbindlichen «*s'il vous plait*», um bedient zu werden.

Ausgabe - Budget. Für keine Stadt der Erde ist die Angabe der Kosten während des Aufenthaltes schwieriger, als für Paris. Wir begnügen uns mit der Angabe, dass der nicht allzu verwöhnte Fremde bei achttägigem Aufenthalte mit 250 Francs auskommen kann, wobei wir für Zimmer incl. Bedienung 50 fr., Frühstück 20 fr., Mittag 30 fr., Fuhrwerk 25 fr., Theater, Café etc. 70 fr., Trinkgelder etc. 60 fr. veranschlagen. — Freilich kann man es sich auch billiger einrichten und andererseits mit Leichtigkeit das Zehnfache und weit mehr

---

*) Berlin, im Verlage von Albert Goldschmidt erschienen. — Zur Kenntniss des Landes ist zu empfehlen: Französische Zustände, von *H. Kuhn*, Freiburg 1882.

verbrauchen. Es giebt wohl keine zweite Stadt, in der man das Geld so leicht, und man kann sagen mit solchem Vergnügen ausgiebt, wie in Paris. Man bemesse das Budget also nicht zu niedrig. Es fehlt in Paris selten an unvorhergesehenen Ausgaben, da der Fremde, der Paris kennen lernen will, sich nicht auf die sogenannten «Sehenswürdigkeiten» beschränken darf. Um eine richtige Vorstellung vom Pariser Leben zu erhalten, muss man die grossartigsten Verkaufslokale *(Grands Magasins du Louvre,* dem Louvre gegenüber in der Rue de Rivoli, *Magasins du Bon-Marché,* Rue du Bac 135, *Gagne-Petit,* Avenue de l'Opéra 23, *Magasins du Printemps,* Ecke des Boulevard Haussmann und der Rue du Havre etc.) besuchen und darf die feinen Restaurants, Ball-Lokale etc. nicht ganz unbeachtet lassen.

Trinkgelder. In den grösseren *Gasthöfen* wird für die Bedienung unter der Bezeichnung «service» ein bestimmter Betrag pro Nacht und Person in Rechnung gestellt, was indess nicht verhindert, dass ausserdem der Kellner, Portier, das Zimmermädchen und der Hausdiener, welcher die Kleider reinigt, ihre Hände verlangend ausstrecken. Sie sind bei mehrtägigem Aufenthalte mit einem täglichen Solde von 5 bis 10 Sous pro Person zufrieden; Kommissionen etc. müssen aber besonders bezahlt werden.

In *Restaurationen,* zu welchen auch in einigen Fällen die mit den Hôtels verbundenen Speisesäle gehören, pflegt man für jeden Franc, den die Rechnung beträgt, 1 bis 2 Sous hinzufügen.

In den *Cafés* ist es üblich, auch wenn man nur eine Tasse Kaffee oder ein Glas Bier getrunken hat, mindestens 2 Sous Trinkgeld zu zahlen; bei grösserer Zeche und mehreren Personen ebenfalls 1 bis 2 Sous auf den Franc.

Bei den *Droschken* genügen bei einer gewöhnlichen Fahrt 4 bis 5 Sous. Bei Fahrten über Land oder auf einen ganzen Tag erhält der Kutscher ausser dem Trinkgeld freie Zeche.

Die *Kirchen* sind den grössten Theil des Tages offen und geben daher kaum Veranlassung zu Ausgaben von Trinkgeldern; wo solche nöthig scheinen, genügen etwa 10 Sous.

In *Privatsammlungen, Palästen etc.*, wenn solche dem Publikum im Allgemeinen nicht zugänglich sind, oder wenn der Eintritt zu aussergewöhnlichen Zeiten gefordert wird, mag eine einzelne Person oder eine kleine Gesellschaft 1 bis 2 Francs geben.

Zur Orientirung.
(Vergl. das Kärtchen auf S. 7.)

Trotz des grossen Strassengewirres ist es nicht besonders schwer, sich in Paris zurechtzufinden, wenn man sich seine Hauptadern merkt: die auf beiden Seiten mit Häfen und Uferstrassen (Quais) versehene Seine, welche die Stadt der Länge nach in einem nach Norden gerichteten Bogen durchschneidet. Vom Strassburger Bahnhof (gare de l'Est) durchschneidet ein verschieden (Boulevard de Strassbourg, B. de Sébastopol, B. Saint-Michel) benannter Boulevard quer die Stadt, berührt die Kirche Saint-Laurent, die Centralhallen, geht auf der Insel (City) zwischen Justizpalast und Notre-Dame durch nach dem linken Ufer. Dort berührt dieser Boulevard (Saint-Michel) das Musée Cluny und den Luxembourg-Garten, gestattet den Ausblick auf das *Panthéon* und endigt bei der Sternwarte. Parallel mit der Seine bilden die *Avenue des Champs-Elysées* (vom *Arc d. Triomphe* ausgehend), die *Champs-Elysées*, die *Place de la Concorde* und die mit Arkaden versehene *Rue de Rivoli* wiederum eine fast gerade Linie, welche an *Tuilerien, Louvre, Palais-Royal, Hôtel de Ville* u. s. w. vorbeiführt und die vorige

Boulevardlinie an dem freistehenden, weithin sichtbaren *Tour Saint-Jacques* schneidet.

Von der *Place de la Concorde* führt die *Rue Royale* zur *Madeleine*, von wo die *Boulevards* einen grossen, nach Norden gerichteten Bogen bilden, der an der *Place de Bastille* endigt. Von dort führt der *Boulevard Henri IV.* über die Seine, auf welche man von dem *Pont Sully* einen trefflichen Ausblick geniesst. Auf dem linken Ufer führt nun der *Boulevard Saint-Germain* in einem flachen, nach Süden weisenden Bogen wiederum zur *Place de la Concorde*. Eine Fahrt in offenem Wagen, oder auf dem Verdeck des Omnibus (Linie Madeleine-Bastille) und der Pferdebahn (Linie Bastille-Pont de l'Alma, Aussteigen am Pont de la Concorde) auf diesen beiden, eine Ellipse bildenden Boulevardlinien genügt daher, um sich zu orientiren. Die Seine wird dabei zwei Mal überschritten, so dass sich ihre Lage gut erkennen lässt. Die erstgenannte gerade Boulevardlinie (vom Strassburger Bahnhofe zur Sternwarte) wird auf dem rechten Ufer zwischen *Porte Saint-Denis* und *Porte Saint-Martin*, auf dem linken Ufer am *Musée Cluny* durchschnitten. Eine Fahrt auf der Seine (etwa vom *Pont de Jéna* oder *Pont d'Alma* bis *Pont d'Austerlitz*) ist ebenfalls zur Orientirung sehr erspriesslich.

Die Häuser tragen rechts gerade, links ungerade Nummern. Die Nummern beginnen in den senkrecht nach der Seine gerichteten Strassen stets an dem dem Fluss am nächsten liegenden Ende. Bei den anderen Strassen beginnen die Nummern an dem nach dem Bastilleplatz gerichteten Ende.

Zeit-Eintheilung.

Zur flüchtigen Anschauung von Paris und Umgebungen werden 10 bis 14 Tage für den fleissigen

Orientirungs-Plan.

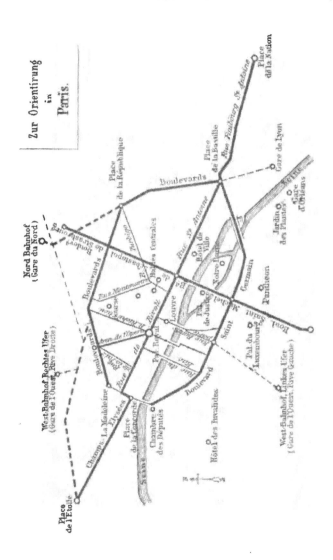

Besucher ausreichen, wobei allerdings Museen und Sammlungen nicht eingehend besichtigt werden können. Gern wird aber ein Jeder die für den Pariser Aufenthalt bestimmte Zeit möglichst ausdehnen, da selbst nach vielwöchentlichem Aufenthalte noch manches Interessante kennen zu lernen oder nochmals zu sehen ist.

Tage mit freundlicher Witterung muss man sofort zu Promenaden, für die öffentlichen Gärten, zu Ausflügen in die Umgegend, zum Besuch von Versailles etc. benutzen, weil sonst möglicherweise bei eintretendem schlechten Wetter der Besuch ganz unterbleiben müsste. Die Besichtigung von Sammlungen etc. bildet die beste Verwendung für unfreundliche Tage.

Die Abendstunden bringt man in Theatern, Konzert- oder anderen Vergnügungs-Lokalen zu. Wer der französischen Sprache mächtig ist, wird täglich nur durch die reiche Wahl der gebotenen Vergnügungen in Verlegenheit sein. In Bezug auf das Verstehen braucht man nicht allzu ängstlich zu sein. Auf den besseren Bühnen wird so deutlich gesprochen und gespielt, dass es keiner besonderen Sprachkenntniss bedarf, um den Vorstellungen folgen zu können. Wem die Sprache weniger geläufig ist, wird trotzdem eine grosse Auswahl treffen können zwischen Oper, Opéra-Comique, Feerien, Circus, Cafés-chantant, Konzerten etc.

Auch die Mahlzeiten, 11 bis 1 Uhr Frühstückzeit (Déjeuner), 5 bis 8 Uhr Mittagessen *(Diner)*, bilden durch die verschiedenen Gattungen Speisehäuser, die Art der Bedienung und der Zubereitung der Speisen vielfache Gelegenheit zur Beobachtung des Pariser Lebens.

Die nachstehende Zeiteintheilung kann natürlich nur im Allgemeinen als Anhalt dienen, da persönliche Verhältnisse, Wetter u. s. w. bestimmend und hindernd auf die Verwendung der Zeit einwirken.

Aufenthalt von zwei Tagen.

1. Tag. Opéra. — Madeleine. — Bourse (Börse). — Halles Centrales (Markthallen) und Kirche Saint-Eustache. — Palais de Justice. — Notre-Dame. — Hôtel de Ville. — Frühstück.
Louvre. — Palais Royal. — Jardin des Tuileries. — Place de la Concorde. — Champs-Elysées nebst Avenue bis Arc de Triomphe. — Fahrt ins Bois de Boulogne mit Jardin d'acclimatation. — Mittagbrot. — Theater.

2. Tag. Colonne Vendôme. — Palais Bourbon (Abgeordnetenhaus). — Dôme des Invalides (Grabmal Napoleon I.). — Luxembourg (Palast und Garten). — Panthéon. — Frühstück.
Jardin des Plantes. — Place de la Bastille. — Fahrt über die Boulevards. — Mittag. — Theater.

Aufenthalt von sechs Tagen.

1. Tag. Wie oben.
2. Tag. Wie oben.
3. Tag. Museum des Louvre. — Besuch des Verkaufslokals Grands Magasins du Louvre. — Frühstück.
Fahrt nach Saint-Cloud.
4. Tag. Palais de Justice und Sainte-Chapelle. — Morgue. — Tribunal de Commerce. — Hôtel-Dieu. — Musée de Cluny. — Frühstück.
Fahrt nach Saint-Denis.
5. Tag. Place de la Bastille. — Der Begräbnissplatz Père-Lachaise. — Frühstück.
Promenade in den Buttes-Chaumont.
6. Tag. Versailles.

Aufenthalt von vierzehn Tagen.

1. Tag. Boulevard Montmartre. — Boulevard des Italiens. — Colonne Vendôme. — Opéra. — La Madeleine. — Place de la Concorde. — Jardin des Tuileries. — Rue de Rivoli. — Palais-Royal.
2. Tag. Erster Besuch der Sammlungen des Louvre. — Nachmittags: Champs-Elysées. — Panorama. — Palais de l'Industrie. — Arc de triomphe de l'Etoile. — Trocadéro.
3. Tag. Kirche Saint-Eustache. — Halles Centrales. — Halle au blé. — Bourse. — Nachmittags: Fahrt ins Bois de Boulogne. — Jardin d'acclimatation.

4. Tag. Chapelle expiatoire. — Parc de Monceaux. — Eglise russe. — Hôtel des Invalides. — Musée d'Artillerie. — Kaisergruft. — Palais du Corps législatif. — Sainte-Clotilde.

5. Tag. Porte Saint-Denis. — Porte Saint-Martin. — Place du Château d'Eau. — Place de la Bastille. — Besuch des Verkauflokals «Au bon marché». — Nachmittags: Fahrt nach Vincennes.

6. Tag. Zweiter Besuch der Sammlungen des Louvre. — St. Germain l'Auxerrois. — Besuch des Verkauflokals «Grands Magasins du Louvre.» — Die Abattoirs. — Besuch des Buttes-Chaumont. — Kirche Saint-Joseph des Allemands.

7. Tag. Pont-Neuf. — Palais de Justice und Sainte-Chapelle. — Tribunal de Commerce. — Hôtel-Dieu. — Notre-Dame. — Tour Saint-Jacques. — Place du Châtelet. — Conservatoire des Arts et Métiers.

8. Tag. Halle aux vins. — Jardin des Plantes. — Gobelins. — Sainte-Geneviève (Panthéon). — Saint-Etienne du Mont.

9. Tag. Saint-Germain des Prés. — Musée du Luxembourg. — Jardin du Luxembourg. — Musée de Cluny. — Nachmittags: Fahrt nach Sèvres und Saint-Cloud.

10. Tag. Der Begräbnissplatz Le Père-Lachaise. — Chemin de fer de ceinture (Ringbahn).

11. Tag. Ausflug nach St.-Denis, Enghien und Montmorency.

12. Tag. Münz- und Antiken-Kabinet in der Bibliothèque Nationale. — Marché du Temple. — Imprimerie Nationale. — Palais des Beaux-Arts. — Saint-Sulpice. — Kirchhof auf dem Montmartre. — Buttes Montmartre (Kirchen Saint-Pierre und Sacre-Coeur.)

13. Tag. Münze. — Per Bahn nach Saint-Germain.

14. Tag. Versailles.

Stundenzeiger der Sehenswürdigkeiten.

Die Bezeichnungen «(Plan A 3)» etc. beziehen sich auf unseren in einzelne Felder (A—H und 1—5) getheilten Plan von Paris, am Ende dieses Buches.

Auf Vorzeigung der Passkarte erhält man gewöhnlich auch zu anderen, als den angegebenen Zeiten Zutritt, wenn man sich an die betreffenden Vorsteher durch Vermittelung des Concierge (Portier) wendet.*)

---

*) Einzelne Sehenswürdigkeiten sind nur, wie nachstehend angegeben, gegen Erlaubniss der betreffenden Direktoren etc. zu-

Aquarium, im Parc du Trocadéro (Plan A 3), täglich von 9—11 Uhr Vorm. und 1—4½ Uhr Nachmittags.

Arc de triomphe de l'Etoile (Plan A 2), am Ende der Avenue des Champs-Elysées. Der Wächter ertheilt die Erlaubniss, hinaufzusteigen (Trinkgeld).

Bibliothèque Nationale (Plan E 3), Rue Richelieu 58. Der Lesesaal an Wochentagen 10—4 Uhr. *Musée des Médailles* Dienst. u. Freit. 10½—3½ Uhr; Druckwerke, Handschriften, Stiche u. s. w. Dienst. u. Freit. 10—4 Uhr. Zur Benutzung der Handschriften der National-Bibliothek ist eine Empfehlung der betr. Gesandtschaft (s. unten die Notiz) nöthig an die Direktion der National-Bibliothek. Die Gesandtschaft leistet im Allgemeinen nur Bürgschaft für den Bewerber, wenn derselbe ein von seiner Heimathsbehörde ausgestelltes Führungsattest vorlegt.

Bibliothèque Sainte-Geneviève (Plan E 5), Place du Panthéon. Wochentage: 10—3 Uhr und Abends 6—10 Uhr. (Geschlossen vom 1. Sept. bis 15. Okt.)

---

gänglich, welche auf ein schriftliches Gesuch erfolgt. Ein solches Gesuch kann etwa lauten:
 Monsieur,
 je prends la liberté, de vous prier instamment, de vouloir bien m'accorder la permission d'aller voir avec ma famille . . . . . . (Name der Sehenswürdigkeit.) *Je reste* . . . . (Wohnung.)
 Agréez, Monsieur, l'assurance de ma parfaite considération.
 . . . . (Name und Geburtsort.)

Doch bemerken wir, dass der Besitzer oder Buchhalter des Hôtels, in dem man wohnt, die Mühe dieser Korrespondenz für den Fremden gern übernimmt.

Sichern Erfolg hat ein solches Gesuch, wenn es durch einen Botschafter, Gesandten oder Konsul vermittelt wird. Man bemühe sich daher zur deutschen Botschaft, Rue de Lille 78 (12—½2 Uhr); bairischen Gesandtschaft, Rue Washington 23 (12—3 Uhr); österreichischen Botschaft, Rue Las-Cases 7 (1—3 Uhr); schweizerischen Gesandtschaft, Rue Blanche 3 (10—3 Uhr).

Bibliothèque de l'Arsenal (Plan G 4), an der östl. Ecke des Boulevard Henri IV. Der Lesesaal und die salle d'études sind geöffnet an Wochentagen von 10—3 Uhr (geschlossen vom 1. Sept. bis 15.Okt.). Die Benutzung der Handschriften wird gestattet.

Börse (Plan E 2), Place de la Bourse. Wochentage 1—5 Uhr.

Chambre des Députés, jetzt meist **Palais Bourbon** genannt (Plan C 3), Quai d'Orsay, bei der Place de la Concorde. Während der Sitzungsperiode ist die Besichtigung nicht gestattet, sonst täglich zu besuchen. (Dem Führer ein Trinkgeld.)

Cimetières (Kirchhöfe) sind im Sommer von 6 früh bis 6 Uhr Abends, im Winter von 7 Uhr früh bis 4 Uhr Nachm. geöffnet.

Colonne de Juillet (Plan G 4), auf der Place de la Bastille. Der Wächter ertheilt die Erlaubniss zur Besteigung der Säule.

Conservatoire des Arts et Métiers (Maschinen-Sammlung), Rue Saint-Martin 292. Sonntag, Dienstag, Donnerstag 10—4 Uhr; sonst nach Meldung im Bureau de l'administration (Passkarte). — Bibliothek täglich (ausser Montag) 10—3 Uhr und täglich (ausser Sonntag und Montag) 7½—10 Uhr Abends.

Ecole des Beaux-Arts (Plan D 4), Rue Bonaparte 14. Sonntags 12—4 Uhr, frei. Wochentags 10—4 Uhr, Meldung beim Concierge (Trinkgeld).

Egouts (die Kloaken). Der Besuch der Kloaken wird gewöhnlich, auch Damen, an einem Tage in jedem Monat gestattet. Schriftliches Gesuch (an M. le Directeur des Travaux de Paris, à la Préfecture de la Seine).

Exposition permanente des Colonies françaises (Permanente Colonial-Ausstellung) im Palais de l'Industrie (Plan C 3), an den Champs-Elysées. Täglich unentgeltlich geöffnet.

Exposition de peinture, *sculpture et dessins* (Kunstausstellung), alljährlich vom 1. Mai bis 20. Juni, im Palais de l'Industrie (Plan C 3), an den Champs-Elysées. Eintritt 1 fr. (bis Mittag 2 fr.), Freitag 5 fr., Sonntag unentgeltlich.

Garde-Meuble (Plan B 3), Quai d'Orsay 138. Reiche Sammlung königl. und kaiserl. Möbel. Dem Publikum Donnerstag, Sonntag und an Feiertagen 10—4 Uhr unentgeltlich geöffnet. Katalog 1 fr. Stöcke und Schirme müssen abgegeben werden, die Aufbewahrung ist aber gratis.

Gobelins, *Manufacture des*, Avenue des Gobelins 42. Mittwoch und Sonnabend 1—3 Uhr ist die Besichtigung unentgeltlich gestattet.

Halles Centrales (Plan E 3), bei der Rue Rambuteau. Täglich. Hauptverkehr in den frühesten Morgenstunden.

Hôtel des Invalides (Plan C 4). Haus und Kirche jeden Wochentag 11—4 Uhr. Sonntag Mittag 12 Uhr Messe mit Militärmusik. — Dôme des Invalides mit der **Kaisergruft** *Napoleon I.* (Eingang von der Place Vauban.) Mont., Dienst., Donnerst. und Freit. 12—3 Uhr. — Das **Musée d'Artillerie** im Invaliden-Hôtel ist Dienst., Donnerst. und Sonntag 12—4, im Winter 12—3 Uhr geöffnet.

Hôtel des Monnaies (Münze) (Plan E 4), Quai Conti beim Pont-Neuf. Münzsammlung Dienstag und Freitag 12—3 Uhr. Die Münz-Werkstätten an denselben Tagen aber nur mit Erlaubniss, welche auf schriftliches Gesuch (an M. le Directeur de l'Administration des monnaies et médailles) ertheilt wird.

Imprimerie Nationale (Staats-Druckerei) (Plan F 3), Rue Vieille du Temple 87. Donnerstag genau 2 Uhr, mit Erlaubniss auf schriftliches Gesuch (an M. le Directeur de l'Imprimerie Nationale) oder meist auch nach Vorzeigung der Passkarte.

Institut de France (Plan E 4), Quai Conti 12. Täglich (mit Ausnahme des ersten Donnerstags im Monat) 11—1 Uhr. Man wende sich an das Sekretariat im 2. Hofe links. (Trinkgeld.)

Jardin des Plantes (Botanischer und Zoologischer Garten) (Plan F 5), Place Walhubert. Täglich von früh bis spät gratis geöffnet. Die *Menagerie* täglich von 1—4 Uhr; die *Gewächshäuser (serres)* täglich von 1—4 Uhr, Sonntag und Festtage ausgenommen; die *Bibliothek* täglich 10—4 Uhr, Sonntag und Festtage ausgenommen, im September und in den Osterferien geschlossen.

Jardin des Tuileries (Plan D 3). Täglich von früh bis spät geöffnet. Im Sommer häufig Militärmusik (Fauteuil 20 cent., Stuhl 10 cent.).

Jardin du Luxembourg (Plan D 5). Täglich von früh bis spät geöffnet. Im Sommer häufig Militärmusik.

Jardin zoologique d'acclimatation (meist nur Jardin d'acclimatation genannt) im Bois de Boulogne nahe der Porte Maillot. Täglich gegen Eintrittsgeld. In der Woche 1 fr., Sonntags 50 cent.

Katakomben, die, werden nur gegen Eintrittskarten gezeigt, welche man auf schriftliches Gesuch (à M. le Directeur des Travaux de Paris, à la Préfecture de la Seine) erhält. Die Besuche finden am 1. und 3. Sonnabend jedes Monats um 12³/₄ Uhr Mittags statt. Eingang Place Denfert-Rocherau. Die Besucher müssen ein Licht mitnehmen.

Kirchen. Die katholischen Kirchen den ganzen Tag. Die protestantischen Kirchen *(Temples protestants)* und die Synagogen sind ausser zum Gottesdienste geschlossen; man wende sich an den Concierge (Trinkgeld). Die russische Kirche Sonntag und Donnerstag von 3—5 Uhr (Trinkgeld).

Louvre, *Musées du* (Plan E 3). Nur Montags gänzlich geschlossen. Gemälde und Bildwerke, 9—5 Uhr an Wochentagen; 10—4 Uhr Sonntags während des Sommers (1. April bis 1. Okt.); 10—4 Uhr im Winter. Die übrigen Sammlungen 11—4 Uhr; Salle des boîtes (Handzeichnungen) Sonnabend 2—4 Uhr.

Luxembourg, *Musée du* (Plan E 5). Täglich ausser Montag 10—4, im Sommer 9—5 Uhr. Eintritt von der Rue de Vaugirard, beim Garten-Gitter.

Manufacture des Gobelins, siehe unter *Gobelins*.

Monnaie *(Münze)*, siehe unter *Hôtel des Monnaies*.

Morgue (Leichenschauhaus) (Plan F 4), nahe der Notre-Dame-Kirche. Täglich von früh bis spät geöffnet.

Musée d'Artillerie, siehe *Hôtel des Invalides*.

Musée de Cluny et des Thermes (Plan E 4), Rue du Sommerard 24. Sonntag 11—4$^1/_2$ Uhr. Gegen Vorzeigung der Passkarte täglich, ausser Montag, 11—4$^1/_2$ Uhr.

Musée Grevin (Wachsfiguren-Kabinet), Boulevard Montmartre 8; täglich 11—11 Uhr; Wochentags 2, Sonntags 1 fr.

Musée du Garde-Meuble, siehe unter *Garde-Meuble*.

Musée des Médailles, siehe *Bibliothèque Nationale*.

Musée Mineralogique in der Ecole des Mines, Boulevard Saint-Michel 60. Dienst., Donnerst. und Sonnabend 11—3 Uhr.

Musée des Monnaies, siehe *Hôtel des Monnaies*.

Musée du Trocadéro, siehe unter *Trocadéro*.

Notre-Dame (Plan E F 4). Die Kirche ist den ganzen Tag geöffnet. Der Kirchenschatz *(Trésor)* täglich 12—4 Uhr gegen 50 cent., die Thürme 20 cent.

Palais des Beaux-Arts, siehe unter *École des Beaux-Arts*.

Palais Bourbon, siehe unter *Chambre des Députés*.

Palais de Justice (Gerichts-Palast) (Plan E 4). Ganzen Tag, Sonn- und Festtage ausgenommen. Sitzungen an den Wochentagen 11—4 Uhr. Siehe auch *Sainte-Chapelle*.

Palais du Luxembourg *(Palais du Sénat)* (Plan DE 5), Rue de Vaugirard, ist 1871 der städtischen Verwaltung eingeräumt, und wird auf Wunsch vom Concierge gezeigt (Trinkgeld). Besuchenswerth. Siehe auch unter *Luxembourg* das Museum.

Panorama de la Bastille, Place Contrescarpe, bei dem Pont d'Austerlitz. ‹Einnahme der Bastille›, 10—6 Uhr, Wochentags 1 fr., Sonntags 50 cent.

Panorama Marigny, Champs-Elysées, neben dem Circus ‹Schlacht bei Buzenval› (Belagerung von Paris). In demselben Gebäude *Diorama de Paris* (acht Darstellungen aus der Geschichte von Paris), Wochentags 2 fr., Sonntags 1 fr. Ausserdem 50 cent. für ‹Reise um die Welt›.

Panorama de Constantinople und *Diorama* (ein bombardirtes Pariser Stadtviertel), Champs-Elysées, neben dem Palais de l'Industrie, Wochentags 2 fr., Sonntags 1 fr.

Panorama de la Bataille de Champigny, Rue de Berri 5, bei den Champs-Elysées. Wochentags 2 fr., Sonntags 1 fr.

Panorama du monde antidéluvien (vorsündfluthliche Zeit), im Jardin d'acclimatation. 10—5 Uhr. 1 fr.

Panthéon (Kirche *Sainte-Geneviève*) (Plan E 5), Place du Panthéon. Täglich 10—4 Uhr. Die Krypta und der Thurm.

Porcelaine, *Manufacture de*, in Sèvres. Ausstellung der Erzeugnisse (Exposition des produits) und *Musée céramique*. Täglich 12—4 Uhr.

Sainte-Chapelle (im Palais de Justice) (Plan E 4). Täglich 12—4 Uhr, ausser Montag und Freitag.

Trocadéro (Palast) (Plan A 3). Sammlung der Gipsabgüsse *(Musée de sculpture comparée)*. Täglich, ausser Montag, 11—4 Uhr; *Musée ethnographique*, Sonntag und Donnerstag 12—5 Uhr.

Versailles. Museum, täglich 12—4 Uhr; ausser Montag.

Vincennes. Schloss, Wartthurm (Doujon) und Kapelle täglich (Trinkgeld).

Beförderungsmittel.

Als solche dienen für Paris und Umgebung: A. Droschken; B. Omnibus und Pferdebahnen (Tramways); C. Dampfboote; D. Eisenbahnen.

A. Droschken (Voitures de place).

Nimmt man eine Droschke (une voiture) zu einer Fahrt (à la course), so nennt man einfach beim Einsteigen die Adresse oder Sehenswürdigkeit. Der Kutscher wiederholt gewöhnlich das Gesprochene, um zu zeigen, dass er richtig verstanden hat. Ueberreicht er nicht zugleich seinen Fahrzettel (numéro), so verlangt man: Votre numéro, s'il vous plaît. Derselbe enthält Nummer, Namen und Adresse des Kutschers, Taxe, und dient bei Auseinandersetzungen als Belag.

Bei Zeitfahrten zieht man beim Einsteigen zugleich auch die Uhr heraus, nennt die Stunde, z. B. ($1^1/_4$ Uhr) une heure quinze, und zeigt sie dem Kutscher, welcher seine Uhr damit vergleicht.

Fast sämmtliche Droschken in Paris sind nur zweisitzig. Es findet sich allerdings in allen noch eine kleine herunterzuklappende Bank «*strapontin*» genannt, die aber für einen Erwachsenen sehr unbequem zu sein pflegt. Viersitzige Droschken findet man gewöhnlich nur an den Bahnhöfen.

Der *Preis der Fahrt* beträgt in der Stadt: für die zweisitzige Droschke 1 fr. 50 cent., für die viersitzige Droschke 2 fr.

Nach der Zeit kostet die Stunde für die zweisitzige Droschke 2 fr., für die viersitzige Droschke 2 fr. 50 cent. Die erste Stunde ist bei Zeitfahrten immer ganz zu bezahlen, die weitere Zeit nach 5 Minuten (5 Min. = 20 oder 25 cent., $^1/_4$ Stunde = 50 oder 65 cent., $^1/_2$ Stunde = 1 fr. oder 1 fr. 25 cent.).

Nachts (im Sommer, d. h. vom 1. April bis 30. Sept., von $^1/_2$1 Uhr bis 6 Uhr Nachts, im Winter, d. h. vom 1. Okt. bis 31. März, von $^1/_2$1 Uhr bis 7 Uhr Nachts) kostet die Fahrt 2 fr. 25 cent. oder für die viersitzige Droschke 2 fr. 50 cent., die Stunde 2 fr. 50 cent. oder 2 fr. 75 cent.

Fahrten über den Wallgraben hinaus (au delà des fortifications), also z. B. nach dem Bois de Boulogne, Bois de Vincences etc., kosten, falls der Reisende mit dem Wagen nach Paris zurückkehrt, 2 fr. 50 cent. oder für die viersitzige Droschke 2 fr. 75 cent. — Wenn man mit dem Wagen nicht zurückfährt, hat man für die Rückfahrt 1 fr. zu vergüten.

Gepäck, welches dem Kutscher übergeben ist: 1 Stück 25 cent., 2 Stück 50 cent, 3 Stück oder mehr 75 cent. Der Kutscher ist zum Auf- und Abladen des Gepäcks verpflichtet.

Trinkgeld. Es ist üblich, dem Kutscher für die Fahrt oder Stunde 20 bis 25 cent. Trinkgeld zu geben, bei längerer Fahrt verhältnissmässig mehr.

Bei Streitigkeiten mit dem Kutscher wende man sich sofort an einen Polizisten oder schriftlich an die *Préfecture de Police* (Bureau des voitures). Die Droschken mit den Nummern 1 bis 5000 gehören der *Compagnie générale des Voitures*, Place du Théâtre-Français No. 1, wo auch Bestellungen auf alle Wagenarten, von der gewöhnlichen Droschke bis zur elegantesten Equipage, angenommen werden.

B. Omnibus und Pferdebahnen (Tramways).

Omnibus und Pferdebahnwagen fahren von 7 Uhr früh bis 12 Uhr 20 Min. Nachts, auf den meisten Linien alle 4 bis 10 Minuten. Die Wagen der 35 Omnibuslinien sind mit Buchstaben bezeichnet. Auf Leisten an der Brustwehr des Verdeckes sind beide Endstationen, auf einer Leiste darunter die Stationen angegeben, wo sich die Linie mit einer anderen kreuzt. Hinten, über der Thür, findet sich die Endstation bezeichnet, nach welcher eben die Fahrt geht. Darunter zeigt eine Tafel mit ‹*Complet*› an, wenn alle Plätze besetzt sind. — Die Omnibuswagen sind auch an ihrer Farbe, Abends an ihren farbigen Laternen kenntlich.

Bei den zweispännigen Omnibus muss das Verdeck mittelst Trittbretter bestiegen werden, ist daher für Frauen nicht zugänglich. Bei den breiten dreispännigen Omnibus und bei den Pferdebahnwagen ist eine Treppe vorhanden und die Frauen können auf das Verdeck.

Der Fahrpreis beträgt 15 cent. für das Verdeck (l'impériale) und 30 cent. im Innern (l'intérieur) oder auf dem Stehbrett hinten. Will man auf einer Kreuzung- oder auf der Endstation auf eine andere Linie umsteigen, so fordert man beim Bezahlen ‹*correspondance*›, eine kleine Fahrkarte, die beim Einsteigen auf die andere Linie abgegeben werden muss. Andernfalls gilt dieselbe nicht und der Platz muss bezahlt werden. Auf dem Verdeck müssen ebenfalls 30 cent. bezahlt werden, wenn man *correspondance* verlangt. Mit Benutzung der Correspondance-Billets kann man sehr billig von einem beliebigen Punkte der Stadt nach jedem andern Punkte fahren. Der Fremde wende sich an einen Polizisten, um sich das nächstgelegene ‹Bureau d'omnibus› bezeichnen zu lassen. Von den Omnibus kann man mittels der *Correspondance* auch auf die Pferdebahnen umsteigen, und umgekehrt. In den Pferdebahnen, welche über den Wallgraben hinaus gehen, wird ein Zuschlag von 10 bis 30 cent. erhoben.

Die Stationen befinden sich entweder im Erdgeschoss eines Hauses oder in eigenen Häuschen mit der (weiss auf blau) Ueberschrift: «Compagnie générale des Omnibus». Sie dienen als Wartesäle. Um Störungen beim Ein- oder Umsteigen zu verhüten, lässt man sich Nummern geben, die man mit dem Namen der Endstation fordert, nach welcher man fahren will, z. B. Hôtel de Ville. Wer beim Abrufen nicht mit seiner Nummer zur Hand ist, wird übergangen.

Die Beamten der Station geben bereitwillig Auskunft über die zu besteigende Linie, die Station, auf der man umsteigen muss, u. s. w.

Die der Compagnie générale des Omnibus gehörenden Pferdebahnlinien sind mit Buchstaben, die der Tramways-Nord und der Tramways-Sud in den entprechenden Aussenvierteln und Vorstädten mit Nummern bezeichnet.

Omnibuslinien
mit Angabe der Buchstaben, Farbe der Wagen und der Laternen.

- A. **Auteuil—Madeleine**, gelbe Wagen, rothes Licht.
- B. **Trocadéro—Gare de l'Est**, braune Wagen, rothes und grünes Licht.
- C. **Porte-Maillot—Hôtel de Ville**, gelbe Wagen, rothes Licht.
- D. **Les Ternes—Boulevard des Filles du Calvaire**, gelbe Wagen, rothes Licht.
- E. **Madeleine—Bastille**, braune Wagen, rothes Licht.
- F. **Place Wagram—Bastille**, braune Wagen, rothes Licht.
- G. **Batignolles—Jardin des Plantes**, braune Wagen, grünes Licht.
- H. **Clichy—Odéon**, gelbe Wagen, rothes Licht.
- I. **Place Pigalle—Halle-aux-vins**, grüne Wagen, rothes Licht.
- J. **Montmartre—Place Saint-Jaques**, gelbe Wagen, rothes Licht.
- K. **Gare du Nord—Boulevard Saint-Marcel**, gelbe Wagen, rothes und grünes Licht.
- L. **La Villette—Saint-Sulpice**, braune Wagen, rothes Licht.
- M. **Lac Saint-Fargeau—Arts et Métiers**, braune Wagen, rothes und grünes Licht.

Pferdebahnlinien.

- **N. Belleville—Louvre**, grüne Wagen, rothes Licht.
- **O. Ménilmontant—Gare Montparnasse**, grüne Wagen, rothes und grünes Licht.
- **P. Charonne—Place d'Italie**, gelbe Wagen, rothes Licht.
- **Q. Plaisance—Hôtel de ville**, braune Wagen, rothes Licht.
- **R. Gare de Lyon—Saint-Philippe du Roule**, braune Wagen, grünes und rothes Licht.
- **S. Barrière de Charenton—Place de la République**, grüne Wagen, rothes und weisses Licht.
- **T. Gare d'Orléans—Square Montholon**, gelbe Wagen, orange Licht.
- **U. Montsouris—Place de la République**, gelbe Wagen, rothes und grünes Licht.
- **V. Place du Maine—Gare du Nord**, braune Wagen, rothes und grünes Licht.
- **X. Vaugirard—Gare Saint-Lazare**, gelbe Wagen, rothes und grünes Licht.
- **Y. Grenelle—Porte Saint-Martin**, braune Wagen, rothes und weisses Licht.
- **Z. Grenelle—Bastille**, braune Wagen, grünes Licht.
- **AB. Passy—Bourse**, grüne Wagen, grünes Licht.
- **AC. Petite Villette—Champs-Elysées**, gelbe Wagen, rothes und grünes Licht.
- **AD. Place de la République—Ecole militaire**, grüne Wagen, grünes Licht.
- **AE. Forges d'Ivry—Pont Saint-Michel**, grüne Wagen, grünes und weisses Licht.
- **AF. Panthéon—Place Courcelles**, grüne Wagen, rothes Licht.
- **AG. Porte de Versailles—Louvre**, braune Wagen, grünes und weisses Licht.
- **AH. Auteuil—Saint-Sulpice**, gelbe Wagen, grünes und weisses Licht.
- **AI. Gare Saint-Lazare—Place Saint-Michel**, blaue Wagen, rothes Licht.
- **AJ. Parc Monceaux—La Villette**, grüne Wagen, grünes und orange Licht.

Pferdebahnen (Tramways).

- **TA. Louvre—Saint-Cloud**, grüne Wagen, orange Licht.
- **TB. Louvre—Sèvres**, blaue Wagen, grünes Licht.
- **TC. Louvre—Vincennes**, braune Wagen, rothes Licht.

Pferdebahnlinien.

- **TD.** **Place de l'Etoile — la Villette**, braune Wagen, rothes Licht.
- **TE.** **La Villette — Place de la Nation (du Trône)**, braune Wagen, rothes Licht.
- **TF.** **Louvre — Cour de Vincennes**, blaue Wagen, rothes Licht.
- **TG.** **Montrouge — Gare de l'Est**, braune Wagen, rothes Licht.
- **TH.** **La Chapelle — Square Monge**, gelbe Wagen, grünes Licht.
- **TI.** **La Bastille — Saint-Ouen**, grüne Wagen, orange Licht.
- **TJ.** **Louvre — Passy**, braune Wagen, rothes Licht.
- **TK.** **Louvre — Charenton**, gelbe Wagen, orange Licht.
- **TL.** **Bastille — Pont de l'Alma (linkes Ufer)**, blaue Wagen, grünes Licht.
- **TM.** **Gare de Lyon — Place de l'Alma (rechtes Ufer)**, gelbe Wagen, orange Licht.
- **TN.** **Rue Taitbout (Boulevard Haussmann) — La Muette**, grüne Wagen, grünes Licht.
- **TO.** **Auteuil — Boulogne**, braune Wagen, rothes Licht.
- **TP.** **Trocadéro — La Villette**, gelbe Wagen, orange Licht.
- **TQ.** **Halles centrales — Porte d'Ivry**, gelbe Wagen, weisses und rothes Licht.
- **TR.** **Boulogne — Billancourt**, blaue Wagen, rothes Licht.
- **TAB.** **Louvre — Versailles**, gelbe Wagen, rothes Licht.

Tramways-Nord.

1. **Place de l'Etoile — (Neuilly) Courbevoie**, rothe Wagen, grünes Licht.
2. **Madeleine — Courbevoie (Suresnes)**, gelbe Wagen, rothes Licht.
3. **Madeleine — Boulevard Bineau (Neuilly)**, rothe Wagen, weisses Licht.
4. **Madeleine — Levallois**, grüne Wagen, grünes Licht.
5. **Boulevard Haussmann — Asnières Gennevilliers**, grüne Wagen, grünes Licht.
6. **Boulevard Haussmann — Saint-Ouen, Saint-Denis**, braune Wagen, rothes Licht.
7. **Rue Taitbout — Saint-Denis**, rothe Wagen, grünes Licht.
8. **Place de la République — Aubervilliers**, gelbe Wagen, rothes Licht.
9. **Place de la République — Pantin**, rothe Wagen, grünes Licht.

Tramways-Sud.

1. **Saint-Germain-des-Prés — Fontenay-aux-Roses**, braune Wagen, rothes Licht.
2. **Saint-Germain-des-Prés — Clamart**, gelbe Wagen, rothes Licht.
3. **Place de l'Etoile — Montparnasse**, grüne Wagen, rothes Licht.
4. **Montparnasse — Bastille**, braune Wagen, grünes Licht.
5. **Champs-Elysées — Vanves**, braune Wagen, rothes Licht.
6. **Square de Cluny — Bicêtre, Vitry**, grüne Wagen, grünes Licht.
7. **Square de Cluny — Ivry**, gelbe Wagen, rothes Licht.
8. **Gare d'Orléans — Villejuif**, grüne Wagen, rothes Licht.
9. **Gare d'Orléans — Place de la Nation (du Trône)**, grüne Wagen, grünes Licht.
10. **Bastille — Charenton**, grüne Wagen, rothes Licht.
11. **Place de la Nation (du Trône) — Montreuil**, braune Wagen, rothes Licht.

Liste der Sehenswürdigkeiten
mit Angabe der dorthin führenden Omnibus und Pferdebahnlinien.

Acclimatation (Jardin d') C. T-Nord 1. 2.
Alcazar d'hiver E. T. V. Y.
Ambigu (Theater) E. N.
Arc de Triomphe C. AB. TD. TN. TP. T-Nord 1. T-Sud 3.
Arts et Métiers E. F. M. T. Y. TF.
Artillerie (Musée d') Y. Z. AD. TL. TM.
Banque F. I. N. O.
Bastille E. F. P. R. S. Z. TC. TI. TL. TM. T-Sud 4 10.
Bibliothèque nationale H. I. AB.
Beaux-Arts (École des) V. AG.
Bois de Boulogne C. AB. TN. T-Nord 1. 2.
Bois de Vincennes S. TC. T-Sud 10.
Bouffes-Parisiens (Theater) X.
Bourse F. I. P. AB.
Bullier (Ball) J. AG.
Buttes Chaumont (Park) M. AC. TD. TE. TP.
Caroussel (Place du) C. H. Y. AG.
Catacombes J. TG. T-Sud 4.
Chambre des Deputés (oder Palais Bourbon) AF. TL. TM. (siehe auch Champs-Elysées).
Champs de Mars Y. AD. T-Sud 3. 5.

Champs-Elysées A. C. AC. TA. PB. TC. TY. T-Sud 5.
Chapelle expiatoire B. X. AF. TN.
Châtelet (Place du) C. G. J. K. O. Q. R. AD. TG. PH. TK.
Chemin de fer (oder Gare) du Nord (Nordbahnhof) K. V. AC. TH. TI.
Chemin de fer de l'Est (Strassburger oder Ostbahnhof) B. L. M. K. AC. TG. TH. TI.
Chemin de fer de Lyon P. R. TM. T-Sud 4.
Chemin de fer d'Orléans P. T. AE. TM. T-Sud 4. 8. 9.
Chemin de fer de l'Ouest (Gare Saint-Lazare, rechtes Ufer), B. F. X. AI.
Chemin de fer de l'Ouest (Gare Montparnasse, linkes Ufer) O. Q. V. T-Sud 1. 2. 3. 4.
Chemin de fer de Vincennes (siehe Place de la Bastille).
Chemin de fer de Sceaux J. TG.
Cimetière Père Lachaise P. TE.
Cimetière Montparnasse Q. (siehe auch Gare Montparnasse).
Cimetière Montmartre G. H. I. TD. TP.
Cirque d'hiver D. E. O. S.
Cirque d'été (siehe Champs-Elysées).
Clichy (Place) G. H. TD. TP. T-Nord 5. 6.
Collége de France, J. Z. AF. TH.
Colonne Vendôme D. G. R. X.
Colonne de Juillet (siehe Bastilleplatz).
Concorde (Place de la) AF. (siehe auch Champs-Elysées).
Conservatoire E. J. V. Y.
Ecole militaire (siehe Champs de Mars).
Eldorado (Concert) E. K. L. M. T. Y.
Elysée (Palais de l') D. R. AB.
Etoile (Place de l') (siehe Arc de Triomphe).
Fontaine des Innocents (siehe Halles centrales).
Fontaine Louvois H. AB.
Fontaine Molière H. AB.
Fontaine Saint-Michel J. L. Q. AE. AI. TG. TH. TM.
Gobelins Z. TH.
Halle aux vins G. K. U. (siehe auch Gare d'Orléans).
Halles centrales C. D. F. J. K. TF. TQ.
Hippodrome A. B. TA. TB. TJ. TM. T-Sud 3. 5.
Hôtel Dieu (siehe Notre Dame).
Hôtel de Ville (Stadt- oder Rathhaus) C. G. L. Q. R. T. AD. TG. TK.
Industrie (Palais de) (siehe Champs-Elysées).
Institut de France O. V. AD. AG.
Invalides (Hôtel des Invalides) Y. AD. TL. TM. T-Sud 3. 5.
Jardin des Plantes (siehe Halle aux vins und chemin de fer d'Orléans).
Jardin des Tuileries C. R. X. TA. TB. TJ.

Juli-Säule (siehe Place de la Bastille).
Lafayette (Place) (siehe Saint-Vincent de Paul).
Louvre C. G. H. I. N. R. V. Y. AG. AI. TA. TB. TC. TF. TK.
Luxembourg (Palast und Garten) H. Q. Z. AF. TG. TQ.
Madeleine (Kirche) A. D. E. R. AB. AC. AF. T-Nord 2. 3. 4.
Monceaux (Parc de) AF. AJ. TD. TP. T-Nord 2. 3. 4.
Montsouris (Parc et Observatoire de) U.
Monnaies (Hôtel et Musée des) O. V. AD.
Musée de Cluny (siehe Collége de France und Fontaine Saint-Michel).
Nation (Place de la) TC. TE. TF. T-Sud 11.
Neuilly T-Nord 3 (siehe auch Bois de Boulogne).
Notre Dame (Kathedrale) G. K. L. AE. (siehe auch Hôtel de Ville und Palais de Justice).
Notre Dame de Lorette (Kirche) B. H. I. AC. T-Nord 5. 6.
Obelisque (siehe Place de la Concorde).
Observatoire J. Q. TG. T-Sud 4 (siehe auch Luxembourg).
Palais de Justice I. J. Q. TG. TH. (siehe auch Fontaine Saint-Michel und Notre Dame).
Palais Royal C. D. G. H. R. Y. AI. (siehe auch Louvre).
Panthéon H. AF. TG. TH.
Passy A. B. AB. TJ. TP.
Père Lachaise (siehe Cimetière du).
Pont-Neuf (Brücke) J. O. V. AD. TA. TC. TF.
Porte-Maillot C. (siehe Bois de Boulogne).
Porte Saint-Denis E. K. M. N. T. Y.
Porte Saint-Martin E. K. M. N. T. Y.
Post F. J. N. Y.
Republique, Place de la (früher Place du Château d'eau) E. N. S. U. AD. TF. TI.
Saint-Augustin (Kirche) B. F. X. AF. AI. TN. T-Nord 2. 3. 4.
Saint-Cloud TA. TAB.
Saint-Denis T-Nord 6. 7.
Saint-Etienne du Mont (Kirche) (siehe Panthéon).
Saint-Eustache (Kirche) (siehe Halles centrales).
Saint-Germain l'Auxerrois (siehe Louvre).
Saint-Germain des Près H. L. R. O. V. AD. AG. TL. TM. T-Sud 1. 2.
Saint-Gervais et Saint-Protais (siehe Hôtel de Ville).
Saint-Joseph des Allemands L. M. AC. TD. TE. TP. T-Nord 9.
Saint-Laurent (siehe Chemin de fer de l'Est, Strassburger Bahnhof).
Saint-Philippe du Roule B. D. R. AB.
Saint-Sulpice H. L. Q. Z. AF. AH.
Saint-Vincent de Paul K. V. AC. (siehe auch Nordbahnhof).
Sèvres TA. TB.
Sorbonne (siehe Collége de France).

Suresnes T-Nord 1. 2.
Temple (Marché und Square du) D. AD.
Théâtre de l'Ambigu E. L. N. T. Y.
— Beaumarchais E. S. (siehe auch Place de la Bastille).
— Bouffes Parisiens G. X. AI.
— Châtelet (siehe Place du Châtelet).
— Cluny (siehe Musée de Cluny).
— Déjazet D. E. O. (siehe auch Place de la République).
— Eden-théâtre (siehe Opéra).
— Folies-dramatiques E. N. (siehe Place de la République).
— Français (siehe Palais-Royal).
— Gaîté (siehe Place de la République).
— Gymnase E. Y. (siehe auch Porte Saint-Denis).
— lyrique dramatique (früher Th. historique, Th. lyrique) (siehe Place du Châtelet).
— Menus-Plaisirs M. TG. TH. (siehe auch Porte Saint-Denis).
— des Nations (jetzt Théâtre lyrique dramatique).
— Nouveautés E. G. H. (siehe auch Opéra).
— Odéon H. Z. AF. (siehe auch Luxembourg).
— Opéra E. F. G. AC. TN.
— Opéra comique E. AB. AC. AG.
— Opéra populaire (siehe Place de la République).
— Palais Royal (siehe Palais Royal).
— Porte Saint-Martin (siehe Porte Saint-Martin).
— Renaissance (siehe Porte Saint-Martin).
— Variétés E. I. J. H. V.
— Vaudeville (siehe Opéra).
Tombeau de l'Empereur (Grab Napoleons) (siehe Hôtel des Invalides).
Trocadéro A. B. T. TA. TB. TJ. TN. TP.
Trône (Place) (siehe Place de la Nation).
Tuileries (siehe Place du Carousssel und Palais Royal).
Vauxhall (Ball Tivoli-Vauxhall) (siehe Place de la République).
Vendôme-Säule und Place Vendôme C. D. R. X.
Versailles TAB.
Victoires (Place des) F. I. N. V.
Villejuif T-Sud 8.
Vincennes TC. TF.
Vosges (Place des) F. (siehe auch Place de la Bastille).
Walhubert (Place) (siehe Jardin des Plantes).
Wasserwerke (Reservoir Menilmontant) M.

C. Dampfboote (Bateaux-Omnibus).

Die Personendampfer fahren durch ganz Paris, von dem Pont de Bercy nach Auteuil, für 10 (Sonn-

und Festag 20) cent., gleichviel an welcher Station man ein- und aussteigt. Die Fahrt ist sehr angenehm, da gar viele Sehenswürdigkeiten an der Seine liegen. Von Bercy zu Thal fahrend links: Gare d'Orléans (Station Pont d'Austerlitz), Jardin des Plantes, Halle aux vins, die Morgue, Notre-Dame, Hôtel Dieu, Tribunal du Commerce und Palais de Justice links nacheinander. Rechts: Hôtel de Ville (Station), Saint-Gervais et Saint-Protais, dann Théâtre-Italien und Théâtre und Place du Châtelet (Station). Beim Pont-Neuf recht Saint-Germain l'Auxerrois, Louvre, links la Monnaie und l'Institut de France. (Station am Pont du Carroussel.)

Links la Caisse des Depôts et Consignations, den (durch die Commune verbrannten) Palast des Rechnungshofes und des Staatsrathes, Palais de la Légion d'honneur, rechts den Tuileriengarten mit seiner Terrasse.

Am Pont de la Concorde (Station) rechts die Place de la Concorde mit dem Obelisk, das Marineministerium u. s. w., links Palais Bourbon (Abgeordnetenhaus), Palast des Präsidenten der Kammer, Ministerium des Auswärtigen, die Esplanades des Invalides mit dem Invalidenhaus im Hintergrund. Rechts gegenüber die Champs-Elysées mit dem Industriepalast.

Am Pont de Jéna (Station) rechts der Trocadéro, links das Marsfeld mit der Ecole militaire im Hintergrunde.

Die Endstation, am Point du Jour, bietet einen prächtigen Ausblick auf die Hügel an der Seine bis Saint-Cloud, und auf den Pont d'Auteuil, welcher einen hohen, kühngebauten Viadukt der Pariser Gürtelbahn trägt.

Nach den Orten oberhalb Paris, bis Charenton, führt eine eigene Linie, die vom Pont d'Austerlitz abgeht. Preis wie bei der vorigen. Von dem Pont

Royal, bei den Tuilerien, führt eine (dritte) Linie zu Thal, nach Sèvres, Mendon, Saint-Cloud und Suresnes. Fahrpreis 30 (Sonntags 50) cent.; zwischen Saint-Cloud und Suresnes die Hälfte.

D. Eisenbahnen.

Die **Ring- oder Gürtelbahn (Chemin de fer de Ceinture)**, welche innerhalb des Wallgrabens um Paris führt, ist für den Fremden nur insofern von Bedeutung, als man von jeder ihrer Stationen aus nach Saint-Cloud, Versailles, Saint-Germain u. s. w. gelangen kann. Die Züge gehen von der *Gare Saint-Lazare* aus jede halbe Stunde (volle und halbe), Sonntags jede Viertelstunde. Die einzige wichtige Strecke ist von diesem Bahnhof bis zur Station *Montrouge*. Es sind die Stationen *Porte-Maillot* (Neuilly), *Porte-Dauphine* und *Passy* (Bois de Boulogne), *Auteuil* (Boulogne). Von der folgenden Station, *Point du Jour*, bis Station *Grenelle* hat man einen prachtvoll-grossartigen Ausblick auf Paris und das Seinethal mit seinen bewaldeten und bebauten Höhenzügen bis Saint-Cloud. Die Bahn geht hier auf einem hohen Viadukt über die Seine. Weiterhin sind die Pflanzungen der Gemüsegärtner sehenswerth. Zwischen den Stationen *Montrouge* und *Gentilly* befindet sich der **Parc Montsouris**, eine neuere Anlage mit dem maurischen, *Bardo* genannten kleinen Palaste und der meteorologischen Station. Der mit Felsen, Grotten und Teichen ausgestattete Park liegt hoch und bietet daher eine schöne Aussicht auf Paris. Daneben (Rue de la Tombissoire) das grosse Sammelbecken der Vanne, welches 120 000 Raummeter fasst und den grössten Theil des linken Ufers mit Wasser versorgt.

Auf allen Bahnen ist ausgiebig für den Verkehr mit den Orten der Pariser Umgebung gesorgt.

Gewöhnlich gehen jede Stunde, im Sommer und Sonntags jede halbe Stunde und noch öfter Züge ab.

Chemin de fer du Nord. Nach Saint-Denis, Enghien, Montmorency, Compiègne, Belgien, Holland, Norddeutschland.

Chemin de fer de l'Est (Strassburger Bahnhof). Pantin, Noisy-le-Sec, Bondy, le Raincy, Metz (Trier—Berlin), Frankfurt, Strassburg, Basel.

Chemin de fer de l'Ouest. *1. Bahnhof Saint-Lazare* (rechtes Ufer): Asnières, Sèvres, Saint-Cloud, Versailles, Montmorency, Trouville, Rouen-Havre und Normandie. *2. Bahnhof Montparnasse:* Meudon, Sèvres, Versailles, Saint-Cyr, Bretagne.

Chemin de fer de Vincennes. Bahnhof Place de la Bastille. Führt in das landschaftlich ungemein schöne Marnethal bis Bois-Comte-Robert. Hauptstationen Vincennes, Nogent-sur-Marne, Champigny.

Chemin de fer de Paris à Lyon. Bahnhof unweit der Place de la Bastille. Charenton, Brunoy, Fontainebleau, Lyon, Marseille, Genf u. s. w.

Chemin de fer d'Orléans. Bahnhof neben dem Jardin des Plantes. Choisy-le-Roi, Ablon, Epinay-sur-Orge, Chamarande, Orléans, Tours, Bordeaux.

Chemin de fer de Sceaux. Bahnhof Place d'Enfer. Nach Sceaux, Orsay, Bourg-la-Reine, Limours.

Hôtels.

Wer nur kurze Zeit in Paris bleibt, steigt am besten in einem Hôtel ab, das in den verkehrreichsten Theilen der Stadt liegt. Diese sind die Umgebung des Palais Royal, der Börse und des Boulevards vom Faubourg Poissonnière bis zur Madeleine und dem Faubourg Saint-Honoré.

Wer über vierzehn Tage bleibt, kann in einem

entfernteren Stadttheile wohnen, oder aber sich in einem Hôtel meublée oder Maison meublée auf den Monat einmiethen. Die möblirten Zimmer und Wohnungen sind durch gelbe Miethzettel — Chambres meublées (oder Appartements meublées) à louer — an den Hausthüren angezeigt. Nach dem ersten Monat wird auch nach halben Monaten berechnet. Man muss, je nach Uebereinkommen, 8 oder 14 Tage im Voraus kündigen. Selbst in diesen Stadttheilen ist ein Zimmer für von 70 bis 80 fr. ab monatlich zu haben. Dazu einige Franken für Licht und 6 bis 10 fr. Trinkgeld für den Hausknecht (garçon).

Die Preise der Hôtels in diesen inneren Stadttheilen müssen selbstverständlich ziemlich hoch sein. Aber theuer kann man sie den Verhältnissen nach doch nicht immer nennen. Eine Ermässigung von 20 bis 25 Prozent wird zugestanden, wenn man sich auf einige Wochen einmiethet. Entsprechend kommen auch Service und Bougies niedriger zu stehen. Der Preis für ein Zimmer geht von 4 bis 5 fr. aufwärts, wozu noch je 1 fr. für Service und Bougies kommen. Wo billigere Zimmer (in den Hôtels der Nebenstrassen) zu haben sind, werden Service und Bougies ebenfalls billiger, zu 50 bis 75 cent. berechnet. Bei diesen billigeren Hôtels ist hier die Preisangabe beigefügt. Es herrscht nirgendwo die Verpflichtung, in dem Hôtel zu speisen. Wo eine Table d'hôte mit demselben verbunden ist, bezahlt man gewöhnlich sofort jede Mahlzeit. Tischwein ist fast überall im Preise inbegriffen.

Hôtels in der Umgebung der Madeleine und des Boulevard des Italiens.

Grand-Hôtel, 12 Boulevard des Capucines, mit prächtigem Speisesaal, Lesesalon, Konversationssaal, Billardsaal, mit Bädern,

Telegraphen-Bureau, Eisenbahn- und Theaterbillet-Bureau etc. — 700 Zimmer und 70 Salons, 4 bis 40 fr. täglich. — Déjeuner von 11 bis 1 Uhr (an einzelnen Tischen), 4 fr. Table d'hôte um 6 Uhr, 6 fr. Die Speisekarte hängt im Hôtelhofe aus. — Auch den nicht im Hôtel Wohnenden ist zu empfehlen, eine Mahlzeit hier zu nehmen und die den Fremden geöffneten Säle zu besichtigen. Der Preis für die Mahlzeiten wird beim Eingange in den Speisesaal entrichtet. Das daneben gelegene

Hôtel Scribe, 1 Rue Scribe, mit 100 Zimmern, gehört zum Grand Hôtel.

Grand Hôtel des Capucines, 37 Boulevard des Capucines. Table d'hôte um 6 Uhr, 5 fr.

Grand Hôtel de Bade, 32 Boulevard des Italiens; prächtige Lage. Diner 6 fr.

Hôtel de l'Athénée, 15 Rue Scribe.

Splendide Hôtel, Place de l'Opéra, meist von Engländern besucht.

Grand Hôtel du Parlement, 18 Place et Boulevard de la Madeleine. Déjeuner 4 fr., Diner 5 fr.

Grand Hôtel Suisse, 5 Rue Lafayette, mit grossem Restaurant, englische Küche. Déjeuner 3 fr., Diner um 6 Uhr, 4 fr. 50 cent.

Grand Hôtel de la Grande-Bretagne, 14 Rue Caumartin, beim Boulevard des Capucines. Table d'hôte 5 fr.

Hôtel Byron, 20 Rue Lafitte, beim Boulevard des Italiens. Empfehlenswerth. Table d'hôte um 6 Uhr, 4 fr.

Hôtel du Helder, 9 Rue du Helder, beim Boulevard des Italiens. Sehr gute Küche à la carte. Theuer.

Hôtel du Brésil, 16 Rue du Helder.

Hôtel Richmond, 11 Rue du Helder.

Hôtel Victoria, 11 Rue Le Peletier. Déjeuner 3 fr. 50 cent., Diner 4 fr.

Hôtel du Canada, 23 Rue de Choiseul, beim Boulevard des Italiens. Zimmer von 3 fr. aufwärts. Déjeuner 2 fr. 50 cent., Diner 4 fr.

Hôtel Richelieu, 9 Rue de Marivaux bei der Opéra-Comique, Zimmer von 3 fr. aufwärts.

Hôtel Bristol, 5 Place Vendôme. ⎫
Hôtel du Rhin, 4 Place Vendôme. ⎬ Alle drei theuer und vornehm.
Hôtel Vendôme, 1 Place Vendôme. ⎭

Hôtel de Calais, 5 Rue Neuve des Capucines.

Hôtel Burgundy, Rue Duphot 8. Zimmer 3 fr. Man spricht deutsch.

Hôtel Stehr, 55 Rue de Provence. Zimmer von 3 fr. ab. Table d'hôte 3 fr. Pension 9 fr. täglich. Man spricht deutsch.

Hôtel de Tours, 53 Rue Taitbout. Zimmer 3 fr. Man spricht deutsch.

Hôtel des Etrangers, 24 Rue Tronchet. Zimmer von 3 fr. ab. Déjeuner 3, Diner 4 fr.
Grand Hôtel de Malte, 63 Rue Richelieu. Zimmer von 3 fr. ab. Man spricht deutsch.
Hôtel du Palais, 38 Cours-la-Reine, beim Place de la Concorde. Zimmer von 3 fr. ab. Pension von 7 fr. 50 cent. ab.
Grand Hôtel de France, 33 Rue Lafitte. Zimmer von 2 fr. 50 cent. ab. Man spricht deutsch.
Hôtel de Finlande et de Douvres, 16 Rue Lafitte, nur etwa 50 Schritt vom Boulevard des Italiens, von Deutschen sehr empfohlen. Man spricht deutsch.

Beim Boulevard Montmartre und Boulevard Poissonnière:

Grand Hôtel Doré, 3 Boulevard Montmartre.
Hôtel de la Terrasse Jouffroy, 10 Boulevard Montmartre. Table d'hôte 4 fr.
Hôtel Beau-Séjour, 30 Boulevard Poissonnière. Viel von Deutschen besucht.
Hôtel Saint-Phar, 32 Boulevard Poissonnière.
Hôtel Rougemont, Rue Rougemont, an der Ecke des Boulevard Poissonnière.
Hôtel du Pavillon, 36 Rue de l'Echiquier, nahe dem Boulevard Poissonnière. Von deutschen Kaufleuten besucht.
Hôtel de Bavière, 17 Rue du Conservatoire. Von deutschen Kaufleuten besucht. Deutsche Zeitungen. Zimmer von 2 fr. 50 cent. ab. Déjeuner 3 fr., Diner 4 fr. 50 cent.
Hôtel Bergère, 32 Rue Bergère. Diner 4 fr. 50 cent. Zimmer von 3 fr. ab. Man spricht deutsch.
Hôtel de Cologne, 10 Rue de Trévise. Zimmer von 3 fr. ab. Man spricht deutsch.
Hôtel de la Havane, 44 Rue de Trévise.
Grand Hôtel Violet, Passage Violet, zwischen Rue du Faubourg Poissonnière und Rue d'Hauteville. Zimmer von 3 fr. ab. Man spricht deutsch.
Grand Hôtel d'Angleterre, 56, 58 Rue Montmartre. Zimmer von 2 fr. ab.
Hôtel de Paris, 38 Rue du Faubourg Montmartre. Zimmer 2 bis 5 fr. Déjeuner 3 fr., Diner 3 fr. 50 cent.

Beim Palais Royal:

Hôtel Continental, Ecke der Rue de Rivoli und der Rue de Castiglione, sehr schönes grosses Hôtel mit glänzenden Sälen und Nebenräumen. Déjeuner 5 fr., Diner 7 fr. 600 Zimmer und Salons. Das komfortabelste Hôtel in Paris. Angemessene Preise.

Grand Hôtel du Louvre, Rue de Rivoli, zwischen dem Louvre und Palais Royal. Mit 700 Zimmern. Billiger als das Grand Hôtel und das Hôtel Continental. Table d'hôte 6 fr.

Hôtel de la Place du Palais Royal, 170 Rue de Rivoli, dem Hôtel du Louvre gegenüber. Table d'hôte 5 fr.

Hôtel du Pavillon de Rohan, 172 Rue de Rivoli, neben dem Vorgenannten.

Hôtel Meurice, 228 Rue de Rivoli, dem Tuilerien-Garten gegenüber. Theuer. Fast nur von Engländern besucht.

Hôtel Sainte Marie, 83 Rue de Rivoli. Zimmer von 2 fr. 50 cent. ab. Déjeuner 3 fr., Diner 4 fr. Acht Tage Aufenthalt 90 fr., alles inbegriffen. Man spricht deutsch.

Grand Hôtel du Rhône, 5 Rue Jean-Jacques-Rousseau, Ecke der Rue Saint-Honoré. Table d'bôte um 6 Uhr, 4 fr.

Hôtel de Strasbourg, 50 Rue de Richelieu. Zimmer von 2 fr. 50 cent. ab.

Hôtel du Passage d'Athènes, 178 Rue Saint-Honoré, Zimmer von 2 fr. 50 cent. ab.

Umgebung der Börse:

Hôtel des Etrangers, 3 Rue Feydeau. Déjeuner 3 fr., Diner 4 fr. Man spricht deutsch.

Grand Hôtel de Nice, 36 Place de la Bourse. Zimmer von 3 fr. ab.

Hôtel de la Bourse, 17 Rue Notre-Dame des Victoires, bei der Börse.

Grand Hôtel Louvois, Place Louvois. Familien zu empfehlen.

Hôtel de Bruxelles, 33 Rue du Mail. Zimmer von 2 fr. 50 cent. ab. Déjeuner 2 fr., Diner 3 fr.

Auf dem linken Seine-Ufer:

Die Hôtels auf dieser Seite sind durchgehends billiger, eignen sich, wegen der Entfernung vom Mittelpunkt, eher für Fremde, die längere Zeit in Paris verweilen.

Hôtel Voltaire, Quai Voltaire. Zimmer von 3 fr. ab.

Hôtel des Ambassadeurs, 45 Rue de Lille.

Hôtel des Saints-Pères, Rue des Saints-Pères. Zimmer von 2 fr. 50 cent. ab.

Grand Hôtel du Montblanc, 63 Rue de Seine.

Hôtel de Suez, 31 Boulevard Saint-Michel. Déjeuner 2 fr, Diner 2 fr. 50 cent. Pension 110 fr.

Hôtel des Etrangers, 2 Rue Racine. Zimmer von 2 fr. ab.

Hôtel Belzunce, 50 Rue Madame.

Restaurants.

Die üblichen Speisestunden sind von 11—1 Uhr für das Frühstück (Déjeuner) und 5—8 Uhr für das Mittagessen (Diner). Das erstere besteht aus 2 bis 3 Gängen Fleisch- oder Eierspeisen, nebst Gemüse und Nachtisch. Beim Mittagessen kommen noch Suppe, Fisch und Salat hinzu.

Fast alle Speisehäuser sind nach der Strasse nur mit Spiegelscheiben geschlossen, gestatten daher einen ziemlich freien Einblick in ihr Inneres. Noch besser kann man sich aber ein Urtheil über ihre Leistungen und Preise bilden durch ihre Auslagen hinter diesen Spiegelscheiben. Die billigsten Häuser, wo man 75 cent. bis höchstens 2 fr. für eine Mahlzeit ausgiebt, stellen dort rohe Fleischstücke, Schüsseln mit Kartoffelsalat u. s. w. aus; die mittleren dagegen Früchte und die theuren Silbergeschirre. In den mittleren Speisehäusern stellt sich eine Mahlzeit von 2 bis 5 fr., in denen der letzten, höchsten Klasse ist mit 5 fr. wenig auszurichten, eine Mahlzeit für eine Person ist auf 10 fr. anzuschlagen, kann aber selbst bis 100 und sogar 150 fr. gehen. Hiernach kann man sich in allen Stadtvierteln richten. Der Kneipwirth (Marchand de vins), welcher auch feinere Gäste in einem besonderen Zimmer (Cabinet oder Salon) bewirthet, stapelt Haufen weisser Servietten in seinem Schaufenster auf. Durchgehends entsprechen, wie bei den Gasthöfen, die Leistungen auch den Preisen.

Die Restaurants können in vier Klassen getheilt werden:
    a) Restaurants à la carte,
    b) Restaurants à prix fixe,
    c) Tables d'hôte,
    d) Etablissements de bouillon.

In den Erstgenannten bestellt man nach der Speisekarte. Die vornehmen darunter sind hinsichtlich der Küche, der Einrichtung und Bedienung die ersten der Welt, vielfach weit und breit berühmt. Deshalb darf man es nicht versäumen, wenigstens ein Mal in einem der weiterhin angeführten Häuser zu speisen. Am besten speist man zu mehreren Personen, da die Portionen für 2 bis 3 Personen ausreichen. . Es ist allgemein Gewohnheit, stets weniger Portionen zu bestellen, als Personen bei Tische sind. Der Tischwein (vin ordinaire) ist stets gut, wird natürlich in diesen Etablissements besonders berechnet. Für Soupers (Nachtessen) nach 10—12 Uhr Abends rechnen die dann noch offen stehenden Restaurants doppelte und dreifache Preise, so dass eine Person 20 bis 40 fr. und mehr im Nu ausgeben kann.

Hier die am häufigsten auf allen Speisekarten vorkommenden Bezeichnungen:

Carte à manger. Speisekarte.

Potages. Suppen.
Bouillon \\ Fleischbrühe.
Consommé /
Potage à la julienne, Fleischbrühe mit geschnittenem Gemüse.
Une purée de pois, Erbsensuppe.
Potage aux vermicelles, Nudelsuppe.
Potage en tortue, Schildkrötensuppe.

Hors d'oeuvre. Nebengerichte.
Des radis, Radieschen.
Des crevettes, Krabben.
Une douzaine d'huîtres, ein Dutzend Austern.
Une tranche de melon, eine Scheibe Melone.
Des sardines, Sardinen.
Une pâté de foie gras, Gänseleberpastete.
Des anchois, Anchovis.
Du beurre, Butter.

Du jambon, Schinken.
Du caviar, Kaviar.
Un vol au vent à la financière, Blätterteig mit Ragout gefüllt.

Rôtis. Braten.
Filet de boeuf, Rinderfilet, ein Hauptgericht der französ. Küche.
Boeuf à la mode, Schmorbraten.
Un biftek aux pommes, Beefsteak mit Kartoffeln.
Un biftek saignant, engl. Beefsteak.
Un biftek bien cuit, durchgebratenes Beefsteak.
Un rosbif aux pommes, Rostbeef mit Kartoffeln.
Une côlelette de mouton, Hammelkotelett.
Une côtelette de veau, Kalbskotelett.
Une côtelette à la jardinière, Kotelett mit Gemüse.

Tête de veau, Kalbskopf.
Fricandeau, Kalbsnierenbraten.
Ris de veau, Kalbsmilch.
Foie de veau, Kalbsleber.
Langue de veau, Kalbszunge.
Rôti de lièvre, Hasenbraten.
Quartier de chevreuil, Rehziemer.
Gigot, Hammelkeule.

Volaille. Geflügel.

Un poulet, Huhn, unf. Poularden ent-
Un chapon, Kapaun. sprechend.
Oie, Gänsebraten.
Une dinde, Putenbraten.
Un faisan, Fasan.
Une perdrix, Rebhuhn.
Un perdreau, junges Rebhuhn.
Un canard, Ente.
Une bécasse, Schnepfe.
Des grives, Krammetsvögel.
Deux mauviettes, zwei Lerchen.
Une caille, Wachtel.

Poissons. Fische.

Un saumon, Lachs.
Un turbot, Steinbutte.
Une truite, Forelle.
Une sole frite, gebackene Seezunge.
Une carpe, Karpfen.
Un brochet, Hecht.
Une perche, Barsch.
Un maquereau, Makrele.
Une matelotte, Fischmayonnaise.
Des moules, Seemuscheln.
Des huîtres, Austern.
Des écrevisses, Krebse.
Un homard, Hummer.
Une langouste, Hummer ohne Scheeren (vorzüglich).

Salades. Salat.

Une chicorée, Endiviensalat.
Une romaine, Kopfsalat.
Du cresson, Brunnenkresse.
Des betteraves, rothe Rüben.
Concombres, Gurken.
Céleri, Sellerie.

Légumes. Gemüse.

Des artichauts, Artischocken.
Des petits pois, Schoten.
Des asperges à la sauce, Spargel mit Sauce.
Des asperges à l'huile, Spargel mit Essig und Oel.
Des haricots verts, grüne Bohnen.
Des haricots blancs, weiße Bohnen.
Des flageolets, große weiße Bohnen.
Des pois, Erbsen.
Des lentilles, Linsen.
Choux-fleurs, Blumenkohl.
Des épinards, Spinat.
Des navets, weiße Rüben.
Du riz, Reis.
Des beignets de pomme, Apfelschnitte.
De la choucroute, Sauerkohl.
Des carottes, Mohrrüben.
Des pommes frites, Bratkartoffeln.
Des pommes sautées, gebackene Kartoffeln.
Des pommes à la maître d'hôtel, Kartoffeln in Butter mit Petersilie.
Purée de pommes, Kartoffelbrei.
Une omelette, Eierkuchen.
Des oeufs brouillés, Rührei.
Des oeufs sur le plat, Setzeier.

Dessert. Nachtisch.

Des fruits, Obst.
Des fraises, Erdbeeren.
Des amandes, Mandeln.
Des Mendiants, Rosinen u. Mandeln.
Une pêche, eine Pfirsiche.
Des raisins, Weintrauben.
Une poire, eine Birne.
Une glace, Eis.
Une groseille, Johannisbeergelée.
Du fromage, Käse.
Du fromage de Gruyère, Schweizerkäse.
Un Suisse, weicher Sahnenkäse.
Un café, eine Tasse Kaffee.

Zahlreiche Restaurants hängen täglich die Speisekarte nebst Preisen an ihr Schaufenster.

Tischwein (vin ordinaire) wird stets mit Wasser vermischt getrunken; es verstösst gegen die gute Sitte, die Gläser (Wassergläser) mehr als bis zu einem Drittel mit Wein zu füllen. Feinere Weine werden in kleinen Gläsern (verres à bordeaux) unvermischt getrunken, gewöhnlich nur beim Nachtisch; Madeira (madère — stets französisches Fabrikat) und andere Liqueurweine (nach der Suppe) in Liqueurgläsern. In feineren Restaurants werden stets unverlangt einige Hors-d'oeuvre, als: Butter, Radieschen, Crevettes (kleine Seekrabben), Citrone etc. auf den Tisch gestellt, welche, wenn man davon gegessen, bei der Addition ziemlich hoch berechnet werden. Sobald man das Frühstück oder Diner beendet hat, verlangt man vom Kellner die Rechnung *(l'addition)*, ohne welche man nicht bezahle. (Ueber Trinkgelder siehe S. 4.)

In den **Restaurants à prix fixe** (s. S. 40) wird der Gast, zu welcher Zeit in den gewöhnlichen Speisestunden er auch komme, hintereinander, ohne Rücksicht auf seine Nachbarn, meist an kleinen, einzelnen Tischen bedient. Während man aber an den **Tables d'hôte** (s. S. 41) nach Belieben von jeder Schüssel nehmen kann, sind bei den Mahlzeiten à prix fixe die Portionen abgetheilt, und zwar in der Regel für einen nicht starken Esser berechnet. Hingegen bieten diese letzteren Mahlzeiten den Vortheil, dass man nach Belieben schnell oder mit Musse essen kann, während man bei der Table d'hôte in dieser Hinsicht ganz von der Bedienung abhängig ist. Bei den meisten Restaurants à prix fixe ist das Tages-Menu ausserhalb des Lokals ausgehängt.

Die **Etablissements de bouillon** (s. S. 41) bilden eine Eigenthümlichkeit von Paris, und der Fremde (auch mit Damen) sollte wenigstens eines dieser Etablissements einmal besuchen. Es sind Speisehäuser, in denen man à la carte billiger als irgendwo anders speist. Auch einzelne Damen können diese Etablissements sehr wohl besuchen, das Publikum ist ein sehr anständiges. Beim Eintritt in das Lokal erhält man eine Speisekarte, auf welcher der Kellner dann die bestellten Speisen anstreicht. Beim Ausgange wird nach dieser Karte — welche man also nicht auf dem Tische liegen lassen darf — die «Addition» gemacht und bezahlt. Die Preise in diesen Etablissements stellen sich meistens: Serviette 5 cent., Brot 10 cent., Wein per Flasche 90 cent., Suppe 25 cent., Braten 50 bis 60 cent., Fisch 50 cent., Gemüse 25 cent., Dessert 25 cent.

In keinem Pariser Restaurant, selbst nicht in den allergewöhnlichsten, ist das Rauchen während der Essenszeit gestattet.

a) Restaurants à la carte (s. S. 34).

An den Boulevards:

Maison dorée, 20 Boulevard des Italiens.
Café Anglais, 13 Boulevard des Italiens.
Café Riche, 16 Boulevard des Italiens. Mit schönem Kaffeehaus.
Café du Helder, 29 Boulevard des Italiens. Mit Kaffeehaus. Alle vier ersten Ranges, theuer.
Noël (früher *Peters*), Passage des Princes. Berühmte englische Roastbeefs.
Julien, 3 Boulevard des Capucines. Schöne offene Veranda.
Bignon, 32 Avenue de l'Opéra. Berühmt und theuer.
Restaurant Américain, 4 Boulevard des Capucines. Amerikanische Küche. Nicht billig.
Café de la Paix, im Parterre des Grand Hôtel.
Durand-Lequen, 2 Place de la Madeleine. Berühmt. Feine Welt.
Au lion d'or, 7 Rue du Helder. In mittelalterlichem Stil; vorzüglich; auch Gasthof.
Brébant, 32 Boulevard Poissonnière. Berühmt.
Beaurain, 26 Boulevard Poissonnière. Viel von Künstlern und Schriftstellern besucht.

Restaurant de France, 9 Boulevard Poissonnière. Verhältnissmässig billig.

Restaurant Rougemont, 16 Boulevard Poissonnière und 2 Rue Rougemont. Nicht theuer.

Restaurant Poissonnière (Nolta), 2 Boulevard Poissonnière.

Marguery, 36 Boulevard Bonne-Nouvelle, neben dem Gymnase-Theater. Hübsche Terrasse. Nicht theuer.

Maire, 14 Boulevard Saint-Denis, Ecke des Boulevard de Strasbourg. Vorzügliche Küche. Empfehlenswerth. Wintergarten.

Bonvalet, 29 Boulevard du Temple. Schöne Terrasse. Elegantes Café im Parterre (Café Turc). Viel von Familien besucht. Weniger theuer.

In anderen Stadttheilen diesseits der Seine:

Champeaux, 13 Place de la Bourse, bei der Börse. Mit Wintergarten

Voisin, 261 Rue Saint-Honoré. Berühmte Trüffeln und Wein.

Café Corazza, im Palais Royal, Galerie Montpensier. Schöne Säle.

Grand Véfour (Café de Chartres), im Palais Royal, 81 Galerie Beaujolais. Altberühmtes Haus.

Petit Véfour, im Palais Royal, 106 Galerie Valois. Ebenfalls ersten Ranges.

Au Grand-Vatel, 105 Galerie Valois.

Café d'Orléans, im Palais Royal, Galerie d'Orléans. Elegantes Restaurant ersten Ranges. Man spricht deutsch.

Restaurant de l'Opéra-Comique, 9 Rue Marivaux. Russische Küche.

Au boeuf à la mode, 8 Rue de Valois.

Lecomte, 50 Rue de Bondy. Empfehlenswerth.

Lemardelay, 100 Rue de Richelieu. Altes, solides Haus.

Au Pied de Mouton, 27 Rue Vauvilliers, bei den Halles Centrales. Billig und gut.

Jenseits der Seine:

Lapérouse, 51 Quai des Grands-Augustins, nicht weit vom Pont-Neuf.

Magny, 3 Rue Mazet, nicht weit vom Pont-Neuf. Berühmt.

Foyot-Lesserteur, 33 Rue de Tournon, gegenüber dem Eingange des Luxembourg. Altes, gutes Haus, auch Hôtel.

Restaurant de la Tour d'Argent, 15 Quai de la Tournelle, nicht weit vom Jardin des Plantes.

Blot, 33 Rue de Lille. Gut.

Ausserhalb der Stadt:

Ledoyen, in den Champs-Elysées, links vor dem Palais de l'Industrie.
Gaudin, in den Champs-Elysées, 23 Avenue d'Antin.
Ory, 10 Avenue du Bois de Boulogne.
Moulin-Vert, in derselben Avenue, nahe dem Bahnhof.
Restaurant de Madrid, im Bois de Boulogne, bei der Porte de Madrid. Schön gelegen.
Gillet, am Eingange in das Bois de Boulogne, bei der Porte Maillot.
Restaurant de la Cascade, bei der Cascade im Bois de Boulogne. Schön gelegen. Restaurant ersten Ranges. Nicht billig.
Pavillon d'Armenonville, im Bois de Boulogne, bei dem Jardin d'Acclimatation. Schön gelegen.
Restaurant de la Porte Jaune, im Bois de Vincennes. Prächtig auf einer kleinen Insel gelegen.

b) Restaurants à prix fixe (s. S. 37).

(Wein stets inbegriffen.)

Diner de Paris, Passage Jouffroy, am Boulevard Montmartre. Man zahlt beim Eintreten; altberühmt. Déjeuner 3 fr., Diner 5 fr. — Das Diner besteht aus Suppe, 2 Hors d'oeuvre, drei Gängen nach Auswahl, Salat, Eis, 2 Desserts und 1 Flasche Wein (vin ordinaire) oder ½ bessern (vin supérieur). — Nach dem Diner erhält man lauwarmes Pfefferminzwasser zum Mundspülen und zum Händewaschen. Aehnliches Menu auch in den folgenden Restaurants.
Restaurant de la Terrasse Jouffroy. 3 und 5 fr. Neben dem Vorigen.
Diner Européen, 14 Boulevard des Italiens, und 2 Rue Lepeletier. 3 und 5 fr.
Cotte, 14 Rue Royale, nahe der Madeleine-Kirche. 3 und 4 fr.
Diner du Rocher, 16 Boulevard Montmartre. 2 fr. 25 cent. und 3 fr. 25 cent.
Restaurant du Commerce, 24 Passage des Panoramas, am Boulevard Montmartre. 2 und 3 fr.
Buffon, 32 Boulevard Bonne-Nouvelle. 2 fr. und 2 fr. 50 cent.
Garny, 21 Passage de l'Opéra, beim Boulevard Montmartre. Déjeuner 1 fr. 50 cent., Diner 2 fr. und 2 fr. 50 cent.
Brasserie Restaurant du Congrès, 43 Boulevard des Capucines. 2 fr. 50 cent. und 3 fr. 50 cent. (Münchener Bier.)

Etablissements de bouillon.

Restaurant des Familles, 23 Rue de Choiseul. 1 fr. 75 cent. und 2 fr. 25 cent.

Im Palais Royal:

Aux cinq Arcades, 65 Galerie Montpensier, neben dem Théâtre du Palais Royal. 2 fr. und 2 fr. 50 cent.
Laurent-Câtelain, *Restaurant de Paris,* 23 Galerie Montpensier. 2 fr. und 2 fr. 50 cent.
Diner National, 173 Galerie Valois. 3 und 6 fr. Man zahlt beim Eintreten.
Bouvies, 41 Galerie Montpensier. 1 fr. 60 cent. und 2 fr.
Tissot, 88 Galerie Beaujolais. 2 fr. und 2 fr. 50 cent. Empfehlenswerth.
Restaurant de la Rotonde, 116 Galerie de Valois. 1 fr. 10 cent. und 1 fr. 20 cent.
Richefeu, 116 Galerie Valois. 2 fr. und 2 fr. 50 cent.

c) Tables d'hôtes (s. S. 37).

Escoffier, 43 et 105 Rue et galerie Valois (Palais Royal). 1 fr. 60 cent. und 2 fr. 10 cent.
Richardot, 6 Rue du Mail (ungemein besucht), und 19 Rue du Faubourg Saint-Denis. 1 fr. 60 cent. und 2 fr. 10 cent.
Au Rosbif, 3 Rue de la Bourse. 1 fr. 40 cent.
Blond, 17 Rue du Faubourg Montmartre. 2 fr. und 2 fr. 25 cent.

d) Etablissements de bouillon (s. S. 37).

10 Place de la Madeleine. — 27 Boulevard de la Madeleine. — 21 Boulevard Montmartre. — 11 Boulevard Poissonnière. — 26 Boulevard Saint-Denis. — 141 Boulevard de Sébastopol. — 1 Rue du Quatre Septembre. — 194 Rue de Rivoli. — 31 Avenue de l'Opéra. — 234 Rue Saint-Antoine. — 63 Rue Lafayette. — 6 Rue Montesquieu. (Ungeheurer Saal mit Galerien, Küche in der Mitte. Prachtvolle Thür aus Onyx.) — 143 Rue Montmartre. — 47 Rue de Rivoli. — 45 Rue Turbigo. — 7 Rue des Filles St. Thomas. — 10 Rue du Pont-Neuf. — 26 Boulevard Saint-Michel. — 18 Rue de Buci, u. a.

(Die bisher genannten sind sämmtlich von **Duval.**)
34 Boulevard Saint-Michel. — 13 Rue de Rome. — 48 Rue du Faubourg Montmartre. — 24 Boulevard Poissonnière. — 60 Rue du Faubourg Montmartre. — 95 Boulevard Montmartre. — 17 Place du Château d'Eau.

Cafés.

In den Kaffeehäusern findet man eine reiche Auswahl Zeitungen, in den besseren, besonders auf dem Boulevard, auch deutsche. Ausserdem Billards (bis 20 und 30), Schach-, Domino-, Kartenspiel u. s. w. Auf den Boulevards und in den breiten Strassen stellen die Kaffeewirthe bei nur irgend leidlichem Wetter ganze Reihen Tischchen vor ihren Lokalen auf. Ausser Kaffee (30 bis 60 cent. die Tasse) wird viel Bier, Liqueur (Cognac, Chartreuse, Absinth, Vermouth), dann Fruchtsäfte (Sirops de groseille, de framboise etc.), Mandelmilch (Orgeat) mit Wasser genossen. Vom Cognac stellt man dem Gast stets eine Krystallflasche voll hin; das Getrunkene wird dann nach den eingeschliffenen Strichen bezahlt. In den meisten Cafés kann man auch frühstücken und Abends kalte Küche haben. Der Kellner bringt bereitwillig Feder, Tinte, Papier und Briefumschläge. Um rauchen zu können, besuchen auch viele Pariser das Café, da in den Wohnungen nicht geraucht wird. Reiche Leute haben dazu ihr eigenes Rauchzimmer (fumoir). Andere Pariser besuchen die Cafés geschäftshalber, da sie sich dort mit Geschäftsfreunden zusammenfinden. Namentlich ist dies während der Mittagstunden der Fall. Abends bieten die hell erleuchteten, nur mit Glasscheiben verschlossenen oder ganz offen stehenden Kaffeehäuser auf den Boulevards einen sehr anregenden, heiteren Anblick. Es herrscht alsdann gewöhnlich reges Leben dort. Leider macht sich in vielen die lockere Damenwelt gar zu breit.

Es ist fast überflüssig, unter den Tausenden von Kaffeehäusern einige besonders hervorzuheben. Nur einige besonders berühmte Häuser und solche, die sich durch ihre prächtige Einrichtung auszeichnen, werden daher hier genannt.

Grand-Café, Ecke der Rue Scribe und Boulevard des Capucines.
Café de la Paix, im Grand-Hôtel.
Café Américain, 4 Boulevard des Capucines.
Tortoni, Ecke der Rue Taitbout und Boulevard des Italiens. Berühmtes Eis.
Café Riche, Ecke der Rue Lepeletier und Boulevard des Italiens. Zugleich bekanntes Restaurant.

Ferner am *Boulevard Montmartre:* **Café Mazarin, Café du Cercle, Café des Princes, Café de Madrid, Café Véron, Café de Suède.**

Am *Boulevard Poissonnière:* **Café de Strasbourg, Café du Pont de Fer.**

Am *Boulevard Bonne-Nouvelle:* **Café Français, Déjeuner de Richelieu** (gute Chokolade).

Am *Boulevard du Temple:* **Café Turc.**

Im *Palais Royal:* **Café de la Rotonde, Café d'Orléans.**

Rue Saint-Honoré 161: **Café de la Régence**, berühmt durch die hier stattfindenden Schachturniere.

Mit dem **Grand Hôtel du Louvre** und dem **Hôtel Continental** steht ebenfalls je ein Café in Verbindung.

Café Procope, Rue de l'Ancienne Comédie, unweit des Odéon-Theater, ist das älteste Pariser Kaffeehaus. Die Kaffeehäuser auf dem Boulevard Saint-Michel, ebenfalls auf dem linken Ufer, z. B. **Café d'Harcourt** (47 Place de la Sorbonne), **Café du Musée de Cluny**, werden hauptsächlich von Studenten besucht.

Bierhäuser (Brasseries).

Die Bierhäuser haben in den letzten Jahren wieder einen ungewöhnlichen Aufschwung genommen. Die meisten halten Münchener Bier, das hier oft als Bière Müller, Bière Pousset (Spatenbräu) oder Bière Widmer bezeichnet wird. In den Bierhäusern fordert man un demi (halben Liter), zu 50 oder 60 cent., oder un quart (viertel Liter), zu 25 bis 35 cent. Hier trifft man auch gewöhnlich Landsleute und öfters deutsche Zeitungen. Manche

Bierhäuser sind in altdeutschem, mittelalterlichem Stile gehalten, zeigen Glasmalereien und Butzenscheiben.

Von der Madeleine bis zur Bastille finden sich, ausser den ebenfalls deutsches Bier schänkenden zahlreichen Kaffeehäusern, wohl dreissig und mehr Bierhäuser, welche Pschorr-, Löwen-, Spatenbräu u. s. w. in vorzüglicher Beschaffenheit bieten; Z. B. rechts 43 Boulevard des Capucines (Löwenbräu), rechts 7 Boulevard Poissonnière (Pschorrbräu) und 13 (Spatenbräu), 31 Boulevard Bonne-Nouvelle.

In der Rue de Rivoli 130 ist gutes Bier, ausserdem in der anstossenden Rue des Arcades 5 und Boulevard Sébastopol 17. Neben diesem Boulevard, in der Rue Blondel, sind mehrere empfehlenswerthe Bierhäuser.

Auf dem linken Ufer: 10 Rue Soufflot u. s. w. In den entfernteren Stadtgegenden giebt es manchmal bescheidene Kaffeehäuser, welche Bière de Munich auf ihrem Schild ankündigen aber keines führen.

Konditoreien (Pâtissiers).

Besonders Damen kehren im Laufe des Nachmittags gern bei dem Pâtissier ein, um kleine warme Pasteten (Petits-fours) und Kuchen nebst einem Gläschen Liqueur, Bordeaux, Madeira, Mandelmilch (Orgeat) u. s. w. zu geniessen. Von den Pâtissiers sind hervorzuheben: *Julien*, 3 Rue de la Bourse, *Mignot*, 27 Rue Vivienne (Börse gegenüber), *Favart*, 9 Boulevard des Italiens, *Wiener Bäckerei* (Boulangerie viennoise), Rue de la chaussée d'Antin.

Die **Crêmeries** bieten besonders Milchkaffee, Chokolade, Milch, Eierspeisen, auch Beefsteaks und

Cotelettes, Käse u. s. w. zu billigen Preisen. Die an ihrem Aeussern leicht zu erkennenden besseren Häuser dieser Gattung haben auch entsprechende Besucher. Wer im Hôtel meublée oder Maison meublée wohnt, nimmt dort am besten seinen Morgenkaffee.

Ausländische **Cigarren**, besonders aus Havanna, sind zu haben: 63 Quai d'Orsay, Grand Hôtel (Laden), Boulevard des Capucines, 32 Boulevard des Italiens, 15 Place de la Bourse.

Lesekabinets (Cabinets de lecture)

mit deutschen Zeitungen: Grand Hôtel und Hôtel du Louvre (unentgeltlich), 11 Passage de l'Opéra (Boulevard des Italiens), Passage Jouffroy (12 Boulevard Montmartre), 224 Rue de Rivoli. Eintritt 25 bis 30 cent. Man kann auch schreiben, erhält Papier und Briefumschlag für 5 cent.

Bade-Anstalten (Bains).

In allen Stadttheilen kündigen viereckige, milchweisse Laternen mit der Inschrift «Bains» Badeanstalten an. Die Preise weichen zwischen 40 cent. und 1 fr. pro Bad, ohne Wäsche, ab.

Warme Bäder: 30 Boulevard Poissonnière, im Hôtel Beau-Séjour. — 15 Rue Vivienne. — 16 Rue Saint-Marc. — In den Badeschiffen am Pont-Royal, Pont-Neuf, Pont des Tournelles. — 56 Rue Neuve des Mathurins etc. *Hannam*, sehr elegante türkisch-römische Badeanstalt, 18 Rue Neuve des Mathurins, Ecke der Rue Auber.

Kalte Bäder: *Bains Deligny*, Quai d'Orsay, bei dem Pont de la Concorde, sehr gut. — *Bains Henry IV.*, man steigt vom Pont-Neuf hinab; Bad 20 cent., Wäsche 20 cent., Cabinet 10 cent., Trinkgeld 10 cent. — 65 Rue Rochechouart, eine (im Winter geheizte) **Schwimmanstalt**.

Bedürfnissanstalten.

Auf allen Kreuzungspunkten und Plätzen, besonders bei den Omnibusstationen, finden sich aus Eisen, Schiefer und Glas hergestellte saubere Häuschen, im Ganzen wohl einige Hundert, mit der Aufschrift «Cabinets d'aisance. Water closets». 5 Centimes, mit Toilette 15 Centimes. Jedes hat 4 bis 10 Zellen. Die Einrichtung ist äusserst sauber und zweckmässig.

Post und Telegraph.

Das grossartig umgebaute Hôtel des Postes (Hauptpostamt) bildet ein von den Strassen Jean-Jacques-Rousseau, Etienne-Marcel, Louvre und Gutenberg umgebenes Gebäude mit Eingängen nach allen Seiten. Alle einzelnen Abtheilungen, Telegraph u. s. w. sind durch Aufschriften kenntlich. Ausserdem hängt unter jedem Eingang eine Tafel mit Angabe über deren Lage, Dienststunden u. s. w.

Ausser dem Hauptpostamt giebt es in Paris noch 80 Postbureaux, die von 8 bis 8 Uhr geöffnet und zugleich Telegraphenstationen sind, in den verschiedenen Stadttheilen, und 650 Briefkästen, welche 8 Mal täglich geleert werden; sie sind vielfach an Tabakläden angebracht, in welchen Freimarken zu haben sind.

Briefe, welche mit den Abend-Schnellzügen befördert werden sollen, müssen bis 5 Uhr Nachm. in die Briefkästen gelegt oder bis $1/_26$ Uhr in den Postbureaux oder bis 6 Uhr in der Hauptpost oder in den Bureaux: 4 Place de la Bourse, 28 Rue de Cléry, 2 Place du Théâtre Français, abgegeben sein. Zu späterer Zeit muss man die Korrespondenz zu dem betreffenden Bahnhofe befördern oder sie mit einer *Taxe supplémentaire* frankiren, und zwar von $6-6^1/_4$ Uhr mit 20 cent. und von $6^1/_4-6^1/_2$ Uhr mit 40 cent. für jeden Brief ausser dem Porto, und dieselben in der Hauptpost oder in einem der obengenannten 3 Bureaux abgeben. Von $6^1/_2-7$ Uhr werden die Briefe nur von der Hauptpost aus befördert, und dann beträgt die Taxe supplémentaire 60 cent. für jeden Brief. Geldbriefe und eingeschriebene Briefe werden bis 4½ Uhr in allen Bureaux und später nur in der Hauptpost oder in einem der obengenannten 3 Bureaux angenommen.

Die *Bestellung der Briefe* erfolgt in Paris täglich 7 Mal, an Sonn- und Festtagen 5 Mal.

Freimarken *(Timbres-poste)* erhält man in allen Postbureaux und in den meisten Tabakläden. In den Hôtels nimmt man die Freimarken im Bureau des Hôtels, von wo aus die Briefe auch zur Post befördert werden.

Porto. Für Paris und Frankreich (nebst Algier) beträgt dasselbe 15 cent. (blaue Marke) für je 15 Gramm oder einen Bruchtheil dieses Gewichtes. Für die Länder des Weltpostvereins 25 cent. (gelbe Marken) für je 15 Gramm.

Eingeschriebene Briefe (lettres chargées) bedingen einen Zuschlag von 25 cent.

Geldsendungen (valeurs déclarées) kosten ausserdem noch 20 cent. für je 100 fr. oder einen Bruchtheil dieser Summe.

Postkarten zu 10 cent. werden in ganz Frankreich und dem Weltpostverein befördert.

In jedem Bureau de poste (äusserlich an blauem Anstrich und Laterne kenntlich) stehen Pulte mit Tinte und Federn zum Schreiben Jedem zur Verfügung.

Eine besondere Tafel zeigt an, ob in dem Bureau auch ein *Cabinet téléphonique public (öffentliche Fernsprechanstalt)* zum Verkehr mit den der Fernsprechanlage angeschlossenen Betrieben vorhanden.

Oefters befindet sich dort auch eine Postsparkasse (Caisse d'épargne postale).

Postlagernde Briefe (poste-restante) sind in demjenigen Bureau de poste abzuholen, an welches sie adressirt sind.

Postanweisungen werden in dem Bureau ausgezahlt, welches dem Empfänger die entprechende Benachrichtigung hat zukommen lassen.

Telegraph.

Jedes Postamt ist zugleich auch Telegraphenanstalt. Beide bleiben von 7 Uhr Morgens bis Abends 9 Uhr offen; das Haupt-Telegraphenamt, 103 Rue de Grenelle Saint-Germain, und das Bureau in der Börse Tag und Nacht. Die Bureaux der grossen Bahnhöfe, im Grand Hôtel, in der Avenue de l'Opera 4, 16 Boulevard Saint-Denis, 10 Rue des

Halles, 33 Rue des Champs-Elysées sind bis 11 Uhr offen. In jedem Bureau steht eigens eingerichtetes Papier zur Aufzeichnung der Depeschen unentgeltlich zur Verfügung. Jedes Wort von mehr als 15 Buchstaben zählt doppelt, bei aussereuropäischen Depeschen jedes von mehr als 10 Buchstaben.

Für Frankreich wird jedes Wort mit 5 cent. berechnet, mit einem Minimum von 10 Worten für eine Depesche, für Algier und Tunis mit 10 cent.

Für das Ausland wird berechnet: Deutschland 20 cent., England 25, Oesterreich 30, Belgien 10 und 15, Dänemark 25, Ungarn 35, Luxemburg 10 und 12½, Niederlande 20, Spanien 20, Italien 20, Griechenland 55 und 70, Norwegen 45, Portugal 25, Russland 60, Rumänien 35, Kaukasien 85, Russisch Asien 1 fr. 95 cent. und 3 fr. 10 cent., Serbien 40 cent., Schweden 45, Schweiz 15, Türkei 60, Asiatische Türkei 70 cent. und 1 fr. 10 cent, Vereinigte Staaten 2 fr. 50 cent.

Die Rohrpost (Télégraphie pneumatique)

ist mit dem Telegraph verbunden, kann denselben auch für Paris fast ersetzen, indem die Cartes-télégrammes schon binnen 1 bis höchstens 2 Stunden an ihre Empfänger gelangen. Die offene Carte-télégramme kostet 30, die schliessbare 50 cent. Man kauft sie in der Telegraphenanstalt, wo man sie ausfertigt und am Schalter abgiebt.

Päckereisendungen.

Kleine Packstücke (colis postaux) werden auf allen grossen Postämtern und auf den Bahnhöfen der Gürtelbahn angenommen, ausserdemin den Bureaux des chemins de fer in der Stadt. Derselben befinden sich: 24 Place de la Madeleine, 6 Place de la Bourse, 52 Rue Basse du Rempart, 9 Rue du Bouloi, 34 Boulevard Sébastopol, 6 Place Saint-Sulpice, 17 Rue du Bouloi, 27 Rue de l'Echiquier u. s. w.

Für Paris und Frankreich kostet ein 3 Kilogramm nicht übersteigendes Packet 60 cent., und mit Bestellung 85 cent.

Für Deutschland kostet ein Packet in gleichem Gewicht 1 fr., jedoch nur im Falle der Vorausbezahlung. Für Oesterreich, Schweiz und Luxemburg weicht der Preis etwas ab.

Ministerien.

Ministerium des Auswärtigen (Affaires Etrangères), 130 Rue de l'Université.

Photographien. 49

Ministerium für Landwirtschaft (Agriculture), 244 Boulevard Saint-Germain.
— Handel (Commerce), 25 Quai d'Orsay.
— Oeffentliche Arbeiten (Travaux Publics), 244 Rue de Grenelle.
— Finanzen (Finances), Rue de Rivoli, im Louvre.
— Krieg (Guerre), 14 Rue Saint-Dominique.
— Unterricht und Kunst (Instruction publique et Beaux-Arts), 110 Rue de Grenelle Saint-Germain.
— des Innern (Intérieur) und Cultus (Cultes), 103 Rue de Grenelle.
— Justiz (Justice), 11—13 Place Vendôme.
— Marine (Marine), Place de la Concorde, Ecke der Rue Royale.

Gesandtschaften.

Deutschland: 78 Rue de Lille (12—1½ Uhr).
Baiern: 23 Rue Washington (1—3 Uhr).
Oesterreich-Ungarn: 24 Avenue de l'Alma (1—3 Uhr).
Belgien: 153 Rue du Faubourg St. Honoré (12—2 Uhr).
Schweiz: 3 Rue Blanche (10—3 Uhr).
Dänemark: 29 Rue de Courcelles (1—3 Uhr).
Schweden und Norwegen: 29 Avenue Montagne (12—2 Uhr).
Niederlande: Avenue Bosquet (1—4 Uhr).
Russland: 79 Rue de Grenelle St. Germain (12—2 Uhr).
England: 39 Rue du Faubourg St. Honoré (11—3 Uhr).
Nord-Amerika: 3 Place des Etats-unis (10—3 Uhr).
Italien: Rue de l'Elysée (11—2 Uhr).

Photographien.

Wir wollen dem Fremden einige empfehlenswerthe Adressen von photographischen Ateliers und Photographien-Handlungen geben.

Ateliers: *Ziegler*, 35 Boulevard des Capucines, empfohlen. — *Salomon*, 55 Rue de la Faisanderie. — *Petit*, 31 Place Cadet. — *Franck*, 18 Rue Vivienne. — *Reutlinger*, 21 Boulevard Montmartre. — *Disdéri*, 8 Boulevard des Italiens. — *Nadar*, 51 Rue d'Anjou St. Honoré. — *Pierson et Braun*, 3 Boulevard des Capucines. — *Braun*, 1 Rue Auber, etc.

Photographische Ansichten kauft man 170 Rue de Rivoli, beim Palais Royal. — *Quinet*, 320 Rue Saint-Honoré. — *Lachenal & Co.*, 71 Boulevard Sébastopol. — *Baldus*, Rue d'Assas.

Stereoscopen auf Glas: *Léon et Lévy*, 113 Boulevard Sébastopol.

Theater.

Von den 26 Bühnen, welche ihre Vorstellungen in den Blättern anzeigen, spielt die grosse Oper (Opéra) Montag, Mittwoch und Freitag, im Winter auch Sonnabend, die anderen täglich. Im Mai und Juni schliessen gewöhnlich schon mehrere derselben, eine grössere Zahl vom Juli ab, so dass dann, bis September oder Oktober, meist nur noch 5 bis 7 Bühnen sich in Thätigkeit befinden. Die Vorstellungen beginnen nicht vor 8 Uhr und dauern meist bis Mitternacht. Dagegen finden, besonders während des Frühjahrs, in den besseren Theatern Tagesvorstellungen (Matinées) statt, welche um 1—2 Uhr beginnen und vielfach aus klassischen Stücken bestehen.

Die 8 oder 10 Vorstadtbühnen zählen gar nicht als Pariser Theater.

Dem Fremden wird das geräuschvolle Ausrufen von Theaterzetteln, Abendzeitungen, Textbüchern etc. in den Zwischenpausen (Entr'acte), sowie das widerwärtige Treiben der *Claqueurs* (bezahlte Beifallspender) in allen Theatern, meistens im Parterre, unangenehm auffallen.

Die **Theater-Kassen** werden $\frac{1}{2}$ Stunde vor Beginn der Vorstellung geöffnet. Bei grossem Andrange zu einem Theaterstück thut man gut, sein Billet während des Tages 12—5 Uhr im *Bureau de location* des betreffenden Theaters zu nehmen oder in den Theater-Bureaux: 15 Boulevard des Italiens, Place de l'Opéra bei dem Opernhause, oder im Theater-Bureau des Grand Hôtel. Die am Tage genommenen Billets kosten 1—2 Francs mehr als Abends. Im Nachrichtensaal (Salle des nouvelles) des «Figaro», 26 Rue Drouot, sind indessen Billets ohne Preiserhöhung zu haben. In diesen Bureaux findet man kleine Modelle der Theater, in welchen jeder Platz genau bezeichnet ist, so dass man sich von der Lage des zu kaufenden Platzes gleich überzeugen kann. Die von Händlern in der Nähe der Theater ausgebotenen Billets sind häufig übertheuer oder auch falsch.

Die **besten Plätze** in den Theatern für Herren ohne Damenbegleitung sind die *Fauteuils d'Orchestre* (die ersten Reihen des Parquet), die *Stalles d'Orchestre* (Parquet hinter den Fauteuils), und für bescheidenere Ansprüche das *Parterre* (nicht numerirte Sitzplätze, nur im Opernhause numerirt und dort auch empfehlenswerth). In Damenbegleitung wähle man die *Fauteuils de Galerie*, die *Premières Loges* (1. Rang) oder *Deuxièmes Loges* (2. Rang), nehme aber nur «Loges de face» (gegenüber der Bühne). Gewöhnlich sucht der Kassirer dieselben zu verweigern, indem er vorgiebt, nur noch *Loges de côté* zu haben, welche sehr unbequem sind. Man bestehe fest auf *Loges de face*. In vielen Theatern werden auch Damen zu den Plätzen Fauteuils und Stalles d'Orchestre zugelassen, und dann sind dies wohl überall die angenehmsten Plätze. Im Theater werden Abends die Plätze meist willkürlich von den Dienern oder den *Ouvreuses* angewiesen. Ohne ein ordentliches Trinkgeld (50 cent. bis 1 fr.) ist kein guter Platz zu haben. Die Preise der Plätze wechseln sehr, da sie bei Zugstücken regelmässig erhöht werden.

Opéra. Das Neue Opernhaus am Boulevard des Capucines, Place de l'Opéra, wurde 1875 eröffnet. Es ist das umfangreichste Theater der Welt, und wohl auch das prächtigste. Der Bau, von Charles Garnier, hat 36 Mill. gekostet. (S. S. 62.) Das Innere ist überaus reich und prachtvoll. Im *Grand Vestibule* Statuen von Lully, Rameau, Gluck und Haendel. Das Treppenhaus «**le Grand Escalier**» ist ein ausserordentlich üppiger Bau von Marmor, die Pfosten von Rosso antico, das Geländer von Onyx. Die Deckengemälde von Pils. Oben an der Treppe prächtige Marmorsäulen. Das *Avant-Foyer* hat an seiner Wölbung schöne, in Mosaik ausgeführte Gemälde. Das «Grand-Foyer» ist 54 m lang, 13 m breit und 18 m hoch, mit sehr schönen Gemälden von *Baudry* geschmückt und taghell erleuchtet; wundervolle Spiegel. Die beiden grossen Gemälde stellen 1) den Parnass mit Apoll, den Musen und Grazien, und 2) die Dichter des Alterthums um Homer dar. — An den beiden Enden des Foyers achteckige Salons, hinter diesen kleinere Salons. Eine *Loggia* steht mit dem Grand-Foyer durch fünf grosse Glasthüren in Verbindung. Der **Zuschauerraum** enthält 2156 Plätze. Prächtige Kronleuchter. Das Deckengemälde (auf Kupfer gemalt) ist von Lenepneu und stellt die Tages- und Nachtstunden dar. An spielfreien Tagen ist auch eine Besichtigung des Innern sehr lohnend (Trinkgeld 50 cent.). Plätze von 17 bis 3 fr.

Théâtre-Français, Rue de Richelieu an der Ecke der Place du Palais-Royal, die erste dramatische Bühne Frankreichs, die ihren ersten Ruhm zur Zeit Ludwig XIV. durch die Werke von Corneille, Racine und Molière errang. Hier wirkten Künstler, wie Talma, Mlle. Mars, Mlle. Rachel, und gegenwärtig noch nimmt das Theater in Betreff der Darstellung des Lustspiels einen der ersten, vielleicht den ersten Platz unter allen Theatern ein. Im *Vestibule* die Statuen der Tragédie (Mlle. Rachel) und der Comédie (Mlle. Mars). Im *Foyer* die Büsten der berühmten dramatischen Schriftsteller Frankreichs und die Marmorstatue Voltaires, von Houdon. Plätze von 10 fr. bis 2 fr. 50 cent. Wie in der Oper so auch hier auf den letzten Plätzen stets nur besseres Publikum.

[Das Théâtre-Italien, auf der Place Ventadour, ist seit Jahren zum Sitz einer Bank umgewandelt. Alle Versuche, zuletzt auf dem Théâtre-Lyrique-Historique, eine neue italienische Bühne herzustellen, waren bis jetzt ohne dauernden Erfolg.]

Opéra-Comique, Place Boieldieu, beim Boulevard des Italiens. Meist sehr gute, sehenswerthe Vorstellungen komischer Opern. 10 fr. bis 2 fr. 50 cent.

Théâtre-Lyrique-Historique, an der Place du Châtelet. Hiess früher *Théâtre Lyrique,* dann *Théâtre des Nations.*

Odéon, an der Place de l'Odéon, jenseits der Seine, beim Luxembourg, hat dasselbe Programm wie das Théâtre-Français. 12 fr. bis 2 fr. 50 cent.

Gymnase, 38 Boulevard Bonne-Nouvelle, für das feinere Lustspiel und bürgerliche Dramen. Vortreffliche Darstellung. Besuch empfehlenswerth. Damen im Orchestre zugelassen. 10 bis 2 fr.

Vaudeville, Ecke Boulevard des Capucines und Chaussée d'Antin, 1868 neu erbaut und recht hübsch ausgestattet. Wie beim Vorigen. 10 bis 2 fr.

Variétés, 7 Boulevard Montmartre. Meist Possen mit Gesang, Operetten etc. 10 bis 2 fr.

Théâtre de la Porte Saint-Martin, 16—18 Boulevard Saint-Martin. Mit schöner Façade, auch die inneren Räume sind geschmackvoll. Dramen, Feerien etc. Besuch empfehlenswerth. Damen überall zugelassen. 14 bis 2 fr.

Théâtre du Palais Royal, im Palais Royal, Galerie Montpensier. Possen, Vaudevilles etc., bekannt durch gute Vorstellungen, jedoch vielfach höchst ausgelassen und unanständig. 7 bis 2 fr.

Théâtre de la Renaissance, neben Porte Saint-Martin. Hübsches Gebäude, 1873 errichtet. Vaudevilles, Operetten. Damen überall. 10 bis 3 fr.

Bouffes Parisiens. Passage Choiseul und 4 Rue Monsigny, von Offenbach begründet und geleitet. Meist Offenbach'sche Operetten und Opéras-Bouffes. Kleines, besuchenswerthes Theater. 10 bis 3 fr.

Châtelet, Place du Châtelet, geräumiges Theater für Feerien, Ballets und Ausstattungsstücke. Damen überall. 6 fr. bis 2 fr. 50 cent.

Gaîté, Square des Arts et Métiers. Für Damen, Feerien und Vaudevilles. Damen überall. 10 bis 2 fr.

Ambigu-Comique, Boulevard Saint-Martin 2. Dramen, Melodramen, Volksstücke. Damen überall. 10 bis 2 fr.

Folies-Dramatiques, Boulevard Saint-Martin, 40 Rue de Bondy. Operetten und Possen. Hübsches, sehr beliebtes Theater. 8 bis 2 fr.

Ausser diesen wollen wir noch erwähnen: **Théâtre de Cluny,** 71 Boulevard Saint-Germain, viel von Studenten besucht; **Théâtre du Château d'Eau,** jetzt **Opéra populaire,** 46 Rue de Malte; *Théâtre Déjaset,* 41 Boulevard du Temple; **Théâtre Beaumarchais,** 25 Boulevard de Beaumarchais; **Menus-Plaisirs,** 14 Boulevard de Strassbourg.

Eine eigene Gattung bildet das **Eden-Théâtre,** Rue Boudreau (links von der Oper), eigenthümliches Gebäude in reichem indischen Stil. Das Innere gleicht einer Pagode, hat mehrere Nebensäle, zwei Büffets, erlaubt das Hin- und Hergehen. Auffallend schöne Spiegelwände. Ballets und Pantomimen werden mit ungemeiner Pracht gespielt. Gesellschaft sehr gemischt. 10 bis 3 fr.

Taschenspieler-Vorstellung *(Salle Robert Houdin)*, 8 Boulevard des Italiens, allabendlich um 8 Uhr. 4 bis 2 fr.

Circus.

Cirque d'été, in den Champs-Elysées beim Rond-Point, vom 1. Mai bis Ende Oktober geöffnet. 2 fr., 1 fr. und 50 Cent.

Cirque d'hiver, Boulevard des Filles du Calvaire. Vom 1. November bis 30. April geöffnet. Gleiche Direktion und gleiche Preise wie im Cirque d'été.

Hyppodrome, in den Champs-Elysées, Ecke Avenue de l'Alma und Avenue Josephine. Ueber 6000 Plätze. Sonntag und Donnerstag auch Nachmittags-Vorstellungen. 5 bis 1 fr.

Cirque Fernando, Ecke Boulevard Rochechouart und Rue des Martyrs, 1875 erbaut. 3 fr. bis 50 cent.

Musée Grévin.

Unter diesem Namen besteht, 8 Boulevard Montmartre, ein sehr reichhaltiges Wachsfigurenkabinet oder Panoptikum. Alle bekannten Persönlichkeiten Frankreichs und des Auslandes sind naturgetreu dargestellt, meist mit ihren eigenen Kleidern (Grévy, Gambetta, Rochefort, Louise Michel, Victor Hugo u. s. w. 2 fr., Sonntags 1 fr. Besonders Abends zu besuchen.)

Konzerte.

Zu den **Concerts du Conservatoire,** an den Sonntagen von Januar bis April, ist nur schwer Zutritt zu erlangen, da die nicht zahlreichen Plätze Abonnenten gehören. Den Versuch, eine Einlasskarte (zu 12 bis 5 fr.) zu erhalten, kann man am vorhergehenden Sonnabend, von 1 bis 8 Uhr, in der Rue du Conservatoire 2 machen.

Die **Concerts populaires** der ausgezeichneten *Pasdeloup*'schen Kapelle finden während der sechs Wintermonate Sonntags um 2 Uhr im Cirque d'hiver statt. 6 bis 1 fr.

An denselben Tagen findet im Châtelet (Theater) die Konzerte der *Colonne*'schen Kapelle (6 fr. bis 1 fr. 25 cent.) und in der Opéra populaire (Château d'eau) diejenigen der *Lamoureux*-schen Kapelle (10 fr. bis 1 fr. 25 cent.) statt. In allen dreien wird nur klassische (und Wagner'sche) Musik in vorzüglichster Weise aufgeführt.

Im *Salle Kriegelstein* (4 Rue Charras), *Salle Erard* (13 Rue du Mail), im *Salle Pleyel* (Rue Rochechouart), auch im Saal des Trocadéropalastes u. s. w., veranstalten Künstler, welche berühmt sind oder es werden wollen, besonders im Frühjahr zahlreiche Konzerte. Die Preise sind hoch, nicht unter 5 und bis 20 fr., aber es werden ungemein viele Freibillets ausgegeben.

Während der Sommermonate finden im **Jardin de Paris**

täglich, Mittwoch und Sonnabend ausgenommen, Spectacles-Concerts statt, welche von der Lebewelt stark besucht werden.

Donnerstags sind Konzerte im Jardin d'acclimatation (1 fr.), hauptsächlich von Familien mit Kindern besucht.

Die **Militärkonzerte** im Freien finden um 4¾ Uhr im Jardin des Tuileries, im Garten des Palais Royal und des Luxembourg u. s. w. statt. Nur wenn man sich setzen will, hat man den Stuhl (10 bis 30 cent.) zu bezahlen.

Cafés-chantants.

Diese Gattung Vergnügungsanstalten entspricht so ziemlich dem Tingel-Tangel. Nur sind sie meist viel prächtiger ausgestattet, namentlich herrscht eine verschwenderische Beleuchtung durch milchweisse und farbige Glaskugeln, welche ganze Bogenreihen u. s. w. bilden. Den ganzen Abend werden abwechselnd Orchesterstücke, Lieder, Duette, Travestien, komische Scenen und Arien, selbst kleine Pantomimen u. s. w. von durchgehends mittelmässigen Künstlern und auf der Bühne zur Schau sitzenden Künstlerinnen vorgetragen. Der Eintritt ist frei, aber die *Consommations* (Bier, Mandelmilch, Liqueur, Kaffee u. s. w.), welche man bestellen muss, kosten, je nach den Plätzen, 1 bis 3 fr. und sind zudem mittelmässig. Für Damen nicht sehr zu empfehlen. Hier die bemerkenswerthesten:

Im Winter:

Folies-Bergère, 32 Rue Richer, gegenüber der Rue Bergère, im Faubourg Montmartre, sehr besucht. Genre zwischen Theater und Café-chantant. Eintrittspreis 2 fr., für alle Plätze gleich. — Gesellschaft sehr gemischt.

Eldorado, 10 Boulevard de Strasburg; gute Kräfte.

Scala, 13 Boulevard de Strasbourg, gegenüber dem Eldorado (auch im Sommer).

Alcazar d'hiver, 10 Faubourg Poissonnière, beim Boulevard Poissonnière.

Bataclan, 50 Boulevard Voltaire.

Café du XIX. siècle, Rue du Château d'Eau.

Concert Parisien, 37 Faubourg Saint-Denis.

Eden-Concert (Bierhaus), 17 Boulevard Sébastopol.

Im Sommer:

Café des Ambassadeurs, in den Champs-Elysées, erstes Café rechts von der Stadt aus.

Alcazar d'été, hinter dem eben genannten. Eintrittspreis 2 fr., für alle Plätze gleich.
Pavillon de l'Horloge, in den Champs-Elysées, linke Seite von der Stadt aus.

Alle drei mit prachtvoller Beleuchtung und starkem Orchester. Gemischte Gesellschaft.

Bälle.

Die berühmtesten sind die **Maskenbälle im Opernhaus,** von Januar bis Fastnachtdienstag (Mardi - gras) und einer am Mitfasten (Mi-carême). Herren werden nur im Gesellschaftsanzug oder Maske, Damen nur im Maskenanzug zugelassen. Erstere zahlen 20, letztere 10 fr. Diese Bälle dauern von Mitternacht bis zum Morgen und bieten an toller Ausgelassenheit das Höchste. Fremde mit Damen nehmen eine Loge, wenn sie dem Treiben einmal zusehen wollen, das gegen Morgen gewöhnlich alle Begriffe übersteigt.

Im **Eden-Théâtre** ist im Winter jeden Sonnabend Maskenball (10 und 5 fr.).

Im Sommer ist Mittwoch und Sonnabend (8½ Uhr) Fête de nuit im **Jardin de Paris** (hinter dem Industriepalast auf den Champs-Elysées), unweit des eingegangenen Jardin Mabille.

Die ständigen öffentlichen Bälle im Innern von Paris sind allmählich alle eingegangen. Sie waren hauptsächlich auf den Fremdenbesuch angewiesen und vielfach mit bezahlten Tänzern und Tänzerinnen besetzt. Die einzigen nennenswerthen Bälle sind daher: **Tivoli-Vauxhall,** 12 Rue de la Douane, unweit der Place de la République. **Elysée-Montmartre,** 80 Boulevard Rochechouard. In beiden Sonntag (Dienstag oder Mittwoch), Donnerstag und Sonnabend Ball. Eintritt 1 oder 2 fr., je nach den Tagen.

Dieselben Preise herrschen auch im **Bal Bullier,** 9 Carrefour de l'Observatoire, hinter dem Luxemburg - Garten. Sonntag, Donnerstag und Sonnabend. Gilt immer noch als Studentenball, obwohl Neugierige und sonstige Besucher ebenso zahlreich als Studenten.

In den äusseren Stadtvierteln giebt es dagegen noch ziemlich viele Bälle niederer Ordnung, in denen eine sehr gemischte Gesellschaft oder Arbeiter vorherrschen. Einige sind der Beachtung werth, wie der *Bal Constant*, Rue de la Gaîté (Montrouge) und *Salle de l'Etoile*, 23 Avenue Wagram, unweit des Arc de Triomphe.

Ungleich interessanter für den Fremden, welcher das Pariser Volksleben kennen lernen will, sind die Kirmessen oder Patronatsfeste **(Fêtes)** der Ortschaften um Paris. Sie dauern meist zwei Wochen und bieten namentlich Abends und an den (drei) Sonntagen ein sehr lebensvolles Bild. Es finden öffentliche Spiele (wie auf deutschen Schützenfesten) statt, Strassen und Plätze des Ortes sind mit Jahrmarkts- und Künstlerbuden aller Art besetzt. Die Volksmenge, worunter die Pariser überwiegen, vergnügt sich an Würfelbuden, in wandernden Theatern, bei Seiltänzern, Taschenspielern, Thierbändigern und Ringkämpfern, auf Karoussels und Schaukeln u. s. w. in oft recht naiver, genügsamer Weise, ist lustig und munter. Auch ein öffentlicher Ball, unter einem grossen Zelt, fehlt nicht.

Die besuchtesten dieser Feste sind: die Lebkuchenmesse (*Foire aux pains d'épices*), Ostern bis zum zweiten Sonntag nachher, auf der Place de la Nation. *La Foire de Neuilly*, im Juni; *Foire de Saint-Cloud*, im August; *Foire de Saint-Denis*, im Oktober.

Uebrigens geben die Tagesblätter hierüber Auskunft, ebenso wie über alle übrigen Vergnügungen.

Rennen (Courses).

Die Pferderennen bilden die beste Gelegenheit, die vornehme und elegante Welt von Paris zu sehen. Der bedeutendste, vornehmste Rennplatz ist *Longchamp*, am Bois de Boulogne, der Hauptrenntag daselbst, mit dem grossen Preis von 100 000 fr., am ersten oder zweiten Sonntag im Juni. Einlass für Fussgänger 1 fr., Reiter 5, Wagen 15 und 20 fr. u. s. w.

Ausserdem Rennbahnen in *Auteuil* (Bois de Boulogne), *Chantilly*, *Vincennes*, *La Marche*, *Vesinet*, *Enghien*, *Saint-Germain* u. s. w. Von Februar bis November ist kein Sonntag ohne Rennen, manche finden auch an Wochentagen statt. Nach dem «Grand Prix» verlässt die vornehme Welt grösstentheils Paris.

Die Rennen werden auch durch Maueranschläge angekündigt. Dasselbe ist mit den **Regattas** (Régates) der Fall, welche im Sommer auf der Seine und Marne unweit Paris stattfinden.

Paris.

Paris, an beiden Ufern der *Seine* (sprich 𝔰𝔢𝔥𝔫𝔢) gelegen, umfasst 7800 Hectaren und hat 2 225 910 Einwohner, worunter 164 038 Ausländer (45 281 Belgier, 31 190 Deutsche, 21 577 Italiener, 20 810 Schweizer, 10 789 Engländer). Die Stadt wird in 20 *Arrondissements* eingetheilt. — Die meisten der durch den Commune-Aufstand 1871 zerstörten Gebäude sind wieder hergestellt, so dass der Fremde nur noch wenig von jenen traurigen Verwüstungen sehen wird. Die Befestigungen von Paris bestehen in der *Enceinte* (Wallgraben), welche einen Umfang von 34 530 m hat und durch 60 Oeffnungen — 56 Portes — durchbrochen ist, und in 36 *Forts détachés*, von denen ein Theil erst in neuester Zeit weiter hinaus errichtet worden ist; das alle anderen beherrschende grösste Fort, der *Mont-Valérien*, liegt auf dem linken Seine-Ufer.

Die Boulevards.

Von der Bastille zur Madeleine.

Paris zählt jetzt eine Menge von Boulevards, aber die alten Boulevards, die sich unter verschiedenen Namen von dem Bastille-Platz bis zur Madeleine-Kirche erstrecken, sind die berühmtesten und interessantesten und werden gewöhnlich kurzweg mit ‹les Boulevards› bezeichnet. Sie nehmen die

Stelle früherer Festungswerke ein, und das Wort *Boulevard* ist wohl aus dem deutschen «Bollwerk» entstanden. Die Boulevards haben eine Länge von 4½ Kilometer und eine Breite von 30 bis 35 Meter. Eine Fahrt auf dem Verdeck der Omnibuslinie Madeleine-Bastille am Tage, und Abends eine Fusswanderung sind äusserst lohnend. Die Promenade wird kaum lästig fallen, überall findet man Ruheplätze, Kaffeehäuser etc. Abends sind die Schaufenster, Cafés etc. tageshell erleuchtet, und man lernt hier, namentlich auf den *Boulevards des Italiens* und *Montmartre*, einen guten Theil des öffentlichen Pariser Lebens kennen.

Die Boulevards beginnen an der **Place de la Bastille** (meist nur *la Bastille* genannt) (Plan G 4). Hier stand die 1370 errichtete Festung, welche zuletzt als Staatsgefängniss diente und am 14. Juli 1789 vom Volke zerstört wurde. In der Mitte des Platzes wurde im Juli 1840 die **Juli-Säule** *(Colonne de Juillet)* errichtet. Sie ist 47 m hoch und enthält in ihrem Unterbau die Grabgewölbe für die Gefallenen im Juli 1830 und im Februar 1848. Oben eine vergoldete Figur, der Genius der Freiheit, eine Fackel in der Hand. 238 Stufen führen im Innern der Säule nicht sehr bequem zur Höhe, von wo eine lohnende Aussicht. Trinkgeld dem Wächter 20 bis 30 cent.

Unter der Place de la Bastille und dem anstossenden Boulevard Richard-Lenoir auf einer Strecke von einem Kilometer geht der stark von Schiffen befahrene, dem Jardin des Plantes gegenüber beginnende *Canal Saint-Martin* unterirdisch durch, blos durch einige von Buschwerk umgebene Fenster auf dem Boulevard Richard-Lenoir erhellt.

Boulevard Beaumarchais mit dem Théâtre Beaumarchais und neueren Gebäuden. Es folgt der **Boulevard des Filles de Calvaire**; rechts der

Winter-Circus. Die rechts bis hierher reichende Parallelstrasse des Boulevards, die *Rue Amelot*, liegt, an Stelle des früheren Wallgraben, so tief, dass man auf Treppen hinabsteigt.

Boulevard du Temple (Plan G 3). Rechts der *Boulevard Voltaire* (bis 1870 Boulevard du Prince Eugène genannt), die Caserne du Château d'eau. Links das *Café Turc*, das *Théâtre Déjazet, Passage Vendôme*.

Boulevard Saint-Martin (Plan F 2). Rechts die gewaltige (mit Sockel) 25 m hohe *Statue der Republik*, von Morice, mit 12 Basreliefs, den Statuen der Freiheit, Gleichheit und Brüderlichkeit, am Sockel. Vorn ein Löwe mit der Urne des allgemeinen Stimmrechtes, daneben Springbrunnen. Blumenmarkt. Dieser Platz war im Mai 1871 der Schauplatz furchtbarer Kämpfe zwischen der Commune und den Regierungstruppen. Rechts die (damals ganz zerstörten) Theater: *Ambigu-Comique, Porte Saint-Martin* und *Renaissance*.

Die **Porte Saint-Martin** ist ein 1674 von der Stadt Paris zu Ehren Ludwig XIV. errichteter Triumphbogen mit 4 Basreliefs (Einnahme von Besançon, Limburg, Niederlage der Deutschen).

Boulevard Saint-Denis erstreckt sich von der Porte Saint-Martin bis zur Porte Saint-Denis. Dieser Boulevard wird durch eine breite, verkehrreiche Strasse, rechts *Boulevard de Strasbourg*, an dessen Ende der Ostbahnhof, links *Boulevard de Sébastopol*, durchschnitten.

Die **Porte Saint-Denis**, ein 1672 errichteter Triumphbogen, soll die Siege Ludwig XIV. in Holland verherrlichen. Basreliefs: Uebergang über den Rhein, Einnahme von Mastricht.

Boulevard Bonne-Nouvelle, von der Rue Saint-Denis bis zur Rue Poissonnière. Rechts das

Die Boulevards.

Palais Bonne-Nouvelle mit den «Magasins de la Ménagère», die Rue d'Hauteville (an deren Ende die Kirche Saint-Vincent de Paul) und das *Théâtre du Gymnase*.

Boulevard Poissonnière (Plan E 2), von der Rue Poissonnière bis zur Rue Montmartre. Hier beginnt schon allmählich die höhere Eleganz der Läden und Cafés. Rechts No. 14 die *Docks du Campement* (Reise-Utensilien), No. 30 die Bronze-Handlung *Barbedienne* und No. 32 das beliebte Restaurant *Brébant*.

Boulevard Montmartre, von der Rue Montmartre bis zu den Strassen Drouot rechts und Richelieu links. Rechts die belebte *Passage Jouffroy*, Links das *Théâtre des Variétés*, die *Passage des Panoramas*, die *Rue Vivienne*, die Firma *Goupil & Co.* (Kupferstiche).

[Die **Rue Vivienne** führt vom Boulevard Montmartre zur *Place de la Bourse*, auf welcher das *Palais de la* **Bourse** (die **Börse**) steht. Das Gebäude hat die Form eines griechischen Tempels und bildet ein Viereck. 71 m lang, 49 m breit und 30 m hoch; es wurde 1808 bis 1826 von Brongniart und Labarre erbaut. Eine offene Säulenhalle (66 korinth. Säulen) führt rings um das schöne Gebäude. Auf den Treppenrampen vorn die Statuen: der Handel und das Handelsrecht; hinten: die Industrie und der Ackerbau. Im Innern der grosse Börsensaal, 32 m lang und 18 m breit, von oben beleuchtet. In der Kuppel allegorische Gemälde, Basreliefs täuschend ähnlich. Im Saale sind die für Makler reservirten Räume, *Parquet* und *Corbeille* genannt. Von der Galerie aus, auf welche der Fremde sich begebe, macht das bunte Treiben wegen des grossen dabei üblichen Lärms einen unangenehmen Eindruck. — Die Börse ist täglich 1—3 Uhr für Börsengeschäfte und 3—5 Uhr für Handelsgeschäfte geöffnet, die Telegraphenstation Tag und Nacht.]

Boulevard des Italiens, von der Rue Drouot und Rue Richelieu bis zur Rue de la Chaussée d'Antin rechts und der Rue Louis le Grand links. Dieser Boulevard bildet die Haupt-Abendpromenade der schönen Welt in Paris, und ist durch glänzende Cafés, reiche Waarenmagazine, prächtige Schaufenster und durch das hier ununterbrochen herrschende rege Leben ausgezeichnet. Hier findet auch auf der Strasse und in der mächtigen Glashalle des Palastes des Crédit Lyonnais (links) die sogenannte «Abendbörse» statt, in aufgeregten Zeiten ein interessanter Anblick; die Polizisten müssen dann unausgesetzt sich bemühen, die Strasse für die Passirenden frei zu erhalten. — Rechts das *Théâtre Robert Houdin*, die elegante *Passage de l'Opéra*, das *Café Riche, Restaurant de la Maison Dorée, Café Tortoni* (berühmtes Eis). — Links: *Passage des Princes, Rue Favart*, in welcher die Opéra-Comique liegt, *Rue de Choiseul*, welche zu den Bouffes Parisiens führt, die *Orfèvrerie Christophle* im Pavillon de Hanovre, so genannt nach dem Günstling Soubise, welcher bei Rossbach geschlagen wurde. Die *Rue de la Chaussée d'Antin*, rechts am Ende dieses Boulevard, führt zur Kirche *Notre Dame de Lorette;* No. 21 dieser Strasse befinden sich die Bureaux von Rothschild. Vom Boulevard aus sieht man, über diese Strasse hinaus, den Montmartre, mit den riesigen Gerüsten der Sühnekirche.

Boulevard des Capucines (Plan D 2), erstreckt sich bis zur Rue de Luxembourg. Rechts das *Théâtre de Vaudeville*, dann die **Neue Oper** *(Nouvel Opéra)*, zu deren Eingangshalle im Erdgeschoss sieben Bogen führen. Neben und zwischen diesen

Bogen sind Statuen und Gruppen, und zwar von links beginnend: die Musik, die lyrische Poesie, die Idylle, die Deklamation, der Gesang, das Drama, das lyrische Drama, der Tanz. Ueber den Statuen die Porträt-Medaillons von Cimarosa, Haydn, Pergolese und Bach. In der Façade weiter hinauf in bunten Marmorfeldern die Büsten von Mozart, Beethoven, Spontini, Auber, Rossini, Meyerbeer, Halévy. Weiter hinauf eine Attika, auf welcher die vergoldete Gruppe: Musik und Deklamation. Das ganze Gebäude krönt ein Apoll. Ueber das Innere des Opernhauses s. S. 51.

Weiter am Boulevard rechts: Das *Grand-Hôtel*. — Links die *Rue du Quatre Septembre*, die *Avenue de la Paix*, die *Magasins de la Compagnie Lyonnaise*, die *Rue Neuve des Capucines*.

[Die **Rue de la Paix** führt vom Boulevard des Capucines links zum *Vendôme-Platz*, auf welchem sich die **Vendôme-Säule** *(Colonne de Vendôme)* (Plan D 3) erhebt; sie ist 1810 errichtet und aus 1200 den Russen, Preussen und Oesterreichern genommenen Kanonen gegossen. Die Säule, nach der Trajanssäule in Rom gefertigt, ist 44 m hoch und hat einen Durchmesser von 4 m; Basreliefs, welche sich spiralförmig an der Säule emporwinden, verherrlichen in ziemlich kunstloser Weise die Thaten der französ. Armee im Jahre 1805. Das Denkmal wurde 1871 durch die Communisten umgestürzt, ist aber später aus den vorhandenen Bruchstücken wieder vollständig hergestellt worden. Auf der Spitze ein Standbild Napoleon I. in römischem Kostüm. — Im Innern der Säule führt eine enge Treppe von 176 Stufen auf die Plattform, von welcher eine kaum lohnende Aussicht.]

Boulevard de la Madeleine (Plan D 2) beschliesst die Reihe der alten Boulevards und reicht bis zur Madeleine-Kirche. Auf dem Platze um die Kirche ist am Dienstag und Freitag Blumenmarkt.

Die herrliche **Madeleine-Kirche** *(la Madeleine)* (Plan D 2), 1764—1832 erbaut, hat die Form eines griechischen Tempels (nach dem Jupiter-Tempel in Athen) und ist 109 m lang und 46 m breit. Napoleon I. hatte das unvollendete Gebäude zu einer Ruhmeshalle seiner grossen Armee bestimmt. (Wenn die Hauptthüren geschlossen sind, ist der Eintritt in die Kirche durch die Seitenthüren rechts; die Besichtigung ist nur nach 1 Uhr gestattet.) — Prächtige, 16 m hohe korinthische Säulen umgeben das Gebäude. Eine Freitreppe von 28 Stufen führt zur Vorhalle. Das Giebelfeld enthält ein grosses Hautrelief: Das jüngste Gericht, von Lemaire. Die Bronzethüren am Eingange haben beachtenswerthe Basreliefs: Die zehn Gebote, von Triqueti. In 34 Nischen Heiligen-Standbilder. Hübscher Blick von der Freitreppe auf die Rue Royale, Place de la Concorde, das Corps-Législatif und den vergoldeten Thurm des Invalidendoms.

Das Innere der Kirche besteht aus nur einem Schiff. Das Licht fällt durch Kuppeln ein. Rechts vom Eingange in der Trauungskapelle eine Marmorgruppe von Pradier: Trauung der heil. Jungfrau. Links in der Taufkapelle eine Marmorgruppe von Rude: Taufe Christi. Den Hochaltar schmückt eine prächtige Marmorgruppe von *Marochetti:* Apotheose der heil. Magdalena (Madeleine). Rechts und links je 3 Kapellen, in jeder die Statue eines Heiligen. Die Gemälde darüber stellen das Leben und den Tod der heil. Magdalena dar. — Das Gemälde am Gewölbe hinter dem Hochaltar ist von Ziegler und stellt die Ausbreitung des Christenthums dar, Magdalena zu Füssen Christi.

Die Champs-Elysées.
Place de la Concorde. — Arc de Triomphe.

Von der *Madeleine* (S. 64) führt die kurze *Rue Royale* zu der
Place de la Concorde
(Eintrachts-Platz) (Plan C 3), einem der imposantesten Plätze der Welt, auch in geschichtlicher Beziehung merkwürdig. 1792 wurde die 1763 von der Stadt hier errichtete Statue Ludwig XV. niedergerissen und eine Freiheitstatue errichtet, welche dann während der Schreckenszeit wieder der Guillotine weichen musste. Hier wurden Ludwig XVI., Marie Antoinette, Robespierre und 3000 Andere geköpft. 1799 wurde wieder das Bild der Freiheit errichtet und unter dem Kaiserreich beseitigt. 1813 fand auf dem Platze ein Dankgottesdienst der verbündeten Monarchen statt, deren Truppen im Tuilerien-Garten, auf den Champs-Elysées u. s. w. lagerten. Seine jetzige Gestalt erhielt der Platz 1836 durch den Architekten Hittorf (aus Köln).

In der Mitte steht der **Obelisk von Luxor**, ein Geschenk des Vicekönigs von Egypten an Louis Philippe. Der Obelisk besteht aus einem einzigen rothen Granitblock, 23 m hoch und 250 000 Kilogr. schwer. Das Fussgestell ist 4 m hoch und ebenfalls aus einem Stück; beide Theile sind mit 1600 Hieroglyphen bedeckt; der Obelisk feiert die Thaten des Ramses und Sesostris, das Fussgestell beschreibt den Transport des Monuments (das Schiff hiess *Luxor*). Der Obelisk ist jetzt 3400 Jahre alt und zählt zu den schönsten alten Denkmälern, seine Herbeischaffung dauerte 5 Jahre und kostete 2 Millionen.

Beim Obelisk erschliesst sich eine überraschend schöne Perspektive. Nördlich, an der Ecke der Rue Royale, das *Marine-Ministerium* und *Garde-Meuble* (Staats-Geräthkammer), im Osten die *Rue de Rivoli* und der *Tuilerien-Garten*, im Süden die *Seine* mit der Brücke *Pont de la Concorde* und dem *Palais Bourbon* oder Chambre des Députés (Abgeordnetenhaus), im Westen die *Champs-Elysées*, mit dem Triumphbogen im Hintergrunde.

Die wasserreichen, prächtigen **Springbrunnen** auf dem Platze, welche in 24 Stunden jeder 7000 Kubikmeter Wasser verbrauchen, bestehen aus $16^{1}/_{2}$ m im Durchmesser grossen Hauptbecken und sind mit Tritonen und Nereïden geschmückt. Die der Rue de Rivoli zunächst liegende Fontaine ist der Flussschifffahrt, die andere der Meeresschifffahrt gewidmet.

Rings um den Platz stehen auf breiten Unterbauten acht allegorische Gruppen, die bedeutendsten französ. Städte darstellend: Lyon, Marseille, Bordeaux, Nantes, Rouen, Brest, Lille und Strassburg, letztere zwei von Pradier. Die ‹Strassburg› darstellende Statue ist seit 1870 mit Trauerkränzen bedeckt.

Gegenüber dem Tuilerien-Garten (s. S. 69) beginnen die berühmten

Champs - Elysées.

Am Eingange in die Haupt-Allee zwei Marmorgruppen von Pferdebändigern, von Coustou. Die *Avenue des Champs-Elysées* (Plan C 2, 3), welche sich von der Place de la Concorde bis zum Triumphbogen erstreckt, bildet eine Hauptpromenade aller Klassen der Bevölkerung und ist namentlich von 3 bis 6 Uhr Nachm. der Tummelplatz der Kinder- und vornehmen Welt, während eine Menge Fuhrwerke und Reiter in das Bois de Boulogne eilen.

Auch am späten Abend bietet sie ein sehr belebtes und gemischtes Bild des Pariser Lebens. Stühle und Lehnsessel werden für einige Sous vermiethet. Eine Menge kleiner Buden bieten den Kindern Ess- und Spielwaaren. In den Seitenalleen sind Cafés, Cafés-Concerts (S. 55, 56), Restaurants, Fontainen, Marionetten-Theater, Spiele und Karoussels, Kinderwagen mit ausgeputzten Ziegen u. s. w.

Links in der Haupt-Allee das **Palais de l'Industrie**, für die Weltausstellung 1855 errichtet, 250 m lang und 110 m breit. Das Hauptportal, einem Triumphbogen ähnlich, trägt einen Fries mit sinnbildlichen Figuren der Künste und Gewerbe. Darüber eine Kolossalgruppe: Frankreich bietet der Kunst und dem Gewerbe Kränze. Am Fries zwischen Erdgeschoss und dem 1. Stock sind Namen verdienter Männer und Medaillon-Porträts angebracht. Der *Hauptsaal* im Innern ist 192 m lang, 48 m breit und 35 m hoch. An beiden Seiten des Saals Glasgemälde. Das Gebäude dient jetzt verschiedenen öffentlichen Ausstellungen, so namentlich den alljährlich vom 1. Mai bis 20. Juni stattfindenden Gemälde-Ausstellungen, welche unter dem Namen «*Le Salon*» bekannt sind. (Entrée 1 fr., Sonntag frei.)

Neben dem Palais de l'Industrie ist ein Café-Concert und dahinter der *Jardin de Paris* mit Konzerten und Bällen.

Etwas weiter von der Haupt-Allee links das runde Gebäude des **Panorama** (s. S. 16). Rechts zwei *Cafés-Concerts* (s. S. 55) und weiter hinauf das *Panorama Marigny* und der *Cirque d'été* (s. S. 53).

Dann erreicht man den **Rond-Point**, einen Platz etwa auf der Mitte der Allee mit sechs Springbrunnen.

Von hier führt links die *Avenue Montaigne* (Plan B 3) zum **Pompejanischen Hause** *(Maison Pompéienne)* No. 18, einem im

Stil der in Pompeji ausgegrabenen Villa des Diomedes durch Prinz Jérome Napoléon erbauten Hause. Die Besichtigung wird meist gestattet. (1 fr. Trinkgeld.)

In der Nähe, an der Ecke der Rue Bayard und Cours la Reine, steht das zierliche **Haus Franz I.** *(Maison de François Premier)* im Renaissancestil, 1528 von Franz I. für Gabrielle d'Estrée erbaut, 1823 aus Moret nach Paris transportirt und hier wieder aufgeführt; äussere Skulpturen von Goujon.

Am Endpunkte der Champs-Elysées liegt die *Place de l'Etoile*, von welcher 12 Avenues ausgehen. In der Mitte des Platzes erhebt sich der *Triumphbogen*,

Arc de Triomphe

(Plan A 2), 1806—1836 errichtet. Er ist 45½ m hoch, 45 m breit und gehört zu den grossartigsten Denkmälern dieser Art. Sein Bau hat über 9 Millionen Francs gekostet. Die Wandflächen bedecken mächtige Reliefs und Figurengruppen.

Im Innern des Denkmals führt eine Treppe auf die *Plattform*, wo sich eine köstliche Aussicht auf Paris und seine Umgebungen erschliesst. Die Plattform ist täglich 10—4 Uhr zugänglich. Trinkgeld 25 cent.

Reliefs am Triumphbogen: Rechts (den Champs-Elysées zu) der Ausmarsch 1792, «La Marseillaise» genannt, von Rude; darüber der Tod des Generals Marceau, von Lemaire. Links Triumph 1810, von Cortot; darüber die Schlacht von Abukir, von Seurre. — Auf der entgegengesetzten Seite, rechts: Widerstand des französ. Volkes 1814, von Etex; darüber Uebergang über die Brücke von Arcole, von Feuchère. Links: Friede von 1815, von Etex; darüber Einnahme von Alexandria, von Chaponnière. — Die vier Siegesgöttinnen neben der Bogenwölbung sind von Pradier. — Reliefs über den Seitenbogen, nördl. Seite: Schlacht von Austerlitz, von Gechter; südl. Seite: Schlacht von Jemappes 1792, von Marochetti. Die Reliefgruppen am Fries stellen auf der einen Seite den Ausmarsch, auf der anderen die Rückkehr der französischen Armee dar. Am Gesims und unter der Bogenwölbung stehen die Namen von Schlachten, unter den Seitenbogen die Namen der Generale der Republik und des Kaiserreichs. Die unterstrichenen Namen bezeichnen die auf den Schlachtfeldern gefallenen Generale.

Die Fortsetzung der Avenue des Champs-Elysées, in gerader Linie, bildet die Avenue de la Grande Armée, bis zur *Porte Maillot* (links Bois de Boulogne) und, jenseits des Wallgrabens, die Avenue de Neuilly bis zur Seinebrücke nach *Courbevoie*. Hier auf einem hochliegenden runden Platze eine gewaltig grosse Gruppe von Barrias als «Denkmal der Pariser Vertheidigung 1870/71». Ueber diese Brücke und die genannten Avenuen zogen 1871 die deutschen Truppen in Paris ein, wo sie die zwischen der Seine und der Rue du Faubourg Saint-Honoré belegenen Stadttheile, bis zum Tuileriengarten, besetzten, also die Champs-Elysées und die dieselben umgebenden Viertel.

Die Rue de Rivoli.

Jardin des Tuileries. Palais-Royal. Louvre. Hôtel de Ville.

Von der *Place de la Concorde* tritt man — gegenüber den *Champs-Elysées* — in den von einem schönen Gitter umschlossenen **Tuilerien-Garten** *(Jardin des Tuileries)* (Plan D 3). Ueber den Eingangspfeilern zwei geflügelte Pferde, auf dem einen Merkur, auf dem anderen eine Ruhmesgöttin, von Coysevox. Zunächst gelangt man zu einem grossen achteckigen Wasserbecken, 300 Schritt im Umfang, mit Springbrunnen. Der Garten ist 702 m lang, 317 m breit, und wurde im Jahre 1665 nach den Zeichnungen von Le Nôtre angelegt. Er wird von der *Rue de Rivoli* auf der einen Seite, von der *Seine* mit dem Quai auf der anderen begrenzt. Den Abschluss des Gartens bildete das Palais des Tuileries, in welchem Napoléon III. residirte und das im Mai 1871 gänzlich eingeäschert und zerstört wurde.

Jetzt sind die Reste gänzlich weggeräumt. An ihrer Stelle befinden sich weitläufige Holzgebäude, in welchen das Hauptpostamt (während des Umbaues seines Gebäudes) untergebracht war. Eine Fahrstrasse (Rue des Tuileries) von der Place des Pyramides, an der Rue de Rivoli, nach der Seine, schneidet den Garten von den Gebäuden ab. Auf der Place des Pyramides *Reiterstandbild der Jungfrau von Orléans (Jeanne d'Arc)*, von Fremiet, auf der Stelle, wo sie einst durch das Thor in Paris einzog.

Der Tuileriengarten bildet einen bevorzugten, den ganzen Tag offen stehenden Park, der in den Mittagstunden von vielen Kindern besucht wird. Sonntag, Mittwoch und Freitag Abends 8—9½ Uhr finden hier gewöhnlich Militär-Konzerte statt, zu welchen Stühle und Fauteuils vermiethet werden.

Zur Seite des Quai erhebt sich die *Terrasse du Bord de l'eau* mit hübscher Aussicht; zur Seite der Rue de Rivoli die *Terrasse des Feuillants*, nach einem ehemaligen, hier befindlichen Kloster so genannt. Zur Zeit Ludwig XVI. stand hier die Reitbahn, in welcher der Convent tagte. — Zahlreiche Statuen, unter denen mehrere von künstlerischem Werthe, zieren die Gartenanlagen. Unweit des zerstörten Palais die Gruppen von Lepautre: Aeneas, seinen Vater Anchises aus dem brennenden Troja tragend, und Lucretia und Collatinus; Flora und Zephyr, von Coysevox; um das Mittelbassin: Raub der Cybele durch Saturn, von Regnaudin; Raub der Orithya durch Boreas, von Flamen; Theseus bändigt den Minotaur, von Ramey; viele gute Kopien nach Antiken.

Die Rue de Rivoli (Plan F 4—D 3), welche von der *Place de la Concorde* aus sich über 3 Kilom. lang erstreckt, wird zunächst rechts vom Tuilerien-Garten begrenzt. Links gleichmässige Arkaden, welche namentlich Abends bei Beleuchtung einen prachtvollen Anblick gewähren. An des Stelle des 1871 verbrannten Finanzministeriums befindet sich jetzt das *Hôtel Continental* und die Rue Rouget de l'Isle.

Weiterhin erreicht man in der Rue de Rivoli, dem Louvre gegenüber, die *Place du Palais Royal*, ein Hauptverkehrspunkt der Omnibus-Linien. Die Nordseite des Platzes wird von dem

Palais Royal

(Plan E 3) geschlossen. Dasselbe wurde 1634 von Richelieu erbaut.

Richelieu starb hier im Jahre 1642. Nach seinem Tode kam das Palais an den König Ludwig XIII., dann an Anna v. Oesterreich und deren Söhne, Ludwig XIV. und Philippe d'Orléans. 1648 wurde Anna hier vom Volke belagert. Der Sohn des Herzogs von Orléans (der Regent) beging hier seine berüchtigten Orgien. Der Vater Ludwig Philipps, der unglückliche Philippe-Egalité, legte die Galerien um den Garten an, wodurch einer der berühmtesten Bazare der Welt entstand. 1781 wurde das *Théâtre-Français* und das *Théâtre du Palais Royal* zu beiden Seiten des Palastes aufgeführt. Unter dem Kaiserreich und selbst bis 1830 hatte der Palast seine Glanzzeit. Wegen seiner Spielsäle (in denen auch Blücher und die Offiziere der Verbündeten 1813 tüchtig einsetzten), Restaurants, Cafés und sonstigen Vergnügungsanstalten war er der Mittelpunkt der Lebewelt. 1848 war ein Theil des Palais den Verheerungen des Volkes ausgesetzt, welche am 14. Februar 1850 die Versteigerung von 500 Centnern Glas- und Porzellanscherben veranlassten; in demselben Jahre wurde es gänzlich restaurirt und dem Prinzen Jérome Bonaparte, Exkönig von Westfalen († 1860) als Residenz überwiesen. Dann wurde das Palais vom Vetter des Kaisers, dem Prinzen Napoléon, bewohnt, und ist jetzt Sitz des Staatsraths und des Kassationshofes. Die inneren Räume des Schlosses sind dem Publikum nicht mehr zugänglich.

Der stets belebte, 230 m lange und 100 m breite **Garten**, *Jardin du Palais Royal*, welcher von der Kinderwelt viel besucht wird, ist mit doppelten Baum-Alleen eingefasst; in der Mitte zwei durch einen Springbrunnen geschiedene grosse Rasenplätze, mit Blumenbeeten und Statuen, auch einer kleinen Kanone, welche zu Mittag durch die Sonne entladen wird. Die im Garten aufgestellten Statuen sind: Ein ins Bad steigender Jüngling, von Espercieux; Knabe, mit einer Ziege spielend, von Lemaire;

Apoll vom Belvedere und Diana von Versailles, in Bronze-Abgüssen; Ulysses, von Bra; Nymphe, von einer Schlange gebissen, von Nanteuil. — Im Sommer findet an mehreren Abenden der Woche, 5—7 Uhr, am Bassin Militär-Musik statt. In zwei kleinen Buden werden die neuesten Zeitungen und Journale verkauft und verliehen (5 cent.). Im Freien stehen Stühle, für deren Benutzung man 10 cent. zahlt.

Der Garten des Palais Royal wird von vier Galerien umschlossen. Die südliche **Galerie d'Orléans** ist die prächtigste und strahlt von Marmor, Vergoldungen und Spiegeln. Die Läden haben eine Seite nach der Galerie selbst, die andere nach den parallel laufenden Säulengängen des Hofes oder des Gartens gewendet. Rechts von dieser Galerie läuft die *Galerie Valois*, links die *Galerie Montpensier*, welche nördlich durch die *Galerie Beaujolais* verbunden werden. Sie sind, nach dem dazwischen liegenden Garten zu, arkadenförmig durchbrochen. Die meist kleinen aber ungemein reichen Läden, darunter auch Juwelier- und feine Esswaarenhandlungen (Chevet) machen das Palais Royal zu einer der ersten Sehenswürdigkeiten. Die echten Schmuckwaaren werden meist in der Galerie Valois, die unechten nur in der Galerie Montpensier verkauft.

Das Louvre

ist das merkwürdigste Gebäude in Paris. Zur Zeit von Philipp August, im Anfange des 13. Jahrhunderts, war hier eine gothische Festung, deren Grundriss im Hofe durch weisse und schwarze Steine bezeichnet ist. Katharina von Medici nahm zuerst ihre Residenz im Louvre; am 19. August 1572 fand im Hofe des Louvre ein grosses Turnier statt zu Ehren der Hochzeit des Königs von Navarra (Heinrich IV. von Frankreich) mit Margarethe von Valois. Von dort gingen auch fünf Tage später die Befehle zur blutigen Bartholomäusnacht aus. Franz I. begann 1541 den Bau des jetzigen Palastes, an dem seither fast alle französischen Herrscher weiterbauten. Nach einander bewohnten Ludwig XIII., Henriette (die Wittwe Karl I.) und Ludwig XIV. das Louvre; später aber wurden die Tuilerien (s. S. 69) die eigentliche Residenz. Der Nationalconvent liess die Kunstsammlungen darin aufstellen, die sich noch heute darin befinden. Napoleon III. liess das anstossende neue Louvre 1852—1857 mit einem Kostenaufwande von 75 Millionen Francs bauen.

Um das grossartige Gebäude (das mit dem jetzt abgerissenen Palais des Tuileries einen Raum von ca. 107 200 qm umschliesst) am besten zu betrachten, folge man der Rue de Rivoli bis zur *Place du Louvre.* Hier hat man links die Kirche *Saint-Germain de l'Auxerrois,* in deren Nähe Coligny während der Bartholomäusnacht fiel. Gegenüber der Kirche sieht man die östliche, prächtige Façade des Louvre vor sich. Sie wurde 1685 nach den Zeichnungen' von Perrault erbaut und besteht aus 52 korinth. Säulen und Pfeilern *(la Colonnade* genannt), ist 167 m lang und 28 m hoch. Ueber dem mittleren Vorbau befindet sich ein Giebelfeld mit der Büste Ludwig XIV., welche Minerva aut ein Piedestal hebt, während die Geschichte die Worte «Ludovico Magno» eingräbt. Saubere Gartenanlagen umgeben das Gebäude.

Wenn man durch die Kolonnade schreitet, gelangt man in den **Hof des Louvre,** dessen vier Façaden mit Skulpturen und allegorischen Figuren reich und prächtig geschmückt sind. Hier befinden sich im Erdgeschoss, in der ersten und zweiten Etage, jene weltberühmten Kunstsammlungen, zu welchen wir später (S. 81) die beste und praktischste Art der Besichtigung angeben. Dem Kolonnaden-Durchgang gegenüber liegt der *Pavillon de l'Horloge;* man durchschreite denselben, um auf den *Square du Louvre* (bisher *Place Napoléon III.)* zu gelangen. Es ist dies ein grosser Platz, der auf zwei Seiten durch das neue Louvre begrenzt wird. In der Mitte zwei Gärten. Um den Platz sind Arkadenbauten mit korinth. Säulen, auf deren Konsolen Statuen berühmter Franzosen aufgestellt sind. Die Pavillons der rechten Seite werden jetzt grösstentheils für das Finanzministerium verwendet. Die früher hier befindliche Bibliothek mit mehr als 90 000 Bänden wurde am 24. Mai 1871 vollständig zerstört. Im südl. Flügel befand sich bis 1870 der kaiserliche Marstall nebst Reitbahn.

An diesen Platz schliesst sich die breitere *Place du Caroussel* an, auf welcher der Tuilerienhof folgt. Auf dem Karousselplatze steht der Triumphbogen: **Arc de Triomphe du Caroussel**, dem Triumphbogen des Septimus Severus in Rom nachgeahmt, 14½ m hoch, 19½ m breit, 6½ m tief, im Jahre 1806 auf Napoléon I. Befehl von Percier und Fontaine errichtet. Basreliefs: rechts Schlacht von Austerlitz, links Kapitulation von Ulm; Rückseite: rechts Zusammenkunft in Tilsit, links Einzug der französischen Armee in München; Seitenwände: Einzug in Wien, Frieden von Pressburg. Bis 1814 stand auf der Plattform der berühmte venezianische Siegeswagen, der seitdem durch eine ähnliche Gruppe von Bosio ersetzt ist.

Weiter hinauf schneidet die Rue de Rivoli den *Boulevard de Sébastopol.* Man kommt dann zur *Tour Saint-Jacques* (Plan E 3—4), einem 1508—1522 erbauten, 52 m hohen, gothischen Thurme, dem Ueberrest einer alten Kirche, umgeben von hübschen Gartenanlagen. In der unten offenen Halle des Thurmes ein Standbild des Philosophen Pascal. Auf der Spitze des Thurms die Statue des heil. Jakobus. Sehr lohnend ist die Aussicht, welche sich von der Höhe (310 Stufen) über Paris erschliesst. Trinkgeld 10 cent.

Die *Place du Châtelet*, rechts vom Square Saint-

Jacques, wird begrenzt vom *Pont au Change* (der Brücke, welche über die Seine auf die Cité-Insel und weiter zur Notre-Dame-Kirche führt) und den beiden Theatern *Châtelet* und *Théâtre Historique* (früher *Théâtre Lyrique*). In der Mitte des Platzes die schöne *Fontaine de la Victoire*, 1807 errichtet. Vier Sphynxe schmücken das Fussgestell, darüber die Figuren der Treue, des Gesetzes, der Wachsamkeit und der Stärke, aus deren Mitte eine eherne Säule aufsteigt, welche eine Siegesgöttin trägt. Die Fontaine ist von Bosio gearbeitet.

Das alte **Hôtel de Ville (Rathhaus)** (Plan F 4), wurde 1533 gegründet aber erst (durch Boccador) unter Heinrich IV. vollendet und seither, durch verschiedene Anbauten bis 1841, um das Vierfache vergrössert. Besonders bei allen Revolutionen spielte es eine grosse Rolle als Mittelpunkt der Demokraten und Republikaner. 1794 und 1871 war es der Sitz der Kommune. 1848 ward hier die Republik verkündet und 1870 die Regierung der Nationalvertheidigung eingesetzt. Am 28. Februar 1871 steckten die Communards, nachdem sie von den Regierungstruppen überwunden, das reichlich mit Petroleum- und Pulverfässern gespickte Rathhaus vor ihrem Rückzug in Brand. Die Zerstörung war so gründlich, dass nur die Fundamente erhalten werden konnten. Der Neubau, in französischer Renaissance, von Balle und Deperthes, ist in seinem Aeussern die Wiederholung des früheren Rathhauses, nur etwas grösser, reicher und einheitlicher in seiner Anlage. Obwohl 1882 eingeweiht, ist das Gebäude noch nicht fertig. Der mittlere Theil der Vorderseite steht etwas vor und enthält die grosse Uhr. Ausser verschiedenen sonstigen Figuren und Gruppen sind in den Nischen die Statuen von 139 berühmten Parisern (alle mit Namen versehen) angebracht. Eine eigentliche Besichtigung des unfertigen Innern ist nicht gestattet; aber da verschiedene städtische Behörden und Kanzleien schon dort untergebracht sind, zu welchen der Zutritt freisteht, kann Jeder aus- und eingehen. Im Mittelhof die Gruppen «Gloria Victis», von Mercié, und «Erste Beerdigung» (Abels durch Adam und Eva), von Barrias.

Die **Place de l'Hôtel de Ville**, vor dem Rathhause, ist die beträchtlich vergrösserte ehemalige Place de la Grève, auf welchem Jahrhunderte lang die öffentlichen Hinrichtungen (darunter Ravaillac, Cartouche) stattfanden. Während der Revolution gestalteten sich dieselben zu Massenabschlachtungen, auch wurden hier viele Unglückliche von dem aufgehetzten Volke kurzweg an Laternenpfähle geknüpft.

Das Bois de Boulogne.
Chapelle Saint-Ferdinand. Jardin d'acclimatation.

Das *Bois de Boulogne* (siehe den besonderen Plan in unserem Buche) bildet die schönste und besuchteste Promenade von Paris, die mit den *Champs-Elysées* (s. S. 66) durch breite Strassen verbunden ist. Die *Avenue du Bois de Boulogne* (früher *Avenue de l'Impératrice*), *Avenue de Neuilly*, *Avenue d'Eylau*, *Avenue du Haut-Rhin* und *Avenue du Bas-Rhin* führen in 10—25 Minuten zu den Thoren des Bois de Boulogne: *Porte Dauphine*, *Porte Maillot*, *Porte des Sablons*, *Porte de la Muette*. Die belebteste Strasse ist die 1300 m lange Avenue du Bois de Boulogne, welche vom Triumphbogen (s. S. 68) zur Porte Dauphine führt. Zwischen 3 und 6 Uhr Nachm. ist das *Bois* am besuchtesten. Man wird die beachtenswerthesten Punkte per Wagen in 2—3 Stunden besichtigen können. Die Eisenbahn

Bois de Boulogne.

(Gare Saint-Lazare) fährt alle ½ Stunden; man steigt auf der Station *Avenue du Bois de Boulogne* aus, welche bei der Porte Dauphine liegt.

In der Avenue du Bois de Boulogne sieht man gerade vor sich, über dem Parke, den *Mont Valérien*, die grösste Pariser Befestigung, ferner die Anhöhen von Saint-Cloud, Garches, Puteaux und Meudon.

Wenn man vom Triumphbogen aus die Avenue de la Grande Armée wählt, so gelangt man an der *Porte Maillot* ins Bois de Boulogne. Rechts, ausserhalb des Thorgitters, die **Chapelle Saint-Ferdinand,** auf der Stelle errichtet, wo am 13. Juli 1842 der Herzog von Orléans, nach einem Sturz aus dem Wagen, starb. Die Kapelle (täglich zu besichtigen, Trinkgeld 50 cent.; wenn geschlossen, läute man an der Thür des Hauses No. 10) ist in Form eines griechischen Kreuzes erbaut. Innen Glasgemälde; das Grabdenkmal des Herzogs, von Triqueti; ein betender Engel, von der Prinzess Marie, der Schwester des Herzogs; eine Kreuzabnahme, von Triqueti. Auf dem Hofe steht eine Ceder vom Libanon, welche der Herzog von seiner Reise mitgebracht hatte.

Napoleon III. überliess 1812 das bis dahin sehr vernachlässigte **Bois de Boulogne** der Stadt Paris, welche mehrere Millionen zu seiner Verschönerung ausgab. Namentlich wurden die Wasserläufe, Teiche und Wasserfälle, die Wildgehege, der Jardin d'acclimatation und vieles andere geschaffen. Das Bois de Boulogne umfasst 878 Hektaren und reicht vom Wallgraben bis an die Seine, und von dem (2 km langen) Neuilly bis Boulogne.

Wer dasselbe nur kurz besuchen will wende sich nach den Seen (Teichen) und von da, am Pré-Catelan vorüber, zur grossen Kaskade und dann zum Jardin d'acclimatation. Lohnender ist natürlich ein eingehenderer Besuch.

Beim Eingang, an der Porte Dauphine, befindet sich der von der 1878er Weltausstellung hierher übertragene *Pavillon chinois*, ein schönes Muster chinesischer Baukunst, den Wohnsitz eines chinesischen Grossen darstellend, hier zu einem Kaffeehaus eingerichtet. Von da führt die stets sehr belebte *Route du Lac* (alle Wege und Strassen im Bois sind mit Namen und Hinweis auf die Endpunkte versehen) zum *unteren See, Lac inférieur*, wo sich ein lieblicher Blick auf den See mit seinen beiden durch eine schwebende Brücke verbundenen Inseln und seiner hübschen Umgebung erschliesst. Omnibus-Boote (hin und zurück 10 cent. à Person) vermitteln den namentlich Sonntags sehr lebhaften Besuch. Es sind auch kleine Boote zu Wasserfahrten vorhanden ($^1/_2$ Stunde à Person 1 franc; am oberen See wird nur die Hälfte verlangt). Auf der grösseren Insel befindet sich ein Schweizerhäuschen, das ein Café enthält, *le Chalet* genannt. (Gutes Eis.)

Links am Lac inférieur ist der *Hirschpark (Parc aux Daims)*; zwischen den beiden Seen, zwei kleine Wasserfälle, von denen das vielbesuchte Plätzchen den Namen *Rond des Cascades* erhalten hat. Der *obere See, Lac supérieur*, wird durch einen Wasserfall gebildet und bietet auch Gelegenheit zu Wasserfahrten (um die Hälfte billiger, als am andern See). An dem linken Ufer des Sees entlang gehend, erreicht man in 5 Minuten einen Kreuzweg, genannt *Rond de la Source*, von wo aus man bequem in wenigen Minuten den künstlichen Hügel *Butte Mortemart* besteigt; oben hübsche Aussicht auf die Höhen von Meudon, Saint-Cloud, Suresnes und auf den Mont Valérien. — Noch weiter links gelangt man zu dem Teiche *Mare d'Auteuil* und zu dem *Rond des Chênes* in der Nähe, einem der schönsten Punkte des Parks; mehrere hier befindliche Eichen stammen aus dem 16. Jahrhundert. Von der nahegelegenen *Porte d'Auteuil* führt ein breiter Fahrweg nach der *Porte de Boulogne,* von wo aus die grosse Kaskade in 20 Minuten erreicht wird. Man geht am besten die *Allée de la Reine Marguerite* und dann den vierten oder fünften der links führenden Wege, welche beide zu der Kaskade leiten. Dem Wasserfalle gegenüber erstreckt sich die weite Ebene von *Longchamp.* Das *Hippodrom* von Longchamp, das man übersieht, kann in seinen weiten Tribünen 5000 Zuschauer fassen (s. S. 54). — Der *grosse Wasserfall*, **la Grande-Cascade,** fällt von einer künstlichen Höhe von 14 m über romantisch erbaute Felsblöcke, welche eine zugängliche *Grotte* bedecken. Links bei der Kaskade, unter den Bäumen, ein vielbesuchtes Kaffeehaus.

Von der Kaskade kann man entweder auf der breiten *Allée de Longchamp* direkt zur Porte Maillot oder Porte Dauphine zurück, oder an der *Porte de Madrid* vorüber zum Jardin d'acclimatation.

Der **Jardin d'acclimatation** erstreckt sich im Bois de Boulogne, längs dem Boulevard Maillot, zwischen der Porte des Sablons und der Porte de Madrid; es ist eine 1860 gegründete Garten-Anlage, in welcher ausländische nützliche Thiere und Pflanzen gepflegt werden, deren Weiterentwickelung im Pariser Klima erstrebt wird.

Der Haupteingang in den dem Publikum täglich geöffneten Garten ist bei der Porte des Sablons, ein anderer bei der Porte de Madrid (Entrée an den Wochentagen 1 fr., Sonntags für den Garten 50 cent. und für die Treibhäuser 50 cent., für einen Wagen 3 fr.). Sonntags und Donnerstags 3—5 Uhr Nachm. Konzert. An diesen Tagen fahren besondere Omnibusse vom Boulevard des Italiens 8 um 1.30, 1.40, 2, 2.10 und 2.20 hinaus und zurück um 5.10, 5.20, 5.30, 5.40, 5.50 und 6 Uhr. Von der Station Porte Maillot (Gürtelbahn) geht an denselben Tagen bei Ankunft jedes Zuges ein Omnibus nach dem Jardin d'acclimatation. Der Station gegenüber ist der Endpunkt der *Tramway - Miniature*, welche jeden Nachmittag in Betrieb ist. (20 cent. bis in den Jardin d'acclimatation.)

Jardin d'acclimatation.

Für Droschkenfahrten in das Bois de Boulogne und den Jardin d'acclimatation muss die höhere Taxe entrichtet werden, wie für alle Oertlichkeiten ausserhalb des Wallgrabens. Droschkentaxe s. S. 18.

Im Jardin d'acclimatation werden verschiedene Thiere unter Führung der Wärter dem Publikum zu einem Ritt oder einer Fahrt im Garten zur Verfügung gestellt. Ein Ritt auf einem Elephanten kostet 25 cent., auf Zwergpferdchen 50 cent., auf einem Dromedar 50 cent., eine Fahrt in einem von Straussen gezogenen Wagen 50 cent.

Links vom Haupteingange der sogenannte *Wintergarten* (*Jardin d'hiver*), hübsche Treibhäuser mit seltenen Pflanzen. Rechts auf dem ersten Seitenwege kommt man dann zu dem *Geflügel-Hause;* Nachm. 2—5 Uhr findet hier die künstliche Mästung des Geflügels statt (50 cent.). Daneben eine künstliche Brutanstalt. Weiterhin eine permanente *Ausstellung* von Gartenverzierungen etc. In der Nähe das *Affenhaus (Singerie)*, vom Ausgange desselben wende man sich zur grossen *Volière*, vor welcher die Statue von Daubenton. Gegenüber ein *Taubenhaus*, in welchem Brieftauben gezüchtet werden. Von der Volière gehe man auf dem kleinen Wege zum *Hühnerhaus (Poulerie)*, rechts sieht man die Beutelthiere *(Sarigues)*, links die Büffel, geradeaus die sehenswerthen Pferdeställe *(Ecuries)*. Hier meldet man sich zu den Promenaden auf Elephanten etc. Daneben das *Panorama du Monde antédiluvien* (vorsündfluthliches Panorama), 1 fr. Weiterhin, immer der grossen Allee folgend, die Kängurus und Lamas, der Felsen mit Gemsen und Ziegen, das Wasserbecken mit den Seelöwen (Otarien), welche durch ihr menschenähnliches Gesicht und ihre Behendigkeit im Schwimmen und Klettern die Aufmerksamkeit auf sich ziehen. (Fütterung um 3 Uhr.) Dann folgt das *Kaffeehaus*, wo auch frischgemolkene Milch (Schweizerei —Vacherie dahinter) gereicht wird, und das *Aquarium*. Links das *Orchester*, darauf die Hirsche, das *Hundehaus* (Chénil), mit Insassen zahlreicher Rassen, und Vogelhaus mit vielen abgerichteten Papageien. Hunde, Geflügel, Vögel u. s. w. werden zum Verkauf gezüchtet.

Die Kunstsammlungen.

Die Sammlungen des Louvre.

Das **Musée du Louvre** (über das Palais du Louvre s. S. 72) ist täglich, mit Ausnahme des Montags, geöffnet vom 1. April bis 30. September von 9—5, im Winter von 10—4 Uhr. Stöcke und Schirme braucht man nicht abzugeben. Das Museum, eigentlich aus 18 selbständigen Sammlungen bestehend, ist eines der reichsten der Welt. Dringend zu empfehlen ist ein mehrmaliger Besuch des Louvre. Wenn man sich ermüdet fühlt, breche man die Besichtigung ab; auch der Kunstgenuss hat sein Mass und seine Grenze.

Im Erdgeschoss: Die *Skulpturen* von den ältesten Zeiten bis zur Neuzeit, das *Egyptische* und *Assyrische Museum*.

Im 1. Stock: Die *Gemäldegalerie*, die *griechischen, etrurischen, egyptischen Alterthümer*, das *Musée Campana* etc.

Im 2. Stock: Das *Musée de la Marine*, das *Chinesische, Japanische, Ethnographische Museum* und die Salles supplémentaires der Gemäldegalerie.

Der **Haupt-Eingang** zu den Museen ist im *Pavillon Denon* des Louvre, südlich vom Square du Caroussel. Wer von der Rue de Rivoli, gegenüber dem Palais Royal, in den Louvrehof tritt, findet den Haupteingang zu den Museen in dem gegenüber liegenden Gebäude, etwas links, hinter der Gartenanlage. Man tritt in ein Vestibule und hat rechts die Galerie Mollien, links die Galerie Daru (s. S. 94). Man wendet sich links, durchschreitet die Galerie Daru, steigt einige Stufen in die Höhe; vor sich, auf der Höhe der Treppe, sieht man die Nike von Samothrake (s. S. 90); wer zunächst das Antiken-Museum besuchen will, geht hinab in das Vestibule Daru, dann in die Salle de la Rotonde, Salle de Mécène, und von dort weiter, wie Seite 93 angegeben.

Diejenigen, welche den Sammlungen des Louvre nur eine kurze Zeit widmen können, mögen **genau** unserer nachstehenden Wegeleitung folgen.

Der **Eingang** in die Museen erfolgt beim ersten Besuch am besten im *Pavillon Sully;* von der Rue de Rivoli in den letzten Louvrehof tretend, findet man an der rechten Seite des Hofes den Eingang zu den Bildhauerwerken und daneben die Treppe, welche zum ersten Stock führt.

Diese Treppe führt (oben links) durch eine grüne Thür in die **Salle La Caze**, eine schöne, 1870 von Herrn La Caze dem Louvre geschenkte Sammlung von Gemälden. (*Watteau*, Jupiter und Antiope; *Teniers*, Kirmess; *Tintoretto*, Porträt des Pietro Moccenigo; *Rembrandt*, Frau im Bade; *Rubens*, Porträt der Marie von Medicis; *Denner*, alte Frau; *Bassano*, Anbetung der Weisen; heil. Jungfrau.)

Der anstossende Raum, **Salle Henri II.**, enthält einige grosse Gemälde von *Prud'hon, Van Loo, Boucher, Desportes, J. Vernet* etc.

Von hier tritt man in die

Salle des Sept-Cheminées; Gemälde der neueren französischen Schule. Namentlich beachtenswerth folgende Gemälde (rechts anfangend):

Wand 1.

Gérard, Porträt des Malers Isabey mit Tochter.
Guérin, Pyrrhus und Andromache.
Heim, Karl X. vertheilt die Preise in der Ausstellung 1824.
Girodet-Trioson, Beerdigung Atalas (nach Chateaubriand).
Gros, Napoleon I. besucht die Pestkranken zu Jaffa.
Gérard, Amor und Psyche.
Guérin, Hyppolitos und Theseus.

Wand 2.

Madame Lebrun, Die Künstlerin mit ihrer Tochter.
Gericault, Verwundeter Kürassier.
David, Papst Pius VII.
Drouais, Marius.
Géricault, Schiffbruch der Medusa.
Regnault, Erziehung des Achilles durch den Centaur Chiron.

Wand 3.

Guérin, Rückkehr des Marcus Sextus aus dem Exil.
Guérin, Klytämnestra.
Prud'hon, Gerechtigkeit und Vergeltung verfolgen das Verbrechen.
Gros, Napoleon nach der Schlacht bei Eylau.
Girodet-Trioson, Schlaf Endymions. — Sündfluth.

Wand 4.

Mauzaisse, Porträt seiner Mutter.
Gérard, Geschichte und Poesie.
Robert, Römische Landschaft.
David, Leonidas in den Termopylen. — Die Sabinerinnen.
Gérard, Sieg und Ruhm.

Rechts von dem Eingang die **Salle des Bijoux**, mit einem Deckengemälde von Mauzaisse. Antike, namentlich etruskische Schmucksachen und Goldarbeiten. In dem Mittelschrank drei prachtvolle goldene Kronen und ein vergoldeter Helm.

Aus diesem Saal kommt man in eine Rotunde (*Vestibule*), in welcher ein schönes Mosaik am Fussboden, in deren Mitte die Kopie einer grossen antiken Vase. Deckengemälde in der Mitte: der Fall des Ikarus, von Blondel. Die graue Malerei von Mauzaisse. Durch eine prächtige eiserne Thür betritt man die

Galerie d'Apollon, den elegantesten Raum des Louvre. Ihren Namen hat die Galerie nach dem Deckengemälde von *E. Delacroix* «Apollo besiegt den Drachen Python». Die übrigen Deckengemälde stellen die Tageszeiten, die Jahreszeiten und die 12 Monate dar. An den Wänden die eingerahmten Porträts der berühmtesten französichen Künstler, in Gobelin-Weberei (der Malerei täuschend ähnlich) ausgeführt. In der Mitte Tische mit Glaskästen, in welchen werthvolle mittelalterliche Kunstgegenstände.

Am Ende dieser Galerie führt die Thür rechts in den

Grand Salon carré, in welchem die kostbarsten und berühmtesten Meisterwerke der Sammlung vereinigt sind. Jedes einzelne Gemälde hier verdient besondere Beachtung.

Wir beginnen mit der Aufzählung der wichtigsten Gemälde

wieder rechts vom Eingang. Das erstgenannte Bild hängt über der Thür.

Wand 1.

Caravaggio, Porträt des Grossmeisters des Maltheser-Ordens.
Spada, Ein Konzert.
Perugino, Heil. Jungfrau mit Kind, zwei Heilige u. zwei Engel.
G. Bellini, Porträt der beiden Bellini.
Poussin, Eigenes Porträt.
P. Veronese, Jupiter stürzt die Laster.
Tizian, Grablegung Christi.
Herrera, St. Basil.
Caravaggio, Konzert.
Rembrandt, Wohnung eines Tischlers.
Correggio, Antiope schlafend, von Jupiter belauscht.
Guido Reni, Entführung Dejaniras.
Adrian van Ostade, Schulmeister.
Raphael (nach Anderen von *Perugino*), Apollo und Marsias.

[Rechts Eingang in die **Salle Duchâtel**, in welcher 7 Fresken von *Bernardino Luini*, 2 Porträts von *Antonio Moro*, die heil. Jungfrau von *Memling* und «Die Quelle», von Ingres.]

Wand 2.

Poussin, Der hl. Xaver erweckt ein Mädchen vom Tode.
Rembrandt, Weibl. Porträt.
Champaigne, Eigenes Porträt.
Terburg, Der galante Soldat.
Metzu, Ein Offizier empfängt eine Dame.
Seb. del Piombo, Heil. Jungfrau.
Dow, Kranke Frau.
Bronzino, Porträt eines Bildhauers.
Murillo, Mariä Empfängniss.
Paolo Veronese, Gastmahl bei Simon dem Pharisäer.
Tizian, Frau bei der Toilette («*Maitresse du Titien*»).
P. Bordone, Porträt.
Francia, Junger Mann.
Raphael, Heil. Jungfrau mit dem Schleier.
Ghirlandajo, Heimsuchung Mariä.
Leon. da Vinci, Porträt der Mona Lisa («*La Gioconda*»).
Rubens, Porträt seiner zweiten Frau, Helene Fourment.
Murillo, Heilige Familie.
Caracci, Die hl. Jungfrau erscheint dem St. Lukas und der hl. Katharina.
Van Eyck, Heil. Jungfrau.
Raphael, Heil. Familie («*Grande Famille de François I.*»).
Carracci, Auferstehung Christi.
Raphael, St. Georg.

Die Kunstsammlungen des Louvre. 85

Wand 3.

Poussin, Diogenes (Landschaft).
Champaigne, Richelieu.
Valentin, Konzert.
Luini, Herodias empfängt das Haupt Johannes des Täufers.
Claude Lorrain, Landschaft.
Raphael, Maria mit dem Kinde und Johannes (*La belle jardinière*).
Champaigne, Leichnam Christi.
Jouvenet, Kreuzabnahme.
Rigaud, Porträt von Bossuet.
Jordaens, Kindheit Jupiters.

Wand 4.

Memling, Johannes der Täufer und Maria Magdalena.
Holbein, Porträt des Erasmus von Rotterdam.
Leon da Vinci, Die hl. Anna, Maria und Jesus.
Antonello, Männlicher Kopf.
Andrea del Sarto, Hl. Familie.
Lesueur, St. Benedictus.
Rubens, Die Königin der Scyten lässt das Haupt des Cyrus in Blut tauchen.
Bassano, Grablegung.
Paolo Veronese, Hochzeit zu Cana. Das grösste Bild.
Correggio, Vermählung der hl. Katharina.
Giorgione, Ländliches Konzert.
Van Dyck, Karl I., König von England.
Tintoretto, Susanna im Bade.
Rogier v. d. Weyden, Heil. Jungfrau mit Kind.
Simone di Martino, Kreuztragung.
Raphael, St. Michael stürzt die bösen Engel.
Guercino, Auferweckung des Lazarus.
Memling, Heil. Jungfrau mit Heiligen.
Clouet, Porträt.
Holbein, Porträt der Anna von Cleve.

Der Thür zwischen Galerie d'Apollon und Salon carré gegenüber ist der Eingang in die **Grande Galerie**, die wir zunächst der ganzen Länge nach besichtigen (die der Galerie rechts befindlichen Säle werden später von den unserer Führung Folgenden betreten).

Italienische und *Spanische Schule* haben **rothe** Nummern.
Deutsche und *Niederländische Schule* haben **blaue** Nummern.
Französische Schule hat **schwarze** Nummern.

Links: (vom Eingang) Rechts:

Girolamo, Heil. Jungfrau mit Kind. — **Bonifacio**, Heil. Familie, Magdalena, Franciscus u. Antonius. — **Raphael**, Männl. Porträts. — **Tizian**, Porträt eines jungen Mannes. — **Ders.**, Jupiter u. Antiope. — **Tizian**, Pilger von Emaus (Carl V.). — **Leon. da Vinci**, Heil. Jungfrau. — **Tizian**, Dornenkrönung. — **Raphael**, Porträt eines jungen Mannes. — **Andrea del Sarto**, Heil. Familie. — **Tizian**, Heilige Familie («La vierge au lapin»). — **Leon. da Vinci**, Weibl. Porträt («La belle Féronnière»). — **Paul Veronese**, Esther. — **Tizian**, Männl. Porträt.

Nach **Leon. da Vinci**, H. Abendmahl. — **Venetian. Schule**, Männl. Porträt. — **Tizian**, Sitzung des Rathes der Dreissig. — **Andrea del Sarto**, Caritas. — **Palma Vecchio**, Verkündigung der Hirten. — **Tintoretto**, Das Paradies. — **Tizian**, Heil. Familie. — **Leon. da Vinci**, Bacchus. — **Luini**, Schlafender Jesus. — **Raphael**, Jeanne d'Aragon. — **Paul Veronese**, Madonna mit Heiligen. — **Leon. da Vinci**, Joh. d. Täufer. — **Raphael**, Heil. Margaretha. — **Luini**, Heil. Familie. — **Bonifazio**, Auferweckung des Lazarus. — **Paolo Veronese**, Susanna im Bade. — **Tizian**, Madonna.

In der Mitte: **D. da Volterra**, David und Goliath, zweiseitiges Bild, auf Schiefer gemalt.

Guido Reni, Jesus übergiebt Petrus die Kirchenschlüssel. — **Caracci**, Petri Fischzug. — **Caravaggio**, Tod der heil. Jungfrau. — **Guido Reni**, Hercules auf dem Scheiterhaufen. — **Sassoferrato**, Madonna. — **Canaletto**, Kirche Santa Maria della Salute in Venedig. — **Panini**, Peterskirche in Rom. — **Salvator Rosa**, Schlacht. — **Ribera**, Grablegung. — **Velasquez**, Philipp IV. König v. Spanien. — **Ders.**, Porträts. — **Ribera**, Prophet Elias. — **Murillo**, Mariä Geburt. — **Murillo**, Bettelknabe. — **Ribera**, Christus im Grabe. — **Murillo**, Madonna. — **Goya**, Porträt. — **Holbein**, Thomas Morus. — **Ders.**, Astronom Nic. Kratzer. — **Van Dyck**, Madonna. — **Rubens**, Mutter der Marie de Médicis. — **Rembrandt**, Porträt des Künstlers. — **Teniers**, Der

Caracci, Diana und Calipso. — **Ders.**, Heil. Sebastian. — **Guido Reni**, Büssende Magdalena. — **Caracci**, Hl. Sebastian. — **Guercino**, Loth und seine Töchter. — In der Thürnische (früher Eingang in die Salle des Etats) ein dem **Raphael** (?) zugeschriebenes Freskogemälde. — **Giordano**, Mars und Venus. — **Guardi**, Grüner Donnerstag in Venedig. — **Panini**, Konzert in Rom zur Geburtsfeier des Sohnes von Ludwig XV. — **Tiepolo**, Abendmahl. — **Guardi**, Venedig; Die Pest in Venedig 1630. — **Panini**, Die Piazza Navona in Rom, 1729, Geburtsfeier des Dauphin. — **Carracci**, Sündfluth. — **Domenichino**, Timoclea wird vor Alexander geführt. — **Guercino**, Franz v. Assisi und hl. Benedict. — **Murillo**, Wunder des hl. Diego. — **Zurbaran**,

Die Kunstsammlungen des Louvre.

Links: (vom Eingang)   Rechts:

verlorene Sohn. — **Rubens**, Loth. — **Rembrandt**, Porträt des Künstlers. — **Rubens**, Loth auf der Flucht. — **A. v. Ostade**, Die Familie des Künstlers. — **Dow**, Zahnarzt. — **Adr. v. d. Velde**, Scheveningen. — **Wouvermann**, Aufbruch zur Jagd. — **J. v. Ostade**, Reisende vor einem Wirthshaus. — **Rembrandt**, Der Engel Raphael verlässt Tobias. — **Teniers**, Petrus verleugnet den Herrn. — **Rubens**, Turnier. — **Van Dyck**, Porträt des Künstlers. — **Terburg**, Konzert. — **Bol**, Der Mathematiker. — **P. de Hoogh**, Inneres eines holländ. Hauses.

Beerdigung eines Bischofs. — **Ribera**, Anbetung der Hirten. — **Zurbaran**, Hl. Petrus von Nola und hl. Raimund von Pennaforte. — **Qu. Metzys**, Der Bankier und seine Frau. — **Rubens**, Franz I. von Médicis. — **Van Dyck**, Herzog von Richmond. — **Rembrandt**, Porträt des Künstlers. — **Phil. de Champaigne**, Ludwig XIII. — **Rubens**, Marie de Médicis. — **Metzu**, Der Chemiker. — **Van Dyck**, Die Kinder Karl I. — **Ders.**, Abraham mit Sarah und Hagar. — **Gérard Dow**, Bibellektüre. — **Paul Potter**, Weide. — **Rubens**, Flucht nach Egypten. — **Rembrandt**, Ein Greis. — **Terburg**, Musikunterricht. — **Van Dyck**, Rinaldo und Armida. — **Phil. de Champaigne**, Christus feiert das Osterfest. — **Ders.**, Das Gastmahl bei Simon dem Pharisäer.

In der Mitte dieser Abtheilung, links und rechts, hängen 21 grosse Bilder von **Rubens**, die Geschichte der Marie de Médicis darstellend. An den Fenstern zwei grosse Vasen aus Sèvres.

Metzu, Gemüsemarkt in Amsterdam. — **Hals**, Porträt von Descartes. — **v. d. Meulen**, Fontainebleau. — **Snyders**, Fischhändler. — **A. Cuyp**, Spazierritt. — **Jordaens**, Konzert nach Tisch. — **Van Dyck**, Porträts eines Mannes und eines Kindes. — **Rubens**, Elias in der Wüste. — **Jordaens**, Der König trinkt. — **Rubens**, Anbetung der Weisen. — **v. d. Meulen**, Einzug von Ludwig XIV. und Maria Theresia in Arras. — **Rubens** (?), Diogenes. — **Van Dyck**, Madonna. — **Van Mieris**, Köchin.

Rubens, Kirmess. — **Netscher**, Gesangunterricht. — **Oost**, Karl Borromäus bei den Pestkranken 1576 in Mailand. — **Teniers**, Schänke. — **Karel du Jardin**, Italien. Charlatane. — **Phil. de Champaigne**, Porträt des Künstlers. — **Ruisdael**, Landschaft. — **Van Dyck**, Herzog Karl Ludwig von Baiern.

Nun zur nächsten Thür zurück, und links in die Säle der Französischen Schule. Zunächst I. **la Salle de Clouet**, mit vielen Porträts von Clouet, und Cousin, Jüngstes Gericht. Im **II. Saal** 22 Gemälde, das Leben des hl. Bruno darstellend, von *Eustache Lesueur*. Im **III. Saal** mythologische Bilder von demselben. **IV. Saal, La salle de J. Vernet**, mit Ansichten der französ. Hafenorte. **V. Saal**, mit Porträts und Landschaften.

Ein Gang führt von hier aus in die **Ire Galerie Française**, einen länglichen Saal mit Bildern französ. Maler des 17. Jahrhunderts. — Rechts beginnend:

Lebrun, Büssende Magdalena.
Lesueur, Jesus erscheint der Magdalena als Gärtner.
Valentin, Urtheil Salomonis.
Poussin, Apollo und Daphne (letztes, unvollendetes Bild des Künstlers).
Lesueur, Der Vater des Tobias.
Valentin, Die Unschuld der Susanna.
Mignard, Neptun bietet Frankreich seine Schätze.
Puget, Porträts mehrerer Künstler aus Ludwig XIV. Zeit.
Poussin, Die Philister von der Pest befallen. — Die Israeliten sammeln das Manna. — Orpheus und Eurydice. — Raub der Sabinerinnen. — Findung Mosis.
Lesueur, Paulus predigt in Ephesus.
Bon Boulogne, Herkules und die Centauren.
Poussin, Der junge Pyrrhus.
Jouvenet, Petri Fischzug.
Claude Lorrain, Samuel salbt David als König. — Seehäfen in verschiedener Beleuchtung.
Poussin, Elieser und Rebecca. — Mars und Rhea Silvia. — Mars und Venus.
Links: **Mignard**, Heil. Cäcilia. — Porträt des Künstlers.
Lesueur, Kreuzabnahme.
Jouvenet, Die Schächer werden aus dem Tempel gejagt.
Poussin, Johannes der Täufer. — Rettung Mosis. — Heilige Familie. — Echo und Narciss. — Arkadische Schäfer.
Mignard, Heil. Jungfrau mit der Traube.
Poussin, Die Zeit rettet die Wahrheit vor den Angriffen des Neides und der Zwietracht.
Claude Lorrain, Cleopatras Landung in Tarsus. — Ansicht des Campo Vaccino in Rom. — Seehafen.
Poussin, Die Sündfluth. — Hl. Paulus. — Die Traube aus dem gelobten Lande. — Bacchanale.

Der nächste Saal, **Salle des Lebrun**, enthält grosse Gemälde von *Ch. Lebrun*, die Geschichte Alexanders, ferner Bilder von *Boucher*, u. a. In der Mitte des Saals zwei grosse Gemälde von

Die Kunstsammlungen des Louvre.

Courbet, einen Hirschkampf und eine Beerdigung darstellend. Die kostbare Decke ist mit vier Gemälden geschmückt: Der hl. Ludwig, Franz I., Ludwig XIV. und Napoleon I.

(Rechts liegt die Salle des Etats, jetzt geschlossen.)

Vom Salon Denon geht man in die **2e Galerie Française**, wo die Werke französischer Maler des 18. und 19. Jahrhunderts. — Rechts beginnend:

Desportes, Zwei Hunde Ludwig XIV.
Lancret, Frühling, Sommer, Herbst, Winter.
Greuze, Junges Mädchen.
Chardin, Das Tischgebet.
Oudry, Wolfsjagd.
Desportes, Hirschjagd.
Ollivier, Thee beim Prinzen Conti.
Favray, Damen vom Maltheser-Orden.
Vernet, Der Schiffbruch. — Der Abend.
Boucher, Diana nach dem Bade.
Greuze, Rückkehr des verlorenen Sohnes. — Des Vaters Fluch. — Porträt des Künstlers. — Der zerbrochene Krug. — Der Bräutigam.
Fragonard, Der Hohepriester Corésus.
C. Vanloo, Maria Lesczinska.
Mme. Lebrun, Porträt der Künstlerin mit Tochter.
Vernet, Umgebungen Roms.
Delacroix, Die Schiffbrüchigen.
Lethière, Virginias Tod.
David, Porträt des Künstlers. — Paris und Helena.
Gros, Karl V. und Franz I. besuchen die Gräber in St. Denis.
Leopold Robert, Fest der Madonna in Neapel. — Schnitter in den Pontinischen Sümpfen.

Links: **Boucher**, Venus bestellt bei Vulkan Waffen für Aeneas. — **Coypel**, Esther vor Ahasverus. — Rebecca und Elieser.
Angel. Kaufmann, Porträt der Baronin Krudener mit Tochter.
Watteau, Einschiffung nach der Insel Cythera.
David, Schwur der Horatier. — Porträt der Mme. Récamier.
Prudhon, Porträt der Kaiserin Josephine.
Lethière, Brutus verurtheilt seine Söhne zum Tode.
Gérard, Daphnis und Chloë. — Einzug Heinrich IV. in Paris.
David, Belisar.

Die Thür am Ende dieser Galerie geht auf die grosse Treppe. Hier führt rechts eine grüne Thür in die **Salle des Sept-Mètres** oder **Sept-Maîtres**, wo eine Sammlung von Bildern älterer italien.

Meister (Werke von *Cimabue, Giotto, Fiesole, Filippi Lippe, Mantegna, Perugino, Ghirlandaja* u. a.).

Die Salle des Sept-Mètres führt zurück auf die grosse Treppe. Auf dem Treppenflur, in welchem die Decke durch Mosaik geschmückt wird, zwei Fresken von *Botticelli* und eine Freske von *Fiesole*. Auf dem Treppenabsatz steht die herrliche griechische Statue der **Nike von Samothrake**, welche 1863 in Samothrake gefunden wurde. Sie steht auf einem Marmor-Piedestal in Form eines Galeerenschiffs.

Hier steigt man sieben Stufen hinab, und ebensoviele hinauf, geht durch die Thür rechts, welche in die Rotunde mit der Vase führt; man lässt die Galerie d'Apollon rechts und geht in die Salle des Sept-Cheminée (S. 96).

(Wer den weiteren Besuch der Louvre-Sammlungen auf einen andern Tag verschieben kann, mag von hier aus links durch das Musée La Caze in den Hof hinabsteigen.)

Diejenigen, welche das Museum weiter besichtigen wollen, wenden sich aus der Salle des Sept-Cheminée durch die Thür rechts in das **Musée Campana** und durchschreiten die *Salle Asiatique, Salle des Terres cuites, Salle des Vases noirs, Salle du Tombeau Lydien,* in der Mitte dieses Saals das grosse Lydische Grab, der kostbarste Gegenstand der Campana'schen Sammlung. Ein kleiner Flur enthält Terrakotten-Masken. Es folgen dann *Salle des Vases corinthiens, Salles des Vases à figures noires, Salle des Vases à figures rouges, Salle des Rhytons* (Trinkvasen), *Salle des Fresques.* Von hier geht man zurück bis zum ersten Saal des Musée Campana und betrete von hier aus das **Musée des Antiquités Grecques** *(Griechische Alterthümer),* auch *Musée Charles X.* genannt, 4 Säle.

I. Salle d'Homère. Deckengemälde: Apotheose Homers, nach Ingres. — **2. Salle des Vases peints à figures rouges** *(Vasen mit rothen Figuren).* Deckengemälde: Der Vesuv empfängt von Jupiter das Feuer, um Herkulanum und Pompeji zu zerstören. — 3. **Salle Grecque.** Deckengemälde: Die Nymphen kommen mit ihren Penaten aus Neapel nach der Seine. In der Mitte des Saals eine prächtige Vase, auf der Insel Melos gefunden, den Kampf der Götter mit den Giganten darstellend. — **4. Salle des Vases peints à figures noires** *(Vasen mit schwarzen Figuren).* Deckengemälde: Cybele schützt Herkulanum und Pompeji vor dem Feuer des Vesuv.

Von hier tritt man in das **Musée des Antiquités Egyptiennes** *(Egyptische Alterthümer),* 5 Säle. **I. Saal** *(Salle des Colonnes).* Deckengemälde von Gros, in 9 Abtheilungen, die berühmtesten Kunstepochen darstellend. Rechts und links vom Eingang zwei Schränke mit Statuetten von egyptischen Göttern. Am Fusse der

Statuetten steht der Name der Gottheit. In der Mitte des Saals schöne Basalt-Statue eines Beamten, der etwa 385 vor Chr. Geb. gelebt hat. — **2. Saal.** Deckengemälde: Den Griechen wird Egypten entschleiert. Dieser Saal enthält alle auf den egyptischen Kultus bezüglichen Gegenstände. — **3. Saal.** Deckengemälde: Egypten durch Joseph gerettet. Hier sind die mit der egypt. Bestattung zusammenhängenden Gegenstände aufbewahrt. — **4. Saal.** Deckengemälde: Bramante, Michel-Angelo und Raphael erhalten von Julius II. den Befehl zum Bau der Peterskirche, von Horace Vernet. In diesem Saale findet man die auf das egypt. Privatleben bezüglichen Gegenstände. — **5. Saal** (*Salle Historique*). Deckengemälde: Der französische Genius nimmt Griechenland unter seinen Schutz, von Gros. In der Mitte des Saals Basalt-Statue von Psammetich II.

Man tritt aus diesem Saal auf einen **Treppenabsatz**, auf dem eine Statue von Rhamses II., Stein-Sarkophage u. a. Man wende sich auf dem Treppenabsatz links nach den Sälen, welche ehemals das **Musée des Souverains** enthielten und jetzt den neuen Erwerbungen gewidmet sind. **1. Saal (Vestibule).** Die Decke und Ornamente dieses Saales stammen aus den Räumen in Vincennes, welche Louis XIII. für Anna von Oesterreich herstellen liess. Porträts von Louis XIII. und Anna von Oesterreich, ersteres von Champaigne. Glasfenster aus dem 16. und 17. Jahrhundert. In der Mitte schöne Sèvres-Vase. — **2. Saal (Chambre à alcove).** Die Holzbekleidung stammt aus den Zimmern von Heinrich II. im Louvre. Im Alkoven dieses Saales starb Heinrich IV. nach dem Attentat von Ravaillac. Man beachte die Kinder, Sklaven und Trophäen in der Holzbekleidung dieses Raumes. Ueber dem Kamin das Porträt der Maria von Medici. Alte Glasfenster. — **3. Saal (Chambre de parade).** Prächtige Holzbekleidung und in Seide gewebte Wandgemälde, die Geschichte von Deborah darstellend. In der Mitte Silber-Statue: Der Frieden, von Chaudet. Ueber dem Kamin Porträt von Heinrich II. — **4. Saal.** In der Mitte Silber-Statue von Heinrich IV., von Bosio. In Glasschränken Dosen, Miniaturen, Fayencen, Vasen u. a. kostbare Dinge. — In dem folgenden **5. Saal (Pavillon Central)** ist die *Collection Davillier* ausgestellt: Cartons, Fayencen, Majoliken, Bronzen, Elfenbeinschnitzereien etc. — In den folgenden 3 Sälen ist die Aufstellung nur eine provisorische. Im 1. Saal mehrere schöne Marmorbüsten, kleine werthvolle Bronzen. Im 2. Saal viele Handzeichnungen berühmter Meister. Im 3. Saal Bronzen und Waffen.

Man betritt nun den Flur der «Assyrischen Treppe». Auf dem Treppenabsatz eine Anzahl von wichtigen Inschriften und anderen Gegenständen, welche 1874 aus Afrika nach Paris kamen. Man wendet sich links in das **Musée du Moyen Age et de la**

Renaissance (*Mittelalter und Renaissance-Zeit*). **I. Saal.** Terrakotten von der Familie *della Robbia*.*) — **2. Saal.** Italienische Fayencen. — **3. Saal.** Spanisch-maurische und italienische Fayencen. In der Mitte Fragmente von der einst in den Tuilerien errichteten Werkstatt von Bernhard Palissy. — **4. Saal.** Französische Fayencen. — **5. Saal.** Kleine Bronzen und Metallgegenstände, altdeutsche Messer. Kostbare Sammlung. — **6. Saal.** Venetianische und deutsche Glasgefässe, Mosaik, Email. Altaraufsatz aus Glasschmelz (Limoges). — **7. Saal (Salle Sauvageot)** enthält Basreliefs, Medaillons in Holz und Wachs, Stühle, Fauteuils etc. Deutsche Buchsbaumschnitzereien und Miniaturen. Büste von Sauvageot, dem Begründer der Sammlung. — **7. Saal.** Elfenbeinsachen. Beachtenswerthes Triptychon. An den Wänden alte Tapisserien.

Die beiden folgenden Säle **(Salles Thiers)** sind den Sammlungen gewidmet, welche dem Louvre durch M. und Mme. Thiers hinterlassen wurden. An den Wänden Kopien in Aquarell. Auf zwei Pulten findet der Besucher den ausführlichen Katalog der Sammlungen.

Es folgen nun die **14 Säle** des **Musée des Dessins** (*Handzeichnungen*), in welchen eine sehr grosse Zahl von Pastellen und Zeichnungen bedeutender Künstler ausgestellt ist. Wir betreten von hier zunächst den Saal XIV und durchschreiten dieselben bis zum Saal I.

Aus dem letzten (1.) Saal**) der Zeichnungen gelangt man in eine Galerie, aus welcher man durch eine schöne Eisenthür in die **Salle des Bronzes antiques** tritt. Hier eine reiche Sammlung von Bronzen, antiken Gegenständen, Waffen, Helmen, Schilden und Statuetten.

Von diesem Saal steigt man auf derselben Treppe, die man zum Aufgang benutzt hatte, in das **Erdgeschoss** hinab und wendet sich unten (ohne den Flur zu verlassen) rechts von der Treppe zum Museum der *Alten Bildhauerwerke:*

Sculptures antiques.

Salle des Caryatides, so benannt nach den prächtigen, unter dem Erker befindlichen Caryatiden von *Jean Goujon*. In diesem

---

*) Von diesem Vestibül führt rechts eine kleine Treppe in den zweiten Stock. Wer die oben aufgestellten Sammlungen (Marine-, Ethnographisches, Chinesisches, Japanesisches Museum, das Nähere s. S. 81) besichtigen will, steigt die Treppe hinauf, und kehrt dann auf demselben Wege hierher wieder zurück.

**) Aus dem letzten (1.) Saal führt eine Treppe in die Sammlungen des 2. Stocks, und zwar zunächst in die Sammlung vom Suez-Kanal (s. die Notiz oben).

Saale feierte Heinrich IV. seine Hochzeit mit Margarethe von Valois und hier wurde seine Leiche nach der Ermordung durch Ravaillac ausgestellt. 1659 spielte Molière hier seine Stücke. — In der Mitte des Saales sind die bedeutendsten Nummern: Zwei Schalen (mit eigenthümlichem Echo); 704. Diskuswerfer; 217. Bacchus; 235. Vase Borghese; 183. Merkur; 31. Jupiter; 147. Kauernde Venus; nahe der Thür ein prächtiger Löwe; Hermaphrodit; 694. Knabe mit der Gans. Man beachte die schönen Ornamente am Kamin.

Von hier gelangt man in den **Corridor de Pan**, mit der Statue des Pan; zwei Faune; vier grosse Hermen des Herkules und Merkur.

Man wende sich rechts in die **Salle de Phidias**; das mittlere Deckengemälde ist von *Prud'hon*. In der Mitte der Altar der zwölf Götter, an der Wand wichtige architektonische Fragmente vom Zeustempel in Olympia, Basreliefs, eine Metope vom Parthenon, werthvolle Inschriften. Fries mit Tänzerinnen, Stele Alexander des Grossen, Vasen aus Marathon. Nahe dem Fenster Statue der Juno, in Samos gefunden, und eine antike Frauenstatue.

Salle de la Rotonde. In der Mitte: Mars Borghese; links vom Mittelfenster: Pollux; interessante Büsten und Statuen bekannter Personen des Alterthums. Links tritt man aus der Rotunde in die

Salle de Mécène, auch *Salle des Basreliefs*. In der Mitte antikes Fragment einer Venus, an der afrikan. Küste gefunden; zwei Büsten von Seneca; ·Kolossalköpfe von Maecenas und Caracalla; rechts grosses Basrelief, römische Opferung darstellend; gegenüber ein Basrelief: Priamos erbittet von Achilles den Leichnam Hektors.

Salle des Saisons, auch *Salle des Mithras*. Basreliefs, welche sich auf den Mithras-Kultus beziehen; römische Sarkophage; Statuen des Germanicus und Tiridates; Büsten.

Salle de la Paix. In der Mitte: Statue, Rom darstellend. Die Granitsäulen des Saales wurden von Napoleon I. aus dem Münster in Aachen ausgebrochen.

Salle de Septime-Sévère. Büste von Antinous, Marc Aurel, Caracalla.

Salle des Antonins. In der Mitte die Statuen von Marc-Aurel und Trajan, Büsten von Lucius-Verus und Marc-Aurel, beide bei Rom gefunden, Trajan, Hadrian Antoninus.

Salle d'Auguste. Im Hintergrunde: Augustus; in der Mitte die Kolossalbüste Rom; der Römische Redner («Germanicus»); Büste von Antinous; Büsten und Statuen der Kaiser und Kaiserinnen von Augustus bis Trajan.

Man gehe nun zurück bis zur Salle de Mécène (S. 93), wo der Eingang in das

Vestibule Daru. Sarkophage, Monumente, Stelen, architektonische Fragmente. Unter den Statuen beachte man den Pädagog, in Soissons gefunden; Afrikan. Fischer; Kopf des Alcibiades.

Die Treppen, welche von hier aus hinauf in den ersten Stock führen, lasse man unberücksichtigt, gehe vielmehr bis zum Corridor de Pan (S. 93) zurück und trete von hier rechts in die

Salle du Tibre. 249. Grosse Marmorgruppe des Tiber; 250. Silen und Bacchus; 299. Centaur, durch Amor besänftigt; 98. Die berühmte «Diana von Versailles» (jetzt umgestellt?); vier Faune, aus dem Bacchus-Theater in Athen stammend; zwei junge flötespielende Satyrn; Brunnenaufsatz mit dem Relief: Apollo führt einen Bacchuszug; der astrologische Altar von Gabii; schöner Torso eines Satyr; zwei grosse Statuen des Bacchus und Aeskulap, junger lachender Satyr und ein Neptunskopf, in Karthago gefunden.

Salle du Gladiateur. In der Mittelreihe: Venus genitrix; Kolossalbüste des Theseus; der berühmte «Borghesische Fechter»; Satyrkopf; die Diana von Gabii. — An den Wänden: Marsyas, Sarkophag des Meleager, Amor und Psyche; Verwundete Amazone.

Salle de Minerve. In der Mittelreihe: Vase aus der Villa Borghese; Amor ruhend; Büste Alexander d. Gr., in Tivoli 1779 gefunden; Venus aus dem Bade steigend; Venus von Arles; Homer vom Kapitol; Apollo Sauroctonos (Eidechsentödter); eine schöne griechische Vase. — An den Wänden; der berühmte Sarkophag der Musen; Polyhymnia; Minerva («Pallas von Velletri»); Nemesis.

Salle de Melpomène. Kolossalstatue Melpomenens. Schöne, moderne Mosaik auf dem Boden.

Salle de la Vénus de Milo. Hier befindet sich das herrlichste Meisterwerk der ganzen Sammlung: «Venus von Milo», 1820 auf der Insel Melos gefunden. Ein Schrank am Fenster enthält Fragmente des Armes und eine Hand mit Apfel, die zugleich mit der Statue gefunden sind. Mehrere Basreliefs. Venus von Falerone. Drei Hermes-Statuen.

Salle de la Psyche. Psyche (Niobidentochter?); Euripides; zwei Sarkophage; Stühle einer Ceres-Priesterin und eines Bacchus-Priesters; Atalante; tanzender Faun; junger Athlet.

Salle du Sarcophage, auch *Salle d'Adonis*. Grosser Sarkophag mit schönen Reliefs, die Geschichte Adonis' darstellend; Sarkophag mit Tritonen und Nerëiden; Sarkophag mit Endymion und Selene. An der Wand links Basrelief: Hektors Bestattung.

Im Durchgang zum folgenden Saal vier Statuen der Venus.
Salle de l'Hermaphrodite. Junger Satyr; Hermaphrodit, in Velletri gefunden.
Salle de la Médée. In der Mitte die kauernde Venus (Venus accroupie). Sarkophag, Medeas Rache darstellend; zwei andere Sarkophage mit den Reliefs: Faune in der Weinlese, und die Centauren.

Man verlässt das Museum, indem man vom letztgenannten Saal durch den Corridor de Pan und die Salle des Caryatides schreitet.

Auf dem Louvre-Hof wende man sich rechts (der Seine zu) zum Eingang in das

Musée de sculpture du moyen-âge et de la Renaissance,

werthvolle Sammlung von Bildhauerarbeiten des Mittelalters und der Renaissance-Zeit. Eingang direkt am Louvre-Hof im Erdgeschoss.

Der **Korridor**, dem Eingang gegenüber, enthält das Grabdenkmal von Anna von Burgund a. d. J. 1450; die heil. Jungfrau a. d. 14. Jahrhundert; verschiedene Grabdenkmäler; vier Engel aus der Abtei in Poissy a. d. 13. Jahrh.

Salle de Jean Goujon. Diana mit der Hirschkuh, von *Jean Goujon;* die drei Grazien, von *G. Pilon;* vier Figuren in Holz, welche die Reliquien der heil. Genovefa tragen sollten; der Genius der Geschichte, von *F. Roussel;* Christus und die vier Evangelisten, von *Jean Goujon;* Büsten von Heinrich II., Heinrich III., Karl IX., von *G. Pilon;* schöner Kamin; Statuen von Grabmälern; No. 90. Basrelief: Daniel. — Links von diesem Saal:

Salle des Anguier. Nur Werke des 17. Jahrhunderts. In der Mitte das Denkmal des Herzogs Heinrich von Longueville, Pyramide mit vier allegor. Figuren; Bronzestatue La Renommée; Merkur, Bronze von *Johann von Bologna;* Bronzestatuen vom Denkmal Heinrich IV., mit Bruchstücken dieses 1792 zerstörten Denkmals; Bronzestatuen der Anna von Oesterreich, Ludwig XIII. und Ludwig XIV.; Büsten; vier Hunde in Bronze; Merkur, von *Franqueville;* David, Sieger Goliaths. — Zurück durch die Salle de Jean Goujon, dann geradeaus

Salle de Michel - Ange. Die beiden Sklaven, berühmte unvollendete Marmorwerke von *Michel-Angelo;* Büste von Johannes dem Täufer, von *Mino da Fiesole;* Kleine Madonna, von dems.; Christus im Grabe, Holzrelief aus venetian. Schule; zwei Basreliefs von *Mino da Fiesole;* Nymphe von Fontainebleau, von *Benven. Cellini;* Karl V., Bronze-Medaillon; Urtheil Salomonis, aus dem 16. Jahrh.; Thor des Palais Stanga, von Cremona; Büste des Philipp Strozzi, von *Bened. da Majano;* Basreliefs in Bronze aus dem 15. Jahrh., von *Riccio*; Neger, polychrome Statue aus Marmor; Wölfin mit Romulus und Remus, 16. Jahrh.

Salle de Michel Colombe. Basrelief: St. Georg, von *Michel Colombe*; Statue Ludwig XII.; Büste Franz I.

Salle Judaïque. Jüdische Alterthümer, meist aus den Königsgräbern stammend. In der Mitte die Stele von Mesa, mit Inschrift in phöniz. Sprache, die Kämpfe Moabs gegen Israel 896 v. Chr. Geb. beschreibend; drei Sarkophage aus den Königsgräbern.

Salle Chrétienne. Sarkophage, Inschriften, Basreliefs. Der erste Sarkophag, links vom Eingang, ist von Livia Primitiva und eines der ältesten christlichen Denkmäler aus Rom.

Jenseits des kleinen Korridors

Salle de la Cheminée de Bruges. In der Mitte Grabdenkmal der Herzogin Blanche de Champagne, gest. 1283, in Limoges zu Anfang des 14. Jahrh. gefertigt. Gipsabguss des Kamins im Justizpalast zu Brügge, 1529—1532 gefertigt; das Christuskind spielt mit dem Nagel, der ihm einst die Hand durchbohren wird, Basrelief von *Paolo Bernini;* Herkules besiegt die Hydra; Fortuna.

Das Museum verlassend, wende man sich auf dem Hofe rechts zum Eingang in das

Musée Egyptien (Eingang direkt vom Louvrehof im Erdgeschoss), reiche Sammlung von Sphynxen, Basreliefs, Inschriften, Apis, Grabmälern und Sarkophagen. (Das Algier-Museum, welches mit dem Egypt. Museum in Verbindung steht, ist jetzt geschlossen.) Man betritt die

Salle Henry IV. Alle Gegenstände in diesem Saale tragen eine nähere Bezeichnung. Es folgt die

Salle d'Apis, reiche Sammlung von Grabstelen, Sphynxen, Löwen.

Vom 2. Saal führt eine Treppe in den ersten Stock, man besteige dieselbe aber nicht (oben sind die zum Egypt. Museum gehörigen Säle, die wir bereits S. 90 besichtigt haben), sondern wende sich zurück zum Ausgang und besuche geradeüber das

Musée Assyrien, in welchem die Gegenstände aufgestellt sind, die man 1843—1845 bei den Ausgrabungen am Euphrat und Tigris gefunden hat. Sarkophage, vier Stiere mit Menschenköpfen, Inschriften, Vasen, die Fragmente des Königsschlosses zu Ninive. Alterthümer aus Klein-Asien. In der Mitte des zweiten Saales der berühmte Sarkophag des Esmunazer, König von Sidon, mit Inschrift.

Fast gegenüber dem Eingange in das Musée Assyrien ist (rechts von der Rue de Rivoli aus) das sechs Säle umfassende

Die Kunstsammlungen des Louvre.

Musée de sculpture moderne française.

Salle de Puget. Perseus und Andromeda; Herkules; Milo aus Croton, von einem Löwen zerrissen, sämmtlich von *Puget;* Basrelief: Alexander und Diogenes; Nachbildung der Statue Ludwig XIV. — Links:

Salle de Coyzevox. In der Mitte: Hirt und kleiner Satyr, von *Coysevox;* Grabdenkmal Mazarins; Marie-Adelaïde von Savoyen; Kauernde Venus; Amphitrite, von *M. Anguier.*

Durch die Salle de Puget zurück zur

Salle des Coustou. Adonis, von *Nic. Coustou;* Prometheus, von *N. Adam;* Amor, von *Tassaërt;* Statuen von Julius Caesar, Ludwig XV., Hannibal, Julius Caesar, Maria Lesczinska; Diana; Venus; Merkur, von *Pigalle;* die Musik.

Salle de Houdon. Diana; Amor; Psyche; Bacchantin; Büsten der Mme. Dubarry, Mirabeau, Buffon, Diderot, Voltaire u. a.

Salle de Chaudet. In der Mitte: Oedipus und der Hirt Phorbas, von *Chaudet;* Amor und Psyche, von *Canova;* der Soldat bei Marathon, von *Cortot;* noch eine Gruppe Amor und Psyche, von *Canova;* Trunkener Faun, von *Sergell;* Zephir und Psyche, von *Ruxtiel;* Daphnis und Chloë, von Cortot; Homer, von *Roland;* Amor, von *Chaudet.*

Salle de Rude. In der Mitte: Merkur, von *Rude;* Christus, von Dems.; Toilette von Atalante, von *Pradier;* Venus, von *Simart;* junger neapolitan. Fischer, Johanna von Orleans, Louis David, alle von *Rude;* Verzweiflung, von *Perraud;* Sappho, von *Pradier;* Tanzender Fischer, von *Duret;* Psyche, von *Pradier;* Theseus und der Minotaur, von *Ramey;* Bacchus als Kind, von *Perraud;* Sohn der Niobe, von *Pradier*.

Das **Musée de Gravures** (*Chalcographie*) enthält eine Sammlung von Kupferstichen, sämmtlich Nachbildungen aus dem Louvre, und zu verhältnissmässig billigen Preisen käuflich.

Der **zweite Stock** (Aufgang s. S. 81, auch vom Assyrischen Museum s. S. 96) enthält die

3 Salles supplémentaires de peinture. Der erste Saal enthält Gemälde aus dem 17. und 18. Jahrhundert; der dritte Saal niederländische Bilder; im mittleren Saal Gemälde moderner Meister, welche inzwischen verstorben sind, aus dem Musée du Luxembourg.

1. Saal. *Giraud*, Sklavenhändler. — *Ary Scheffer*, Christus. — *Bénouville*, Tod des heil. Franz von Assisi.

2. Saal. *Court*, Tod Cäsars. — *Delacroix*, Die Freiheit; Dante und Virgil in der Unterwelt; Strassenkampf; Jüdische

Hochzeit in Marokko. — *Delaroche,* Tod der Elisabeth, Königin von England, 1603; Die Kinder Eduards. — *Ingres,* Apotheose Homers; Christus übergiebt Petrus die Himmelschlüssel; Porträts von Cherubini, Jungfrau von Orleans u. a. — *Th. Rousseau,* Waldlandschaften. — *Hor. Vernet,* Vertheidigung der Barrière de Clichy i. J. 1814; Judith.

3. Saal. Bilder von Van der Meulen, Wouverman, Backhuyzen, Dow, Snyders, Champaigne u. a.

Das **Musée de Marine** (direkt zu erreichen, wenn man die Treppe Henri II. ersteigt und in der 1. Etage vor dem Saal der Bronzen die Treppe Henri IV. wählt) umschliesst in 13 Zimmern eine reiche, werthvolle Sammlung von Modellen, Maschinen, Schiffen, nautischen Instrumenten, Reliefplänen von Hafenplätzen, Schiffswaffen, grossen Schiffsmodellen. — In den angrenzenden Sälen ist das

Musée Ethnographique, eine interessante Sammlung von Gegenständen zur Völkerkunde: Indische Waffen, Pagoden, Schmuck der Wilden, Trophäen. Das *Chinesische Museum* nimmt drei Säle ein. Ein vierter Saal heisst *la Salle de Lesseps,* von welchem aus eine Treppe in den ersten Stock hinabführt.

Musée du Luxembourg.

Luxemburg-Garten. — Panthéon (Sainte Geneviève).

Das **Palais du Luxembourg,** auf dem jenseitigen (linken) Seine-Ufer, in der Rue de Vaugirard. Ausser der Kammersession theilweise zu besichtigen, auch der Sitzungssaal des Senates. Man meldet sich im Hofe links, an der Treppe (Trinkgeld). Täglich, ausser Sonntag, von 9 Uhr ab. — Das Palais wurde 1615 unter Maria von Medicis, angeblich nach dem Muster des Palazzo Pitti in Florenz, von J. Desbrosses erbaut und besteht in der Hauptfront aus einem grossen Mittelpavillon nebst Kuppel und zwei durch eine Galerie verbundenen Eckpavillons. Den Giebel zieren Statuen. Während der französ. Revolution diente das Schloss als Gefängniss. Hier sassen u. a. gefangen: Danton, Desmoulins, Josephine Beauharnais (die spätere Gemahlin Napoléon I.) und der Maler David. — Das **Petit-Luxembourg**, Rue de Vaugirard, wahrscheinlich unter Maria von Médicis erbaut, stösst an das Palais und dient jetzt dem Präsidenten des Senats als Wohnung. Es umschliesst das Kloster, jetzt als Wintergarten benutzt, und eine Kapelle aus dem Ende des 16. Jahrhunderts.

Das Musée du Luxembourg,

in der früheren Orangerie, rechts neben dem Palais du Luxembourg (Eingang in der Rue de Vaugirard, der Rue Férou gegenüber) ist täglich, Montags ausgenommen, im Sommer von 9—5, im Winter von 10—4 Uhr geöffnet; auch hier braucht man Schirme und Stöcke nicht abzugeben.

Das Museum ist eine vom Staat unternommene Sammlung von Werken lebender Künstler. In der Regel bleiben die hier aufgenommenen Werke bis zehn Jahre nach dem Tode des betreffenden Künstlers in dieser Sammlung ausgestellt; dann werden die vorzüglichsten für das Louvre ausgewählt.

Skulpturen:

303. **Aizelin**, Psyche. — 305. **Barrias**, Mädchen von Megara. — 307—310. **Barye**, Thiergruppen. — 313. **Bonnassieux**, Das Nachdenken. — 314. **Bourgeois**, Delphische Pythia. — 318. **Carrier-Belleuse**, Schlafende Hebe. — 319. **Cavelier**, Die Wahrheit. — 321. **Cavelier**, Die Mutter der Gracchen. — 323. **Chapu**, Merkur mit dem Schlangenstabe. — 324. **Chapu**, Die Jungfrau von Orléans in Domrémy. — 335. **Degeorge**, Bernardino Cenci. — 336. **Delaplanche**, Eva nach dem Sündenfalle. — 339. **Dubois**, Der kleine St. Johannes. — 340. **Dubois**, Sänger in Florenz im 15. Jahrh. — 343. **Dumont**, Junge Frau. — 344. **Dumont**, Leukothea und Bacchus. — 345. **Etex**, St. Benedictus. — 346. **Falguière**, Der Märtyrer Tarcisius. — 347. **Falguière**, Der Sieger im Hahnenkampfe. — 350. **Frémiet**, Pan und Bär. — 354. **Guillaume**, Anakreon. — 355. **Guillaume**, Die Gracchen. — 358. **Hiolle**, Narziss. — 359. **Hiolle**, Arion. — 361. **Idrac**, Salammbo. — 365.

Musée du Luxembourg.

Sanson, Das eiserne Zeitalter. — 369. **Maillet**, Agrippina und Caligula. — 370. **Maillet**, Agrippina mit der Asche des Germanicus. — 371. **Maindron**, Velleda. — 373. **Marcellin**, Bacchantin, sich zum Opfer auf dem Kithäron begebend. — 378. **Mercié**, David. — 379. **Michel-Pascal**, Lesende Mönche. — 380. **Millet**, Ariadne. — 381. **Millet**, Kassandra. — 391. **Salmson**, Die Garnwinderin. — 396. **Thomas**, Virgil. — 398. **Truphême**, Mädchen an der Quelle.

Gemälde:

1. **Achard**, Wasserfall bei Cernay-la-Ville.
8. **Baudry**, Fortuna und das Kind.
19. **Rosa Bonheur**, Nivernesische Landarbeiter.
21. **Bouguereau**, Tod der hl. Cäcilia.
23. **Bouguereau**, Die hl. Jungfrau, Trösterin.
27. **Breton**, Segnung der Felder.
28. **Breton**, Die Aehrenleserinnen.
31. **Brion**, Pilger zum Odilienkloster im Elsass.
35. **Cabanel**, Verklärung des hl. Ludwig.
36. **Cabanel**, Tod der Francesca da Rimini und des Paolo Malatesta.
46. **Chaplin**, Seifenblasen.
49. **Chenavard**, Divina Tragedia.
51. **Comte**, Heinrich III. und der Herzog von Guise i. J. 1588.
54. **Corot**, Landschaft am Morgen.
58. **Courbet**, Die Woge; 59. Der Bach; 60. Mann mit dem Ledergürtel, von Dems.
62. **Couture**, Römer in der Zeit des Verfalls.
63. **Curzon**, Psyche kehrt zur Venus zurück.
70. **Daubigny**, Schleuse im Thale von Optevoz.
71. **Daubigny**, Frühlingslandschaft.
72. **Delaunay**, Jesus reicht den Aposteln das Abendmahl.
73. **Delaunay**, Pest in Rom.
87. **Didier**, Feldarbeit auf den Ruinen von Ostia.
90. **Duez**, Der hl. Cuthbert.
100. **Feyen-Perrin**, Rückkehr von der Austernfischerei.
108. **Français**, Landschaft (Daphnis und Chloë).
114. **Gérome**, Hahnenkampf.
116. **Giacomotti**, Der Raub Amymones.
123. **Glaize**, Verschwörung im alten Rom.
126. **Guillaumet**, Abendgebet in der Wüste.
127. **Guillaumet**, Laghouat (Oase in Algier).
130. **Hammann**, Karl V. als Kind.
137. **Hébert**, Die Malaria (in der Campagna).
138. **Hébert**, Der Judaskuss.

139. **Hébert**, Junge Italienerinnen.
142. **Heilbuth**, Das Leihamt.
143. **Henner**, Susanna.
144. **Henner**, Idylle.
147. **Herpin**, Paris am Abend.
150. **Isabey**, Ruyter und W. de Witt schiffen sich ein.
151. **Jacque**, Schafheerde.
153. **Jalabert**, Virgil und Horaz bei Mäcen.
157. **Knaus**, Spaziergang.
161. **Lansyer**, Schloss Pierrefonds.
164. **Laurens**, Exkommunikation Robert des Frommen.
173. **Lecomte du Nouy**, Böse Nachricht.
175. **Lefebvre**, Die Wahrheit.
178. **Leleux**, Hochzeit in der Bretagne.
185. **Lévy**, Tod des Orpheus.
193. **Meissonier**, Napoleon III. bei Solferino.
194. **Mélida**, Spanische Wöchnerin auf dem ersten Kirchgange.
195. **Melingue**, Etienne Marcel, Obmann der Pariser Kaufmannschaft, rettet Karl VII. das Leben, indem er seinen Hut mit ihm vertauscht.
210. **Perret**, Versehgang in Burgund.
216. **Ribot**, St. Sebastian.
217. **Ribot**, Der Samariter.
219. **Robert-Fleury**, Religionsgespräch zu Poissy 1561, in Gegenwart von Katharina von Médicis und Karl IX.
223. **Robert-Fleury**, Einnahme von Korinth.
225. **Roll**, In der Normandie.
226. **Rousseau**, Der Ungelegene.
233. **Salmson**, Verhaftung in der Picardie.
245. **Tassaert**, Eine unglückliche Familie.
246. **Tissot**, Faust und Gretchen.
248. **Trayer**, Kuchenhändlerin auf dem Jahrmarkt von Guimperlé.
250. **Vernier**, Landschaft.
251. **Vetter**, Molière und Ludwig XIV.
253. **Vollon**, Waffen, Raritäten.
254. **Vollon**, Seefische.
255. **Vuillefroy**, Rückkehr der Heerde.
259. **Ziem**, Venedig.

An das Palais grenzt der sehenswerthe Garten:

Jardin du Luxembourg,

von Desbrosses, dem Baumeister des Schlosses, angelegt. Der sorgfältig gepflegte, viel besuchte nutzte Garten ist bis Abends 10 Uhr geöffnet. Mittwoch und Freitag ¼5 Uhr Militärkonzert.

Nicht weit vom Gitter, östlich vom Schloss, die schöne **Fontaine de Médicis**; in der Mittelnische: Galathea und Acis, von Polyphem überrascht. Dieser Fontaine gegenüber, der Rue de Médicis zu, die *Fontaine de Léda*. Links von der erstgenannten Fontaine eine Marmorgruppe von Garraud: Adam und seine Familie. Vor dem Palais ein grosses Wasserbecken, in der Mitte eine Kindergruppe (18. Jahrh.). Rechts und links von diesem Becken auf Marmorsäulen: David und eine Nymphe. Gegenüber: Archidamas wirft den Diskus, von Lemaire. Hier sind auch Kopien des Borghesischen Fechters und der Diana von Versailles aufgestellt. Auf den Terrassen sieht man die Statuen berühmter Frauen Frankreichs, von der hl. Genoveva (423) bis zur Montpensier (1627—1693). An der neu angelegten Strasse, neben der École des Mines, sind jetzt eine Orangerie, zwei Treibhäuser und eine Gärtnerwohnung erbaut. Die *Allée de l'Observatoire* ist mit Vasen und vier Gruppen: Morgen, Mittag, Abend und Nacht, geschmückt. An ihrem Ende die **Fontaine de l'Observatoire**, mit 8 Pferden im Becken, welche eine die Weltkugel tragende Gruppe umgeben. Links die neue Statue Lesueurs, von Husson, und auf der Stelle, wo der Marschall Ney am 7. Dezember 1815 erschossen wurde, das **Standbild von Ney**, von Rude.

Am Ende der Avenue de l'Observatoire liegt die Pariser **Sternwarte** (*l'Observatoire*), 1672 gegründet, durch welche der Meridian von Paris geht.

In der Nähe des Palais du Luxembourg, an der Place du Panthéon, bei der Rue Saint-Jacques, liegt die berühmte Kirche **Sainte Geneviève**, seit der Beisetzung von Victor Hugo, am 1. Juni 1885, wiederum zum

Panthéon

umgewandelt. Täglich von 10—4 Uhr zu besichtigen. Für die Besteigung der Kuppel (la coupole), werden 50 cent. bezahlt.

Dieses gewaltige, im griech.-röm. Stil nach Soufflots Plänen 1764 begonnene Gebäude, 113 m lang und 85 m breit, gilt als die gelungenste Nachahmung der Peterskirche in Rom. Es wurde von Ludwig XV. in Folge eines Gelübdes zu Ehren der heil. Genofeva errichtet, 1791 zum Ruhmestempel Frankreichs bestimmt, erhielt den Namen «Panthéon» und die Inschrift: *Aux grands hommes la Patrie reconnaissante* (Seinen grossen Männern das dankbare Vaterland). 1822 ward das Panthéon wieder Kirche, 1830 wiederum Panthéon, bis Napoléon III., unmittelbar nach seinem Regierungsantritt, das Gebäude seiner ersten Bestimmung zurückgab. — In der Façade ein 20 m hohes Säulenportal, über welchem das treffliche grosse Hautrelief von David d'Angers: Frankreich, zwischen der Geschichte und der Freiheit, theilt Palmen und Kränze aus. (Links bemerkt man die Figuren von Rousseau, Voltaire, Mirabeau, rechts den General Bonaparte.) Ueber dem Giebel der Rundbau des von 32 korinth. Säulen umgebenen, 83 m hohen Domes mit Galerie, Kuppel und darüber aufsteigender Laterne.

Vor dem Eingange in die Kirche zwei Steingruppen von Maindron: «Die heilige Genofeva bittet Attila um Schonung der Stadt Paris» und «Taufe Chlodwigs».

Das Innere der Kirche entspricht in der Dekoration dem Aeusseren. Es vereinigen sich unter der Kuppel vier Hauptschiffe; korinthische Säulen scheiden die Seiten-Galerien. Den ungeheuren, aus drei Kuppeln bestehenden Dom stützen kolossale Pfeiler, oben eine korinthische Säulen-Kolonnade tragend. Die erste Kuppel ist mit Medaillons und Rosetten, die zweite, schön beleuchtete, mit prächtigen Fresken von Gros (Apotheose der heil. Genofeva mit den Königen Frankreichs) geschmückt. In den Seitenkapellen neue Fresken von Puvis de Chavannes, Maillot u. a., die Geschichte der heil. Genofeva darstellend.

Zur **Kuppel** führen 231 Stufen, und noch 84 Stufen höher tritt man auf die Galerie der Laterne, wo sich eine prächtige Aussicht über Paris und Umgegend eröffnet.

Die grossartigen **Gruftgewölbe** *(les caveaux)* sind durch 20 Pfeiler gestützt und in mehrere Galerien getheilt. Es sind dort die Gräber des Mathematikers Lagrange, des Weltumseglers Bougainville, des Erbauers der Kirche, Soufflot, des Marschalls Lannes, des Dichters Victor Hugo; ferner die Särge, in welchen einst Voltaire, Rousseau, Marat und Mirabeau hier beigesetzt wurden, aber jetzt leer stehen. Statue Voltaires, von *Houdon*. Gipsmodell der Kirche. Seit der Beisetzung Victor Hugos sind die Gewölbe theilweise geschlossen.

Beim Ausgange aus der Kirche rechts die *École de Droit* (die juristische Fakultät) und die *Bibliothèque Sainte-Geneviève*, an deren Façade die Namen berühmter Schriftsteller aller Nationen, links das Gebäude der *Maire du 5e Arrondissement*, und hinter dem Panthéon die Kirche *Saint-Etienne du Mont* (s. später).

Musée de Cluny.

Die in dem Hôtel de Cluny und dem alten Palaste der Römischen Bäder (Thermes) befindliche Sammlung römischer und mittelalterlicher Gegenstände (Eingang Rue du Sommerard 24) ist Sonntags von 11—4^1/$_2$ Uhr Jedem geöffnet, Fremden gegen Vorzeigung des Passes auch an allen anderen Tagen (mit Ausnahme des Montags) von 11—4^1/$_2$ Uhr; kein Trinkgeld.

Die beiden genannten, mit einander verbundenen Gebäude erstrecken sich mit ihren Gärten zwischen der Rue du Sommerard, dem Boulevard Saint-Michel, dem Boulevard Saint-Germain und der Rue Fontanes.

Musée de Cluny.

Sie bilden das älteste Monument in Paris und den einzigen Ueberrest der Paläste aus der römischen Kaiserzeit.

Wahrscheinlich war der Kaiser Constantius Chlorus der Erbauer dieses Palastes, von welchem die noch heut vorhandenen Bäder stammen. Gewiss ist, dass Julian im Jahre 360 hier residirte. — Ende des 15. Jahrh. liessen die Aebte von Cluny auf den Trümmern des ganz zerfallenen römischen Palastes ein Absteigehaus errichten, das jetzige Hôtel de Cluny. Im Jahre 1515 bezog Marie, die Wittwe Ludwig XII., dasselbe. Das Wohnzimmer der Königin heisst noch jetzt «la Chambre de la Reine blanche» (das Trauergewand der französischen Königinnen war damals weiss). — Jacob V. feierte 1537 hier seine Vermählung mit der Tochter Franz I. von Frankreich. — In der Revolution wurde das Hôtel Nationalgut und vermiethet, bis es 1833 in den Besitz des Herrn Du Sommerard kam, welcher die von ihm gesammelten Alterthümer hier aufstellte. Nach seinem Tode kaufte der Staat 1842 Haus und Sammlung und vereinigte damit das von der Stadt Paris der Regierung übergebene Palais des Thermes.

Das **Hôtel de Cluny** liegt zwischen Hof und Garten; besonders schön erscheint das im reichen gothischen Stil gehaltene Hauptgebäude, vom grossen Hofe aus gesehen. Kenner bewundern namentlich den Fries und das durchbrochene Geländer im ersten Stock, die steinernen Giebelfenster und die reich gearbeiteten Schornsteine.

Das **Musée de Cluny** enthält jetzt 10 500 alte Kunst- und besonders kunstgewerbliche Gegenstände. Die bemerkenswerthesten sind:

Erdgeschoss: I. Saal. Holzschnitzwerke; Mosaik von Ghirlandajo.

II. Saal. Nachbildung des Hildesheimer Silberfundes; Ariadne (mit den Zügen der Diana von Poitiers), aus Marmor.

III. Saal. Ueber dem ersten Glasschrank ein Triptychon aus Deutschland, No. 1692 Triptychon von Memling; grosser bretagnischer Sakristeispind.

IV. Saal. Möbel aus dem 16. und 17. Jahrhundert. Rechts ein deutsches Triptychon, mit Schnitzwerk, 15. Jahrh.

V. Saal. Modell des Schlosses Pierrefonds (bei Campiègne); flämische Teppiche mit Scenen aus den Religionskriegen.

Im Korridor: 237. Altaraufsatz aus Saint-Germer.

VI. Saal. Flämische Teppiche, Gipsabgüsse der Grabdenkmäler Karls des Kühnen und seiner Frau.

VII. Saal. 6526. Kirchengewänder eines Bischofs aus dem 12. Jahrh. Taufbecken aus einer Kirche bei Hamburg.
VIII. Saal. Staatswagen, darunter italienische, mit Malereien von Gandolfi.

Auf der Stiege: Waffen Heinrich IV.

Im ersten Stock: I. Saal. Ueber der Thür: Triptychon von Herrlein aus Nördlingen.
II. Saal. Samlung von Schuhwerk aller Länder.
III. Saal. Rhodensisch-persische, maurische, spanisch-arabische Fayencen.
IV. Saal. Italienische und französische Fayencen. Deutsches Steinzeug.
V. Saal. Medaillons von Della Robbia.
VI. Saal. Flämisches Stellbrett mit Fayencen.
VII. Saal. Himmelbett aus dem 16. Jahrh. Deutsche Betten aus dem XV. Jahrh.
VIII. Saal. Deutsches Schachspiel aus Bergkrystall; 1688. und 1689. altkölnische Gemälde, Geschichte der heil. Ursula; 1035. Christus, die Ehe Otto II. mit Teophana, Tochter des griech. Kaisers, segnend (10. Jahrh.). Am 1. Fenster links: Keuschheitgürtel.
IX. Saal. Email aus Limoges; venetianisches und deutsches Glas.
X. Saal. Silberner Reliquienschrein aus Basel; St. Anna-Schrein von Hans Greiff aus Nürnberg; ein Glasschrank, in der Mitte 9 westgothische Kronen, darunter die des Königs Recceswind (649—672). Besonders kostbar ist auch der goldene Altaraufsatz mit Hautreliefs, den Heinrich II., der Heilige, der Kathedrale in Basel geschenkt.
XI. Saal. Französische Fayencen.
XII. Saal. Musikinstrumente; Himmelbett.

Die Kapelle ist ein Meisterwerk mittelalterlicher Baukunst. Darin flämische Holzschnitzereien.

Das mit dem Hôtel verbundene **Palais des Thermes** zeigt noch die zu Bädern benutzten Räume. Die Ueberreste des alten Palastes übersieht man am besten von dem Gitter am Boulevard Saint-Michel aus; man befindet sich hier in der Mitte eines Hofes zwischen zwei Steinmauern, hier war der Raum des *Tepidarium*, der lauwarmen Bäder; dahinter befindet sich eine Mauer, jenseits welcher das *Frigidarium*, die kalten Bäder, lagen. Der letztere Saal ist 20 m lang und 11½ m breit. Das Gewölbe wird von acht schiffsschnabelförmigen Pfeilern getragen. Ausserdem sind noch einige der unterirdischen Gewölbe des Palastes erhalten. Unter den Gegenständen aus der gallo-romanischen Periode bemerkt man namentlich das Piedestal eines Altars, welchen die

Pariser Schiffer dem Jupiter errichteten. Mehrere der darauf befindlichen Figuren von römischen und gallischen Gottheiten sind noch sehr wohl erhalten (1711 unter dem Chor der Notre-Dame-Kirche gefunden).

Die täglich geöffneten *Gärten* des Hôtel de Cluny und des Palais des Thermes dehnen sich an der Seite der Boulevards de Sébastopol und Saint-Germain aus. Mehrere mittelalterliche Säulen und Statuen sind darin aufgestellt.

Conservatoire des Arts et Métiers.

Das *Conservatoire des Arts et Métiers*, das Gewerbe-Museum, in der Rue Saint-Martin 292, nicht weit von der Porte Saint-Martin, besitzt sehenswerthe Sammlungen, welche zu den vollständigsten ihrer Art gehören; dieselben sind Sonntag, Dienstag und Donnerstag von 10—4 Uhr geöffnet, Montag, Freitag und Sonnabend mittelst Karten, welche im Bureau der Administration zu haben. — Der Katalog kostet 1½ fr.

Die Sammlungen befinden sich in den Räumen der 1789 aufgehobenen Abtei *Saint Martin des Champs*, welche von zwei deutschen Edelleuten gegründet wurde, als Herberge für die nach Tours (Grab des heil. Martin), Mont-Saint-Michel und San Jago de Compostella ziehenden deutschen Wallfahrer.

1060 ward Heinrich I. zum zweiten Stifter. An dem 1848—1850 aufgeführten Portale sind der Strasse zu, neben der Thür, die Statuen der Wissenschaft und Kunst.

Im Hofe ist ein zweites Portal mit einer Freitreppe, welche zu den Sammlungen des Erdgeschosses und des ersten Stockwerks führt.

Im **Erdgeschoss** ist zunächst das *Vestibule* (Salle d'Echo genannt, weil man an einer Ecke des Saales das in der entgegengesetzten Ecke leise gesprochene Wort versteht). Hier ist das Modell eines Schraubendampfers. — In den Räumen links vom Vestibule sind im 1. Saale die Masse und Gewichte aller europäischen Länder, im 2. Saale Teleskope, photograph. Ansichten des Mondes, dann folgen vier kleine Säle mit astronom., mathemat.

etc. Instrumenten. Rechts vom Vestibule Maschinen der verschiedenen Industrien, Sammlungen von Samenkörnern und plastische Darstellungen von Früchten und Wurzeln.

Ein kurzer Gang führt zur früheren Kapelle der Abtei, in welcher jetzt grosse Maschinen aufgestellt sind, welche Sonntags und Donnerstags in Bewegung gesetzt werden. Von dem Gange führt eine Treppe in das erste Stockwerk.

Im ersten Stock sind Modelle von vielen Dampfmaschinen, Wasser- und Windmühlen, Druckpressen, eine reiche Sammlung physikalischer und musikalischer Instrumente, Brücken- und Treppenbauten, ein toskanischer Tempel, eine indische Pagode, eine Eisenbahn, Telegraphen etc.

Die Bibliothek, mit 23 000 Bänden, ist täglich von 10 bis 3 und 7½—10 Uhr, mit Ausnahme des Montags, geöffnet; sie befindet sich im ehemaligen Refektorium, einem Gebäude gothischen Stils aus dem 13. Jahrh. Das Gebäude wird von sieben schönen, schlanken Säulen getragen. Abends finden an allen Wochentagen öffentliche Gratis-Vorlesungen im Conservatoire statt.

Vor dem Gebäude beachte man den **Square des Arts et Métiers**, eine Gartenanlage, in deren Mitte sich die Statue einer Victoria auf hoher Säule befindet. Am Square steht das *Théâtre de la Gaîté*.

Hinter dem Conservatoire ist das neue, sehr grosse Gebäude der *École Centrale des Arts et Manufactures*, welche Techniker und Mechaniker ausbildet.

École des Beaux-Arts,

die 1648 gegründete Schule der schönen Künste, Rue Bonaparte 14, ist an der Stelle des ehemaligen, von Margaretha von Valois 1609 gegründeten Klosters *des Petits-Augustins* erbaut.

Das Palais, von der Rue Bonaparte durch ein elegantes Gitter abgegrenzt, enthält die hohe Schule für Maler, Bildhauer, Architekten und Kupferstecher und umschliesst ein **Museum** von Bruchstücken französischer Bauwerke, *le Musée des Monuments Français*. Es wurde unter Ludwig XVIII. von Debret im Bau begonnen und 1838 unter Louis

Philippe von Duban vollendet. Der Eintritt ist täglich von 10—4 Uhr; man wende sich an den Concierge, rechts vom Eingange; man wird durch die sehenswerthen Räume geführt, 1 fr. Trinkgeld. (Im September nur Mittwoch, Donnerstag und Freitag.)

Ueber dem Eingange die Büsten von Puget und Poussin. Im ersten Hofe trägt eine hohe korinthische Marmorsäule die Figur des Ueberflusses. Links ein Freskogemälde: Gott segnet die Welt. Rechts das berühmte «Portal von Anet», ein Meisterstück von Phil. Delorme und Jean Goujon, mit Reliefs und Statuen geziert, unter denen der bogenspannende Amor, nach Phidias. Vor dem zweiten Hofe der Triumphbogen des Schlosses Gaillon, aus dem Anfange des 16. Jahrh. stammend, 1597 Stein für Stein hierher gebracht.

Man tritt in den zweiten Hof, in welchem Fragmente von Skulpturen und architektonischen Werken, in der Mitte das Becken von Saint-Denis, aus einem einzigen Steinblock gearbeitet. Im Hintergrunde die schöne Hauptfaçade des Palais, welche aus zwei übereinander liegenden Arkadenreihen mit korinthischen Säulen besteht. Im Erdgeschosse zwischen den Arkaden sind Kopien antiker Statuen von Zöglingen der französischen Schule in Rom aufgestellt.

Vom Hauptgebäude eingeschlossen ist der kleine, glasbedeckte innere Hof, welcher in seinem Stil der Hauptfaçade entspricht und als Museum der Gipsabgüsse benutzt wird. An den Wänden die Büsten Leo X., Franz I., des Perikles und Augustus. In Medaillons auf Goldgrund Michel-Angelo und Raphael.

Im I. Stock eine *Galerie*, in welcher 52 Kopien der Raphael'schen Loggien im Vatican, von den Brüdern Balze gemalt. Im halbkreisförmigen *Amphitheater* das berühmte grosse Wandgemälde von P. Delaroche: Die Meister aller Schulen und Zeiten.

In der *Salle du Conseil*, in welchem sich die Preisrichter versammeln, die Porträts von Gérard, Delaroche und Robert-Fleury.

Die ehemalige *Klosterkirche*, in die man nun tritt, enthält Kopien berühmter Gemälde, darunter diejenige des jüngsten Gerichtes von Michel-Angelo. Weitere Kopien befinden sich im Salle de Melpomène, wo die Arbeiten der Zöglinge ausgestellt werden und von wo ein Ausgang nach dem Quai des Malaquais führt.

In der **Bibliothèque Nationale**, 58 Rue Richelieu, sind zu besichtigen, Dienstag und Freitag, 10 bis 4 Uhr: l'**Exposition géographique**, zwei Globen von 3,87 m Durchmesser, Karten vom 14. Jahrhundert ab; **Salles d'exposition des imprimés et manuscrits,** prachtvolle alte Druckwerke, darunter die Bibel von Gutenberg, kostbare kirchliche Handschriften, Psalterien und Missale mit Miniaturen; Handschriften aus dem achten Jahrhundert unter Glas in dem *Département des manuscrits.*

Im *Département* des Estampes $2^{1}/_{2}$ Mill. Stiche, wovon eine Anzahl ausliegen. Zum *Cabinet des Médailles et Antiques* führt eine eigene Thür, in der Rue de Richelieu, neben dem Polizeiposten. Gegen 400 000 Medaillen, geschnittene Steine, kleine antike Gegenstände und Kostbarkeiten.

Vor der National-Bibliothek die *Place Louvois* mit der *Fontaine Richelieu,* von Visconti; die Statuen der Seine, Loire, Garonne und Saône von Klagmann.

Weiter hinauf in der Rue Richelieu sprudelt die **Fontaine Molière,** von Visconti, welche 1844 durch eine National-Subscription (168 000 fr.) errichtet wurde. Ueber dem Bassin erhebt sich ein Marmorpiedestal, mit der sitzenden Bronzestatue Molières († 1673), von Seurre; an den Seiten die ernste und die heitere dramatische Muse, beide von Pradier. Gegenüber des Dichters *Sterbehaus* in der Passage Hulot.

Das **Musée Carnavalet** (23 Rue de Sévigné), Sonntag und Donnerstag von 11—4 Uhr, befindet sich im Hause, in welchem Frau von Sévigné (1677 bis 1689) wohnte. Es enthält in 14 Sälen Gegenstände aller Art, Alterthümer, Abbildungen, Handschriften, eine Büchersammlung, Urkunden u. s. w., welche sich auf die Geschichte der Stadt Paris und der Revolution beziehen. Auch ein Modell der Bastille.

Das **Musée des Archives Nationales** im Palais des Archives, 60 Rue des Francs-Bourgeois, ist dem Publikum Sonntags 12—3 Uhr geöffnet. Für Historiker und Geschichtsfreunde sehr interessant. Im ersten Stock sechs Säle, in welchen unter Glas die interessantesten historischen Dokumente, mit den Merovingern beginnend, chronologisch geordnet, ausgestellt sind.

Unweit der Archives Nationales befindet sich die **Staatsdruckerei (Imprimerie Nationale)**, 89 Rue Vieille du Temple, welche Donnerstags, pünktlich um zwei Uhr, nach eingeholter Erlaubniss, oder mit Passkarte, besichtigt werden kann. Ein Beamter führt umher. Die Anstalt beschäftigt 1000 Arbeiter; mit derselben ist eine Schriftgiesserei, Buchbinderei etc. verbunden.

Das **Musée Minéralogique**, in der *École des Mines*, 60—62 Boulevard Saint-Michel, neben dem Palais Luxembourg, ist Dienstag, Donnerstag und Sonnabend von 11—3 Uhr dem Publikum geöffnet. Reiche mineralog., geolog. und paleontolog. Sammlungen, Reliefpläne vom Etna, Vesuv, Chamounixthale etc.

Das **Musée des Arts décoratifs** *(Kunstgewerbliche Sammlung)* im Palais de l'Industrie, Aufgang von der der Place de la Concorde zugewandten Ostseite. Täglich 10—4 Uhr offen, 1 fr. an Wochentagen, $^1/_2$ fr. Sonntags. Enthält viele neuere Stücke und solche, die von ihren Besitzern zeitweise hergeliehen werden.

Das **Musée de Sculpture comparée**, Sammlung der Gipsabgüsse, befindet sich im Ostflügel des 1878 für die Weltausstellung erbauten *Palais du Trocadéro*. Die besten Bildwerke aller Museen und der hauptsächlichsten Bauwerke sind in Gipsabgüssen oder Photographien vorhanden. Täglich, Montag ausgenommen, von 10—4 Uhr.

In der Mitte des Palastes der 6000 Personen fassende Festsaal *(Salle du Trocadéro)* für Musikaufführungen, Versammlungen. Im Ostflügel das

Musée d'Ethnographie (ebenfalls im Palais du Trocadéro), Gegenstände der Völkerkunde, amerikanische Mumien und Grabstätten, indische Hütte, peruanische Bauwerke, nordische Landschaften in getreuer Nachbildung und Gestalten in Originaltracht. Schmucksachen und kleinere Gegenstände im Original.

In diesen beiden Museen sind alle Gegenstände mit Bezeichnungen versehen.

Schlösser, sehenswerthe Gebäude.

Ueber das *Palais du* **Louvre** ist S. 72, **Tuilerles** S. 69, **Palais-Royal** S. 71, **Luxembourg** S. 101, **Hôtel de Ville** S. 75, die **Börse** S. 61 Näheres mitgetheilt.

Das **Hôtel des Invalides,**

dessen vergoldete Kuppel weithin sichtbar ist, wurde 1671—1675 unter Ludwig XIV. durch die Architekten Bruant und Mansart für 5000 Invaliden erbaut. Jetzt leben nur 500 hier, da der Unterhalt theurer zu stehen kommt, als eine entsprechende Pension. Ein Theil des Gebäudes dient als Kaserne. Das Hôtel und die Kirche ist an allen Wochentagen zu besichtigen (Näheres S. 13).

Von der Seine führt die 500 m lange, mit Bäumen bepflanzte *Esplanade des Invalides* an das Gitter des von Gräben umgebenen **Vorhofs.** Hier stehen die Kanonen, die «Batterie Triomphale» genannt, durch welche der Hauptstadt alle wichtigen Ereignisse verkündet werden. Unter den Kanonen ein österreichisches Geschütz, welches, im Jahre 1580 gegossen, die Inschrift trägt: «So mein Gesangk in Luft erschallt, manch' Mauren vor mir niederfallt»; vier im siebenjährigen Kriege von den Oesterreichern aus dem Berliner Zeughause fortgeführte Geschütze, zu den kostbaren zwölf Kurfürsten-Kanonen gehörend, welche Friedrich I. 1708 in Berlin anfertigen liess; ferner Kanonen aus Sebastopol, Mörser aus Algier, holländische Vierundzwanzig-Pfünder, russische Geschütze etc. Den Vorhof füllen kleine Gärtchen, welche von den Invaliden gepflegt werden.

Die 200 m lange einfache Hauptfaçade zählt 133 Fenster. Neben dem Eingange die Statuen des Mars und der Minerva, von Coustou; über dem Portal, jonischen Stils, en basrelief das Reiterbild Ludwig XIV., umgeben von der Gerechtigkeit und der Klugheit. Auf dem Piedestal dieser Statue die lateinische Inschrift, welche übersetzt lautet: «Ludwig der Grosse hat mit königlicher Freigebigkeit, für seine Soldaten auf alle Zeiten sorgend, dieses Haus im Jahre 1675 gegründet». — An den Ecken vier Figuren der besiegten Nationen, von Desjardins.

Man tritt in den ersten Hof, **Cour d'honneur** genannt, dessen Arkaden theilweise Wandmalereien aus der französ. Geschichte, von Masson, enthalten. Geradeaus liegt die Kirche Saint-Louis (s. S. 114), im Erdgeschoss liegen die Speisesäle *(Réfectoires)* mit Freskogemälden, eroberte Städte darstellend. — In der Küche zwei Kessel (marmites), welche 1200 Pfund Fleisch fassen.

Die Bibliothek enthält ungefähr 30 000 Bände, einen Reliefplan des Invaliden-Hôtels, eine kleine Reiterstatue des Marschalls Turenne und die Kugel, welche ihn am 27. Juli 1675 in der Nähe von Baden-Baden tödtete.

Im Rathssaale *(Salle du Conseil)* befinden sich Bildnisse verschiedener Marschälle, auch das Napoléon I. im Krönungsornat, von Ingres, und Ludwig XIV., sowie die Büsten Napoléon I. und III. und des Prinzen Jérôme. In dem Vorsaal sind Abbildungen von Wappen und Flaggen.

In dem obersten Stockwerk ist eine Sammlung von Reliefplänen französischer Festungen, welche aber nur vom 1. Mai bis 15. Juni mit besonderer Erlaubniss vom Kriegsministerium zugänglich ist.

Das **Musée d'Artillerie**, im Erdgeschoss rechts, ist Dienst., Donnerst. und Sonnt. 12—3 Uhr im Winter, und 12—4 Uhr im Sommer dem Publikum geöffnet. — Vom Eingange rechts der *Modell-Saal (Salle des Modèles)*, in welchem u. a. die Fahne der Jungfrau von Orléans. Die Fresken des Saals, Kriegsscenen aus Ludwig XIV. Zeit, sind von Van der Meulen. Weiter der *Saal der Rüstungen (Salle des armures)*, meist aus dem 15. und 16.

Jahrhundert, darunter die berühmten Rüstungen Franz I. und Heinrich II., von Mielich in München. — Es folgen zwei Säle mit Handwaffen (*Salles des armes portatives*). In einem Glasschrank die französischen Orden, Denkmünzen, Marschallstäbe. In einem andern der Mantel des Kaisers von China, 1858 im Sommerpalast zu Pecking geraubt, ein Meisterwerk der Stickerei. — Vom Vestibul führt ein Gang links zu einem Durchgang zwischen zwei Höfen: *Cour de la Victoire* und *Cour d'Angoulême*; in letzterem verschiedene Kanonen, unter welchen auch die 1797 auf Ehrenbreitstein eroberte, 13 000 kg schwere, «Vogel Greif», Hauptstück der kurtrierischen Artillerie. An der Wand die 180 m lange Kette, mit welcher 1683 die Türken bei der Belagerung von Wien einen Donau-Arm sperrten.

In den anstossenden Sälen **Galerie éthnographique)** 78 Gliederpuppen in Originalausrüstung, die Krieger der asiatischen, afrikanischen und australischen Länder darstellend. Eine Treppe hoch Sammlung der mittelst Figuren aufgestellten Trachten und Uniformen der Gallier, Römer, Griechen und der Franzosen seit dem siebenten Jahrhundert.

Die Kirche, **Eglise Saint-Louis,** ist an der Südseite der Cour d'honneur. In der Mittelarkade des ersten Stocks eine Statue Napoléon I. Im Mittelschiff der Kirche hängen erbeutete Fahnen, meist aus den afrikanischen, den Krim- und italienischen Kriegen. 1500 Fahnen aus den Siegen Napoléon I. sind am 30. März 1814 verbrannt worden, damit sie nicht in die Hände der einziehenden Verbündeten fielen, andere sind 1851 ein Raub der Flammen geworden. Die Denkmäler und die Tafeln an den Pfeilern erinnern an mehrere Marschälle und Gouverneure der Invaliden. In den unteren Gewölben sind unter anderen die Marschälle Mortier († 1835) und Saint-Arnaud († 1854) beigesetzt. Hinter dem Hauptaltar ist ein neues **Glasfenster** mit kolossaler Rosette, unter welchem eine (leider verschlossene) Thür in die Kaisergruft des Dôme des Invalides führt.

Der Invalidendom

(meist als *Tombeau de Napoléon* bezeichnet), an der Place Vauban, ist Mont., Dienst., Donnerst. und Freitag 12—3 Uhr geöffnet. Die Kirche, seit 1841 die Ruhestätte Napoléon I., im 17. Jahrh. gebaut, ist eine Hauptsehenswürdigkeit der Stadt und eines der schönsten kirchlichen Gebäude griechischen Stils. Die mächtige Kuppel, von vierzig korin-

Der Invalidendom.

thischen Säulen getragen, ist in zwölf Felder getheilt, die mit vergoldeten Trophäen geschmückt sind. Das Innere des Doms übt auf den Beschauer durch seine erhabene Einfachheit eine mächtige, zur Andacht stimmende Wirkung aus.

Das Grab des Kaisers befindet sich in der offenen Krypta unter der Kuppel hinter dem Hochaltar. Die Reste des Kaisers wurden 1840 von St. Helena abgeholt, aber erst unter Napoleon III., nach Fertigstellung des Grabes, hier beigesetzt.

Weisse Marmor-Reliefs von Simart und 12 Siegesgöttinnen von Pradier an den Granitwänden der Krypta. Im Mosaik am Boden die Namen Rivoli, Pyramides, Marengo, Austerlitz, Jena, Friedland, Wagram, Moskowa.

Links vom Eingange in der Kapelle das Grab von *Jérôme*, einst König von Westfalen, Bruder Napoléon I. In derselben Kapelle enthält ein anderes Monument die Reste des ältesten Sohnes Jérômes.

Etwas weiter links das Grab von *Turenne* († 1675) und ihm gegenüber das Grab *Vaubans* († 1707) mit liegenden Marmorbildnissen. Neben letzterem, in schönem Sarkophag, das Grab von *Joseph Napoléon*, dem Bruder Napoléon I.

Dem Eingange gegenüber, im Hintergrund der Kirche, ist der kostbare Hochaltar aus seltenem Marmor, mit vier gewundenen Säulen. Hinter demselben der geschlossene Eingang zur Krypta mit den Grabdenkmälern der dem Kaiser eng befreundeten Marschälle *Duroc* und *Bertrand* an beiden Seiten. Die Bronzethür trägt die Worte des Kaisers: «*Je désire, que mes cendres reposent sur les bords de la Seine, au milieu de ce peuple français, que j'ai tant aimé.*» (Ich wünsche, dass meine Gebeine an den Ufern der Seine ruhen, in der Mitte des französischen Volkes, das ich so sehr geliebt.) Neben der Thür zwei eherne Kolossalstatuen, von *Duret:* die bürgerliche und die kriegerische Stärke.

Von der Place Vauban, vor dem Invalidendom, sieht man den 35 m hohen Thurm des 547 m tiefen **Artesischen Brunnens** (*Puits Artésien de Grenelle*).

Palais de Justice.

Der alte, stattliche **Gerichts-Palast**, *Palais de Justice*, am Boulevard du Palais auf der Cité, ist der Sitz sämmtlicher Pariser Gerichte, ausser dem Friedens- und dem Handels-Gericht. Das Palais ist an allen Wochentagen geöffnet; öffentliche Verhandlungen finden 12—4 Uhr statt. Die grosse, fast zusammenhängende Gebäudemasse des Palais de Justice mit der Sainte-Chapelle, der Conciergerie und der Préfecture de Police, war bis auf Heinrich II. die königliche Residenz und später Sitz des Parlaments. Zwei grosse Feuersbrünste in den Jahren 1618 und 1776 zerstörten das ältere Gebäude bis auf drei Thürme an der Nordseite.

La tour de l'Horloge am Boulevard de Sébastopol, neben dem Pont au Change, mit einer grossen Uhr, neben welcher die Figuren der Gerechtigkeit und Frömmigkeit, von Pillon, ist in neuerer Zeit sorgfältig restaurirt worden. Das Gebäude zeigt jetzt in seinen Theilen den Uebergang der verschiedensten Bauperioden, von dem alten Baustil der Thürme bis zu der 1851 vollendeten neuen Façade. Das Palais ist 1871 von der Kommune hart mitgenommen worden, aber jetzt wieder hergestellt.

Der Haupteingang zum Palais de Justice ist von der *Cour du Mai* oder *Cour d'honneur* aus. Die schöne Façade zeigt über einer hohen Freitreppe vier dorische Säulen, über welchen die vier Statuen: Frankreich, der Ueberfluss, die Gerechtigkeit und die Klugheit. Das Ganze überragt ein ebenfalls mit Skulpturen geschmückter Dom. — Die Freitreppe führt zum Flur, in welchem mehrere Garderoben für die Advokaten und Justiz-Personen. Die Treppe in der Mitte, mit einer Statue der Justitia, führt zu den Sälen des Appellhofes (*Cour d'Appel*).

Dem Flure rechts folgend, gelangt man, wenn man einige Stufen erstiegen, in die Salle des Pas-Perdus, einem von *J. Desbrosses* nach der Feuersbrunst 1618 neu hergestellten Empfangssaal der Könige. Hier wurden ehemals die grossen Staatsfeste gegeben und auf einem ungemein grossen, hier befindlichen Marmortische die wichtigsten Staatsdokumente unterzeichnet. Es ist eine Halle mit zwei Schiffen, welche durch eine dorische Arkadenreihe von einander getrennt sind. Seit 1821 befindet sich hier das Denkmal Malesherbes, des Vertheidigers Ludwig XVI., von Bosio; er ist zwischen Frankreich und der Treue stehend dargestellt. Ein Basrelief am Denkmal zeigt Ludwig XVI. mit seinem Vertheidiger im Kerker. Einige Thüren führen in anstossende Sitzungssäle, in welche man ohne Weiteres treten kann.

Von der Salle des Pas-Perdus gehe man zurück in die *Galerie des Prisonniers* und folge dieser geradeaus bis zur *Galerie Dauphine*. Rechts ist die *Galerie Saint-Louis*, welche die Galerie des Prisonniers mit der Chambre correctionelle verbindet. Weiter geradeaus sind die 3 Säle des Kassationshofes, des höchsten Gerichtshofes in Frankreich. Dann die Galerie Dauphine, von welcher aus man zur Freitreppe der Rückseite des Palais kommt. Von hier gehe man wieder zurück, und von dem grossen Hofe aus wende man sich unter dem Säulengange rechts zur *Sainte-Chapelle* (s. S. 118). Gegenüber der Kapelle ist das Zuchtpolizei-Gericht (*Chambre correctionelle*), dessen Sitzungen 12—4 Uhr sehr besucht zu sein pflegen.

An der Nordseite des Palais de Justice erhebt sich das finstere Gebäude **la Conciergerie.** Die Wichtigkeit dieses Gefängnisses reicht weit in die Vergangenheit zurück. Hier wurde 1418 Armagnac mit seinen Anhängern niedergemacht; hier sass Marie Antoinette in den letzten Tagen vor ihrer Hinrichtung; ihre Zelle wurde 1871 völlig zerstört. Von hier aus betraten Bailly, Malesherbes, Desmoulins, Danton, Robespierre und viele Andere das Blutgerüst. Im September 1792 wurden hier 288 gefangene Royalisten vom Volke ermordet. — Jetzt dient das Gefängniss für die in Voruntersuchung befindlichen Verhafteten.

Sehr sehenswerth ist die im südlichen Hofe des Gerichtspalastes sich erhebende alte Schlosskapelle:

la Sainte-Chapelle

(täglich, mit Ausnahme von Montag und Freitag, 12—4 Uhr zu besichtigen; gegen Trinkgeld auch zu anderer Zeit), 1245—1248 im zierlichsten gothischen Stil von Pierre de Montereau erbaut, um hier die Reliquien, welche Saint-Louis in Konstantinopel 1241 erworben hatte, aufzubewahren. Es sind die Dornenkrone Christi, ein Nagel und ein Stück aus dem Kreuze Christi, und befinden sich jetzt in Notre-Dame. — Die Sainte-Chapelle besteht aus der dreischiffigen Chapelle basse und der einschiffigen Chapelle haute, welche fünfzehn nur durch schlanke Säulen getrennte hohe Fenster zählt. Die Fenster zeigen auf buntem Glase bildliche Darstellungen aus der Bibel und der Geschichte des heil. Ludwig. Die bunte, schön gezeichnete Rosette stammt aus der Zeit Karl VIII. Unter den Fenstern die Statuen der zwölf Apostel. Rechts eine kleine vergitterte Oeffnung, hinter welcher Ludwig XI. der Messe ungesehen beiwohnte. Zwei Wendeltreppen von vergoldetem Holz führen zur Krypta hinab, in welcher unter anderen Grabsteinen auch der des Dichters Boileau († 1711) gezeigt wird; der Dichter ruht jetzt in St. Germain de Prés. — Der pfeilartige, vergoldete Thurm ward erst 1853 auf die Kapelle gesetzt. Alljährlich wird nach den Gerichtsferien in der Kapelle ein feierliches Hochamt abgehalten.

Gegenüber dem Palais de Justice befindet sich das *Handelsgericht*, **Tribunal de Commerce**, 1860—1864 von Bailly erbaut. Im Innern führt eine monumentale Treppe mit Doppelaufgang in den ersten Stock, wo die Gerichtssäle. Im Treppenhaus vier Statuen in Nischen: der See- und Land-Handel, die industrielle und mechanische Kunst. Der grosse

Audienzsaal, im 1. Stock rechts, ist mit vier Bildern von *Robert Fleury* geschmückt: Einsetzung der Konsuln 1563; Ludwig XIV. unterzeichnet das Handelsgesetz 1675; Napoléon I. empfängt in Saint-Cloud die mit der Revision des Handelsgesetzes betraute Kommission; Napoléon III. weiht das Handelsgericht ein 1864.

Das **Palais Bourbon**

(Bezeichnung **Chambre des Députés** am Fries)

oder *Abgeordnetenhaus*, am Quai d'Orsay, gegenüber der Place de la Concorde, kann täglich besichtigt werden (Trinkgeld). Während der Kammersession dagegen ist nur das Anwohnen der Sitzungen gestattet, wozu Einlasskarten sehr schwer (am ehesten durch die Kanzlei der betreffenden Gesandtschaft) zu erlangen sind.

Das Gebäude wurde 1722 von der Herzogin von Bourbon angelegt und 1807 beendet. Im Giebelfeld über der Säulenstellung ein Basrelief, Frankreich mit der Verfassung, und von der Freiheit, Ordnung, Handel, Krieg u. s. w. umgeben, darstellend.

An der Freitreppe die Statuen der Minerva von Rolland und der Themis von Houdon, auf den Piedestals des Eisengitters die sitzenden Statuen von Sully, Colbert, L'Hôpital und d'Aguesseau. An den Wänden neben der Freitreppe zwei Basreliefs, das rechte von Pradier, das linke von Rude.

Den gewöhnlich benutzten Eingang in das Palais bildet das Thor in der Rue de l'Université. Das Basrelief des Giebels im Hofe stellt das Gesetz dar, welches Unschuld und Tugend beschützt. An beiden Seiten des Säulenganges die Statuen der Minerva und der Kraft; auf den Piedestals der Treppe die Marmorstatuen von Gayrard: Frankreich und das Gesetz. Der erste Saal ist la Salle des quatre Colonnes, nach den vier darin befindlichen korinthischen Säulen so genannt. In dem Salon de la Paix Bronzestatuen der Laokoon-Gruppe und der Minerva. Deckengemälde von Horace Vernet.

Der folgende grosse Sitzungssaal, la Salle des Séances, ist in Form eines Halbkreises gebaut, wird von zwanzig jonischen

Marmorsäulen gestützt und von oben beleuchtet. In zwei Nischen die Statuen der Freiheit und öffentlichen Ordnung, von Pradier. Ueber den Säulen, in der oberen Attika, die Statuen der Vernunft, Gerechtigkeit, Klugheit und Beredsamkeit. Neben dem Sitzungssaale: **Salle Casimir Périer**. Zwei Basreliefs von Triqueti: das rächende und das schützende Gesetz. Statuen: Mirabeau, Bailly, Casimir Périer und General Foy. — **Salle du Trône**, treffliche Fresken von Delacroix. — Der nächste Saal heisst la **Salle des Distributions**, weil hier alle Drucksachen, Kommissions-Berichte etc. an die Abgeordneten ausgetheilt wurden. Deckengemälde von Pujol. — Die **Salle des Conférences** mit geschichtlichen Gemälden von Heim. Auf Goldgrund allegorische Figuren, in Medaillons die Porträts berühmter Staatsmänner. Beachtenswerth ist am Ende dieses Saales der schöne Kamin aus grünem Marmor mit den kleinen Statuen des Ruhmes und der Geschichte. — In den **Saal der Bibliothek**, mit Gemälden von Delacroix, führt ein Flur mit den Statuen von Cicero und Demosthenes.

Unweit des Palais-Bourbon die Ruinen des mächtigen, durch die Kommune 1871 angezündeten Gebäudes, in welchem sich der Staatsrath und die Oberrechnungskammer befanden. Soll jetzt zu einem Kunstgewerbemuseum umgebaut werden.

Das **Palais de la Légion d'Honneur**, neben dem vorigen, wurde ebenfalls 1871 verbrannt, ist aber jetzt wieder hergestellt auf Kosten der Mitglieder der Ehren-Legion. Der Eingang ist Rue de Lille.

Das **Palais de l'Elysée** dehnt sich von der Rue du Faubourg Saint-Honoré nach den Champs-Elysées, 55 Avenue Gabriel, aus. Der Präsident der Republik bewohnt jetzt das Palais, welches 1718 erbaut ist und von Ludwig XV., Madame de Pompadour, Napoléon I., Wellington, Murat, der Herzogin de Berry und Ludwig Bonaparte nach einander bewohnt wurde. Hier fand die zweite Abdankung Napoléon I. statt, ebenso der Staatsstreich Napoléon III. am 2. Dezember 1851.

Das **Palais de l'Institut**, 21 Quai Conti, gegenüber dem Pont des Arts, kann täglich 11—1 Uhr, mit Ausnahme des Sonntags, besichtigt werden. Man wende sich an den Concierge (Trinkgeld).

Vor demselben eine **Statue der Republik,** von Soitoux; rechts davon, am Quai des Malaquais, eine **Statue von Voltaire,** von Caillé.

Das Palais bildet einen Kreisausschnitt mit korinthischer Säulenstellung und einer Kuppel in der Mitte, unter der sich der Sitzungssaal der Akademie befindet. Das Gebäude wurde durch Mazarin zu einem Kollegium für junge Leute aus den vier neuerworbenen Provinzen Elsass, Roussillon, Vignerol und Flandern auf der Stelle gegründet, wo das Hôtel de Nesle gestanden.

Rechts von der Säulenstellung der Eingang zum Hof, in welchem rechts und links korinthische Vorhallen, deren eine zur Bibliothèque Mazarine, die andere zum grossen Sitzungssaale der Akademie führt. Im zweiten Hofe führt eine Treppe zu dem kleineren Sitzungssaal, eine andere in die Bibliothèque de l'Institut.

Zweck des 1775 gegründeten «Institut de France» ist Förderung der Wissenschaften und Künste. Das Institut zerfällt in fünf Akademien:

1. Die Académie française, deren Hauptaufgabe die Revision des «Dictionnaire de la langue française», sowie die Vertheilung von literarischen und Tugendpreisen ist, besteht aus 40 Mitgliedern und hält jeden Montag um 3 Uhr eine öffentliche Sitzung. Ausserdem Jahressitzung im Mai.

2. Die Académie des inscriptions et belles-lettres fördert das Studium der alten und orientalischen Sprachen, der Archäologie etc.

3. Die Académie des sciences umfasst die mathematische und naturwissenschaftliche Abtheilung des Instituts.

4. Die Académie des Beaux-Arts fördert die schönen Künste: Malerei, Musik, Bildhauerei und Baukunst.

5. Die Académie des sciences morales et politiques beschäftigt sich mit philosophischen, juristischen, ökonomischen und politischen Fragen.

Die werthvolle Bibliothèque de l'Institut enthält ungefähr 60 000 Bände. In den Bibliothekräumen die schöne Statue von Voltaire, von *Pigalle*. Man erhält nur auf Empfehlung eines Akademikers Zutritt zur Bibliothek.

Die **Bibliothèque Mazarine,** im Palais de l'Institut, täglich von 10—3 Uhr für Jedermann zugänglich (Ferien von Mitte Juli bis 1. September), ist von Mazarin gegründet und zählt ungefähr 200 000 Werke und 4000 Manuskripte, unter denen viele Seltenheiten und Kuriositäten. Im Lesesaale sind die Büsten von Mazarin, Richelieu und Gabriel Naudé aufgestellt.

Hôtel de la Monnaie.

La Monnaie (die Münze) ist am Quai Conti 11, auf dem linken Ufer der Seine, zwischen dem Pont-Neuf und dem Pont des Arts. Die äusserst reichhaltige Münz- und Medaillen-Sammlung ist dem Publikum Dienstags und Freitags von 12—3 Uhr geöffnet. (Zur Besichtigung der Arbeitssäle, Dienstags und Freitags von 10—1 Uhr, bedarf es einer besonderen Erlaubniss, welche man auf ein schriftliches Gesuch an «Monsieur le Président de la Commission des Monnaies et Médailles» erhält.)

Das Hôtel de la Monnaie wurde 1768—1775 gebaut. An der Hauptfaçade, über der Säulenstellung, Statuen, den Frieden, den Handel, die Klugheit, das Gesetz, die Stärke und den Ueberfluss darstellend. Im Perystil des ersten und grössten der zwischen den Baulichkeiten befindlichen acht Höfe sind Büsten Heinrich II., Ludwig XIII., XIV. und XV. Auf dem Mittelpavillon der Façade der Rückseite, nach der Rue Guénégaud, die vier Statuen der Erde und Luft, des Wassers und Feuers.

Die **Münzsammlung** (*Musée des Monnais et des Médailles*) ist im oberen Stock; die Treppe rechts vom Eingang führt in die Ausstellungsräume. Rechts von der Vorhalle, in welcher Material für die Prägung, ein Kabinet mit antiken Münzen und Medaillen, im gegenüberliegenden Kabinet Briefmarken. In den weiteren Räumen der Sammlung sieht man Medaillen und Münzen der Merovinger, Karolinger und Capetinger, der Republik, des Kaiserreichs, der Linie Orléans, der Republik von 1848, der Präsidentschaft und des Kaiserreichs, auch fremde Münzen aller Welttheile in alphabetischer Ordnung der Staaten.

Sehr interessant ist ein Besuch der **Münzwerkstätten**. Im Hauptsaal sind 22 Maschinen in Thätigkeit. Vor den Augen der Besucher werden mit einem Schlage die Münzen, Vorder- und Rückseite, gefertigt. 60 Münzen werden in jeder Minute fertig, in einem Tage 26—27 000 Stück.

Manufacture des Gobelins.

Die *Manufacture de tapisserie des Gobelins*, 254 Avenue des Gobelins, ist Mittwoch und Sonnabend 2—4 Uhr im Sommer, und 1—3 Uhr im Winter zu besichtigen. Die Besichtigung der Anstalt ist ungemein lohnend. Es erscheint dem Beschauer fast unglaublich, dass die ausgestellten Kunstwerke nicht gemalt, sondern gewebt seien. Man sieht grössere kopirte Gemälde, Porträts, Blumen und Fruchtstücke mit unübertrefflicher Kunstfertigkeit ausgeführt. Die für das Gewebe verwendete Wolle hat jetzt in jeder Farbe 24 Abstufungen von hell zu dunkel, so dass der Effekt der Malerei täuschend nachgeahmt werden kann. Ueberall sind Bezeichnungen angebracht.

Jean Gobelin gründete im 15. Jahrh. eine Tapetenwirkerei, die unter Ludwig XIV. an den Staat überging. 1826 vereinigte man mit der nach dem Begründer «*Gobelins*» genannten Fabrik eine Teppichweberei, *la Savonnerie* genannt, weil sich diese von Maria von Médicis geschaffene Fabrik in Chaillot in einer früheren Seifenfabrik befunden hatte. Die Fabrikate beider Anstalten kommen nicht in den Handel, sondern werden nur von der Regierung zur Ausschmückung der Staatsgebäude und zu Geschenken an fremde Herrscher und an Kirchen verwendet.

Die Besichtigung der Anstalt beginnt mit den *Ateliers*. Im Erdgeschoss werden Teppiche gewebt, im ersten Stock befinden sich die Räume, in welchen Gemälde kopirt werden.

Denkmäler. Passagen. Märkte.

Denkmäler.

Ueber den **Arc de Triomphe de l'Etoile** siehe S. 68, den **Arc de Triomphe du Caroussel** S. 74, den **Obelisk** auf der Place de la Concorde S. 65, die **Vendôme-Säule** 63, die **Juli-Säule** S. 59, die **Porte Saint-Martin** S. 60, die **Porte Saint-Denis** S. 60 und die **Tour Saint-Jacques** S. 74.

Die **Reiterstatue Ludwig XIV.**, von Bosio, auf der *Place des Victoires*, unweit der *Banque de France*, wurde 1822 errichtet. Die Perrücke der für den kleinen Platz zu kolossalen Statue steht in grellem Widerspruch mit der antiken Tracht. Die Basreliefs am Piedestal stellen den Rheinübergang und des Königs Austheilung von Belohnungen an Soldaten dar. Eine früher hier aufgestellte Statue Ludwig XIV. wurde 1792 zerstört, 1793 durch eine Holzpyramide mit dem Namen der republikanischen Siege, 1806 durch eine Bronzestatue des Generals Desaix ersetzt, welche 1822 wiederum dem jetzigen Monument weichen musste.

Die **Reiterstatue Ludwig XIII.**, von Cortot und Dupaty, wurde unter Karl X. auf der *Place des Vosges* (bis 1870 *Place Royale*) errichtet. Die Rue de Birague, Nebenstrasse der Rue Saint-Antoine (welche in die Place de la Bastille mündet), führt zu dem stillen, gartenähnlichen Platze. An diesem Platze wohnte No. 21 Richelieu, No. 9 Marion de Lorme, und in neuester Zeit Victor Hugo, gegenüber Mlle. Rachel.

Die **Reiterstatue Heinrich IV.** steht auf der berühmten Brücke *Pont-Neuf*, welche über die beiden Arme der Seine führt. Maria von Médicis hatte hier auf Marmorgestell ein von Johann von Bologna gefertigtes Pferd aufstellen lassen, welches, nach erlittenem Schiffbruche auf dem Wege von Toscana, mit vielen Kosten 1614 in Paris ankam. Das Pferd blieb mehrere Jahre ohne Reiter, weshalb die Statue auch später noch allgemein «le cheval de bronze» genannt wurde. Erst 1635 ward die Figur Heinrich IV. aufgesetzt. Die Statue wurde 1792 zu Kanonen umgegossen und das jetzt hier befindliche, von Lemot gefertigte Standbild erst 1818 errichtet. Verschiedene eingeschmolzene Denkmäler Napoléon I. lieferten die Bronze zu demselben. Das Fussgestell ist aus weissem Marmor und trägt zwei *Basreliefs* aus Bronze, welche den Einzug Heinrich IV. in Paris und Heinrich IV., Brot an die Belagerten austheilend, darstellend.

Die **Statue des Marschalls Moncey**, der sich am 30. März 1814 bei der Vertheidigung der Barrière Clichy vor Paris auszeichnete, steht auf der *Place de Clichy*, wo die Boulevards de Clichy und des Batignolles zusammenstossen. Das Denkmal, eine schöne Bronzegruppe, stellt den Marschall dar, die französ. Fahne vertheidigend, neben ihm ein sterbender Soldat.

Passagen.

Paris zählt 180 **Passagen** und **Galerien**, welche namentlich des Abends ein lebendiges Bild gewähren, und bei schlechtem Wetter zur Promenade benutzt werden. Die belebtesten und sehenswerthesten sind (in alphabetischer Ordnung):

Passage du Caire, zwischen der Rue Saint-Denis (No. 333) und der Place du Caire (No. 2), mit zwei Seitenwegen nach der Rue du Caire und der Rue des Filles-Dieu.

Passage Choiseul führt von der Rue Neuve-des-Petits-Champs (No. 44) zu der Rue Neuve-Saint-Augustin (No. 19), beim Théâtre des Italiens, und wird gekreuzt von der *Passage Sainte-Anne*, welche nach der Strasse gleichen Namens und nach der Rue Dalayrac führt. Sehr belebt. Théâtre des Bouffes-Parisiens.

Passage Colbert verbindet die Rue Neuve-des-Petits-Champs (No. 6) mit der Rue Vivienne.

Passage Jouffroy, gegenüber der Passage des Panoramas, führt vom Boulevard Montmartre (No. 10) nach der Rue Grange-Batelière. Restaurants; deutsches Lesekabinet eine Treppe hoch.

Passage des Princes verbindet den Boulevard des Italiens mit der Rue Richelieu. Lager österreichischer Glas- und Porzellanwaaren.

Passage de l'Opéra erstreckt sich vom Boulevard des Italiens (No. 2) bis zur Rue Lepelletier. Sie enthält zwei grosse Galerien: *Galerie du Baromètre* und *de l'Horloge*.

Passage des Panoramas, gegenüber Passage Jouffroy, Boulevard Montmartre (No. 11), hat mehrere Ausgänge, und zwar: nach der Rue Vivienne, Rue Saint-Marc und Rue Montmartre.

Passage du Saumon, eine der ausgedehntesten und belebtesten Passagen, leitet von der Rue Montmartre (No. 80) zur Rue Montorgueil. Nebenzweige der Passage führen nach der Rue Saint-Sauveur und der Rue Mandar.

Passage Véro-Dodat verbindet die Rue Grenelle-Saint-Honoré mit der Rue Croix-des-Petits-Champs.

Passage Vivienne geht von der Rue Vivienne nach der Rue Neuve-des-Petits-Champs und gehört zu den elegantesten und belebtesten Passagen in Paris.

Märkte.

Fast alle Stadtgegenden besitzen eigene Markthallen, jedoch hauptsächlich für den Kleinhandel. Der Grosshandel, die Zufuhren aus der Umgegend, aus dem In- und Auslande drängen sich auf den uralten **Halles Centrales** zusammen, welche Napoleon III. mit einem Aufwande von 60 Millionen gänzlich umbauen und erweitern liess. Hauptsächlich auf diesen Centralhallen haben jetzt 3—4000

Marktweiber (Dames de la Halle) ihren Sitz, welche bei der ersten Revolution und auch sonst eine politische Rolle spielen.

Die *Halles Centrales* bilden ein Langeck neben der Kirche Saint-Eustache und bestehen aus 10 durch breite Durchgänge geschiedenen Abtheilungen (Pavillons), überwiegend aus Eisen und Glas erbaut. Ein 30 m breiter Hauptdurchgang, von der Pointe Saint-Eustache nach der Rue de Pont-Neuf, scheidet das Ganze in zwei Gruppen. Jeder Pavillon hat 250 Verkaufstände. Mit den zwei noch zu erbauenden Abtheilungen werden die Halles Centrales eine Fläche von 88 000 qm bedecken. In den Central-Hallen wird sowohl der Engros- wie der Détail-Handel betrieben. Jeder Pavillon ist für eine besondere Kategorie von Lebensmitteln bestimmt. Ein Gang, jedoch am besten Morgens von 6—8 Uhr, durch die verschiedenen Pavillons wird dem Fremden ein Bild von dem grossartigen dortigen Treiben geben. Um Mitternacht fangen die Zufuhren an; um 8 Uhr Morgens müssen die Engros-Käufe beendet sein, und der Détail-Verkauf beginnt.

Vier Steintreppen führen in die Kellerräume, welche 1200 Abtheilungen, grosse Fischbehälter u.s.w. haben.

Die **Kirche Saint-Eustache**, neben den Central-Hallen, wurde 1532—1641 erbaut. Der Grundriss und das Gerippe sind gothisch, Formgebung und Verzierungen aber Renaissance. Das 1752 an der Westseite angefügte Hauptportal sticht durch seine jonischen und dorischen Säulenstellungen ganz von dem Uebrigen ab. Das Innere besteht aus fünf Schiffen und macht einen imposanten Eindruck. Die 24 Kapellen rings um die Kirche sind mit schönen Fresken reich geschmückt. Man beachte namentlich den *Hochaltar* aus Marmor, die *Marien-Kapelle* hinter dem Chor, mit der Statue der heil. Jungfrau, von Pigalle, Fresken von Couture und schönen Glasgemälden. — In der Kapelle nebenan das Grabdenkmal des Finanzministers *Colbert* († 1683) mit knieender Marmorfigur, von Coysevox. — Die 4. Kapelle von dieser ist der *heil. Genofeva* geweiht und besitzt ein prächtiges Gemälde von Santi di Tito († 1603): Tobias und der Engel. — Die nächste Kapelle, *Saint-Louis*, enthält das Bild «Christus im Grabe», von Lenoir. — Die 5. Kapelle links vom Schiffe ist *Saint-Eustache* geweiht und enthält dessen Reliquien, sowie Fresken von Le Hénaff, das Leben des Heiligen darstellend. — Das kurze *Querschiff* ist mit Wandgemälden (vier Medaillons auf Goldgrund, Gerechtigkeit, Mässigkeit, Göttliche Kraft und Klugheit darstellend), Statuen der zwölf Apostel und Basreliefs geschmückt. — Man beachte auch die Kanzel mit schönen Holzschnitzereien und die prächtige Orgel. Saint-Eustache ist an den hohen Festtagen der guten Musik wegen eine der besuchtesten Kirchen.

In der Nähe der Halles Centrales steht die schöne **Fontaine des Innocents,** in der Mitte eines Square, neben der Rue Saint-Denis, eine der ältesten Fontainen von Paris; sie bestand schon im 13. Jahrhundert, wurde 1550 umgebaut und mit schönen Skulpturen von Jean Goujon geschmückt.

Die **Halle au blé** *(Getreidehalle)* in der Rue de Viarmes, nahe den Halles Centrales, ist ein rundes Gebäude mit 25 Eingangsthüren und einer mächtigen Kuppel. Die Rotunde misst im Durchmesser 42 m und ist $32^1/_2$ m hoch. An der Gaslaterne im Mittelpunkt ein achtfaches Echo.

Die Weinhalle **(Halle aux vins** oder *Entrepôt des vins)* bildet, neben dem Jardin des Plantes, am Quai Saint-Bernard, ein Viereck von 134 000 qm, das einem Park mit Häuschen gleicht, aber in seinen Kellereien 1 Million Hektoliter Wein und 150 000 Hektoliter Branntwein beherbergt. Das Ganze ist durch eine Mauer verwahrt, da die Steuern erst bei der Ausfuhr aus diesen Freilagern erhoben werden.

Die grössten **Blumenmärkte** *(Marchés aux fleurs)* sind: Place Lobau und Quai de l'Hôtel de Ville (Mittw., Sonnab.); an der Madeleine-Kirche (Dienst., Freit.); Boulevard Saint-Martin beim Château d'eau (Mont., Donnerst.); Place de Saint-Sulpice (Mont., Donnerst.).

Der *Vogelmarkt* **(Marché aux oiseaux)** ist in der Rue Montgolfier auf dem Marché Saint-Martin (Sonntags).

Zu erwähnen sind noch: die *Lederhalle* **(Halle aux cuirs)**, Rue du Fer à Moulin, und der *Pferdemarkt* **(Marché aux chevaux)**, Boulevard de l'Enfer (Mittw. und Sonnab. und am ersten Montag jedes Monats).

Der ausgedehnte **Marché du Temple** in der Rue du Temple befasst sich namentlich mit Ein- und Verkauf alter und neuer Kleidungsstücke, Leinwand, Wäsche u. s. w. Die alten Hallen sind 1863—65 durch Neubauten ersetzt, aber der Markt mit seinen 2400 Verkaufsbuden bietet noch heute vielfältigen Stoff zu Romanen, die das Elend und das Verbrechen der französischen Hauptstadt schildern.

Daneben, auf dem Square du Temple, die **Statue** *des Liederdichters Béranger*, von Doublemard.

Kirchen.

Ueber die **Madeleine-Kirche** s. S. 64, das **Panthéon** (*St. Geneviève*) S. 102, **Saint-Eustache** S. 126, **Dôme des Invalides** S. 114, **Kirche Saint-Louis** S. 114, **Sainte-Chapelle** S. 118, **Chapelle Saint-Ferdinand** S. 77.

Paris besitzt eine grosse Zahl von Kirchen, welche durch Architektur, Kunstwerke oder historische Erinnerungen höchst beachtenswerth sind. Wenigstens eine Seitenthür steht an jeder Kirche den ganzen Tag offen.

Sonntag 10 Uhr Vorm. wird das Hochamt, vielfach mit Musikbegleitung, gesungen. In *Notre-Dame*, *Saint-Eustache*, *Saint-Roch* und *Madeleine* findet an hohen Festtagen Gottesdienst mit herrlicher Musikaufführung statt, bei welchem die Sologesänge von den bedeutendsten Künstlern in Paris vorgetragen werden. Näheres hierüber in dem an den Kirchthüren verkauften Wochenblatt «La semaine religieuse».

Notre-Dame de Paris,

die weltberühmte Kathedrale von Paris, an der südöstlichen Spitze der Cité, Place du Parvis. Auf dem Platze vor der Kirche das *Reiterstandbild Karls des Grossen*, von Rochet. Die Gitter in der Kirche, welche zum Chor und zu den Kapellen im Rundgange des Chors führen, sind in der Woche nur 6—10 Uhr früh und Nachmittags von 1 Uhr ab, an Sonn- und Festtagen bis zur Beendigung des Gottesdienstes geöffnet (50 cent.). Der Kirchenschatz (*le trésor*) mit den Reliquien ist an allen Wochentagen 10—4 Uhr zu besichtigen (50 cent.). Man wende sich an den Kirchendiener, am Gitter des Rundgangs rechts vom Chor, oder man läute an der dort befindlichen Glocke. — Für die Besteigung der Thürme zahlt man 20 cent., für Besichtigung der grossen Glocke, auf halbem Wege zum Thurm, ebenfalls 20 cent. Der Aufgang ist ausserhalb der Kirche rechts vom Eingange.

Notre-Dame, das schönste gothische Baudenkmal Frankreichs, wurde im 4. Jahrhundert begründet; doch ist der jetzige Bau erst 1161 durch den Bischof Sully begonnen. Die Kirche ist in Kreuzform, 133 m lang und 48 m breit; die Höhe des Schiffes beträgt 35 m und die der Thürme 69 m.

Die Façade und überhaupt das gesammte Gebäude zeichnet sich durch eine bei gothischen Kirchen seltene Einheitlichkeit des Stils aus. Die drei Portale sind ungemein reich mit Bildwerken ausgestattet. Im mittleren Portal ein segnender Christus. — Darüber eine kleine Säulengalerie, in deren 28 Nischen die Statuen der Könige Frankreichs von Childebert bis Philipp August (1223); die alten im 13. Jahrhundert aufgestellten Statuen der jüdischen Könige wurden 1793 zerstört. Ueber den Königsstatuen Adam und Eva, in der Mitte die heil. Jungfrau zwischen zwei Engeln. Eine mächtige Rosette, deren Durchmesser 11 m beträgt, ist in der Mitte. Darüber eine Galerie mit Arkaden, welche die Plattform tragen.

Die **Thürme** werden zu den Merkwürdigkeiten von Paris gezählt; 368 Stufen führen zur Plattform. Von oben herrliche Aussicht auf die ganze Stadt. Im südl. Thurm die grösste Glocke Frankreichs; sie wiegt 16 000 kg, der Schwengel allein 488 kg, und hat 2,60 m im Durchmesser. — Der neue Dachreiter (*la flèche*) auf der Vierung ist 95 m hoch, ganz aus Eichenholz und mit Blei gedeckt.

Das **Innere** der Kirche wirkt gewaltig. Mittelschiff und Chor sind auf beiden Seiten von je zwei Seitenschiffen umgeben. Die kühnen Gewölbe ruhen auf 21 grossen Pfeilern. Ueber den Seitenschiffen eine Tribüne mit 108 kleinen Säulen, jede aus einem einzigen Stein gemeisselt. Das Licht fällt durch drei Rosetten (mit schöner Glasmalerei) und durch 113 Fenster in die Kirche ein. Prächtige neuere Orgel mit 86 Registern und 6000 Pfeifen. Der *Chor* wird vom Schiffe durch ein schönes Gitter getrennt. An der Chorumfassung Basreliefs von hohem Kunstwerth. Im Querschiff auf zwei schwarzen Marmortafeln die Namen derer, die 1871 als Opfer der Commune gefallen sind. In der 4. Kapelle des Chors rechts die Denkmäler des Kardinal Morlot und des Erzbischofs Darboy, letzterer ein Opfer der Commune. Im *Sanctuarium* sieht man hinter dem prächtigen Tabernakel des reich vergoldeten Hochaltars die Statuen Ludwig XIII. und Ludwig XIV. Dahinter eine meisterhafte Marmorgruppe, eine Pieta, unter dem Namen ‹Voeu de Louis XIII.› bekannt, von N. Coustou.

In der neu angebauten *Sakristei*, rechts vom Chor, wird der **Kirchenschatz** aufbewahrt. Ein byzantinisches Kreuz in Schmelz, ein ebensolcher und ein mittelalterlicher deutscher Kelch sind das Werthvollste der Sammlung. Ausserdem neuere kostbare Messgewänder, der Krönungsmantel Napoléon I., blutige Gewänder des 1871 auf Befehl der Commune gemordeten Erzbischofs. Die Reliquien (Stück vom Kreuze und der Dornenkrone, ein Nagel) werden an den Freitagen in der Fastenzeit öffentlich ausgestellt.

Im Osten der Kirche die **Place Notre-Dame,** auf welcher eine Fontaine mit der Statue der heil. Jungfrau und allegorischen Figuren.

Unweit davon, an der östlichen Spitze der Insel, bei der Neuen Brücke Saint-Louis, liegt die **Morgue,** ein Gebäude, in welchem die aufgefundenen, unbekannten Leichen drei Tage öffentlich ausgestellt werden. Man sieht dieselben durch eine Glaswand auf Marmortischen liegen.

Gegenüber der Notre-Dame-Kirche das grosse, neu umgebaute **Hôtel-Dieu**, das älteste und grösste öffentliche Krankenhaus in Paris.

Gegenüber der Brücke Saint-Michel, bei dem Boulevard gleichen Namens, ist die schöne **Fontaine Saint-Michel**, welche einen Triumphbogen von 26 m Höhe darstellt, mit der Gruppe: St. Michael mit dem Drachen. Zu Füssen des Monuments zwei wasserspeiende Ungeheuer.

Vor der Madeleine-Kirche stehend, erblickt man links, am Boulevard Malesherbes, die Kirche **Saint-Augustin**, 1860—1868 erbaut. Eigenthümliche, durch den Bauplatz bedingte Form. Ueber den drei Portalbogen ein Fries mit den Statuen Christi und der 12 Apostel. Im Innern schöne Gemälde über der Eingangsthür, in der Kuppel und in der Kapelle der heil. Jungfrau.

Chapelle expiatoire *(Sühne-Kapelle)*, Ecke des Boulevard Haussmann und der Rue d'Anjou Saint-Honoré, unweit der Madeleine-Kirche. Die Kapelle ist auf dem ehemaligen Magdalenen-Kirchhofe von Ludwig XVIII. zum Andenken an Ludwig XVI. und Marie Antoinette errichtet; gegen ein Trinkgeld (50 cent.) zugänglich. Das Monument ist in Form eines Kreuzes erbaut und der Eingang, über welchem eine Inschrift, ist einem antiken Grabgewölbe ähnlich. Im Innern zwei Marmor-Gruppen, rechts: Ludwig XVI. steigt, von einem Engel unterstützt, zum Himmel empor, von Bosio; links: Marie Antoinette wird von der Religion aufgerichtet. Unter der ersten Gruppe ist der letzte Brief der Königin vom 16. Oktober 1793, unter der zweiten das Testament des Königs. —

Die Asche des Königspaares wurde 1815 in der Königsgruft in Saint-Denis beigesetzt.

Sainte-Clotilde, Place Bellechasse, Rue Saint-Dominique, 1846—57 von Gau (aus Köln) und Ballu im goth. Stil erbaut. Im Innern schöne Glasfenster, von denen ein Theil durch eine Pulverexplosion 1871 zertrümmert wurde, beachtenswerthe Freskomalereien und kunstvoll geschnitzte Chorstühle.

Saint-Etienne du Mont, beim Panthéon, auf der Place Sainte-Geneviève, unter Franz I. 1517 im Bau begonnen, gehört in ihrem Baustil verschiedenen Jahrhunderten an. Das sehenswerthe Innere besteht aus drei Schiffen und einem Oberschiff. Der Chor wird vom Schiff durch einen bemerkenswerthen Lettner (jubé) getrennt. In der ersten Kapelle des Rundgangs um den Chor ist das Grab mit den Reliquien der heil. Genofeva († 512), der Schutzheiligen von Paris, zu der Viele wallfahren. — In der dritten Kapelle rechts vom Schiff auf Marmortafeln die Namen berühmter Männer, welche in dieser Kirche beerdigt wurden: Chlodwig I., Racine, Pascal, Lesueur, u. a. — Man beachte die Kanzel, von einem Simson getragen, und die Fenster mit Glasgemälden von den besten Meistern des 16. und 17. Jahrh. Am Eingange der Kirche wurde 1857 der Erzbischof von Paris, Sibour, von einem fanatischen Priester ermordet.

Saint-Germain des Près, am gleichnamigen Platze in der Rue Bonaparte, ist die älteste Kirche von Paris, 1001—1163 erbaut, aber völlig restaurirt, nachdem sie lange Zeit als Salpeterfabrik gedient hatte. Sie gehörte ursprünglich zu der berühmten Abtei gleichen Namens. Der Chor, im Innern der Kirche, besteht aus zwei Theilen. Im vorderen Raume der Hochaltar aus Marmor, rechts und links Gemälde von Flandrin: Einzug Christi in Jerusalem und die Kreuztragung. Im hinteren Theil der Kirche die Apostel-Kapelle, über den Bogen die 12 Apostel und die symbolischen Zeichen der vier Evangelisten. Die Marmorsäulen stammen aus der ursprünglichen Kirche, die Glasfenster sind neu. Hinter dem Hochaltar die Kapelle Notre-Dame mit den Reliefs: Anbetung der Weisen und Darstellung im Tempel. — Im Schiff ein langer Fries, von *Flandrin* trefflich gemalt; über dem Fries biblische Personen. — Rechts von der Eingangsthür die Statue «Notre-Dame la Blanche», eine vielverehrte Madonna aus dem 14. Jahrh. — Im rechten Querschiff, 1. Kapelle: Marmorstatue der heil. Margarethe über dem Altar, Mausoleum von Castellan aus dem 17. Jahrh.; 2. Kapelle: Grabdenkmal des schottischen Prinzen Douglas; 3. Kapelle: Marmortafeln mit den Namen hier begrabener Männer. — Im linken Querschiff, 1. Kapelle: Statue des hl. Franz Xaver (von Coustou), Mausoleum des Königs von Polen, Jean Casimir, aus dem 17. Jahrh., hübsche Wandmalereien; 2. Kapelle: Grabdenkmal eines anderen schottischen Prinzen Douglas; 3. Kapelle: Marmortafel zur Erinnerung an Boileau, dessen Leichnam in dieser Kirche beigesetzt ist. — Gegenüber der Kanzel ist das Grabdenkmal des Malers Flandrin († 1864).

Unweit der Kirche, an der Kreuzung des Boulevard Saint-Germain und der Rue de Rennes, die *Statue Diderots* in sitzender Darstellung.

Saint-Germain l'Auxerrois, gegenüber der Kolonnade (Ostseite) des Louvre, bei der Rue de Rivoli, stammt aus dem 13. Jahrh., die Façade aus dem 15. und 16. Jahrh. Unweit der Kirche fiel der Admiral Coligny in der Bartholomäusnacht. Am 14. Februar 1831 brach das Volk während eines für den Herzog von Berry abgehaltenen

Seelenamtes in die Kirche ein und verheerte sie. Von da bis 1838 blieb sie geschlossen, ist aber seitdem nach dem ursprünglichen Plane völlig restaurirt.

Saint-Gervais et Saint-Protais, hinter dem Hôtel de Ville, an der Place Lobau, ist eine 1212 bis 1420 errichtete gothische Kirche, deren Portal für ein Meisterwerk französ. Renaissance gehalten wird. In den Nischen des ersten Stockwerks sind die Statuen des heil. Protasius, von Moine, und des heil. Gervasius, von Préault. Die beiden kolossalen Figuren neben den korinthischen Säulen sind von Jouffroy und Dantan. — Im Innern beachte man das schöne Glasfenster in der zweiten Chor-Kapelle rechts, von Jean Cousin, das Urtheil Salomonis darstellend. In der Kapelle des heil. Laurentius ist ein Basrelief aus dem 13. Jahrh.: Christus empfängt die Seele Mariä nach deren Tode. Links vom Chor ist ein Christus am Kreuz, von Préault. Die Marien-Kapelle am Ostende der Kirche enthält Fresken von Delorme. In den Seiten-Kapellen rechts ist das Mausoleum des Kanzlers Le Tellier, nebenan eine kolossale Kreuzabnahme von Gois. In der Kapelle am Querschiff links trägt ein Gemälde flandrischer Schule, die Passion darstellend, irrthümlich die Inschrift: Peint par Albert Durer.

Saint-Laurent, Boulevard de Strasbourg und Rue du Faubourg Saint-Martin, nahe dem Ostbahnhof, ist eine der ältesten Kirchen in Paris, da ihrer bereits 593 Erwähnung geschieht. Sie ist oft umgebaut und neuerdings restaurirt worden. Der Chor, von 11 Kapellen umgeben, ist von Blondel, der Hochaltar von Lepautre ausgeführt. Das Bild «Martyrium des heil. Laurentius» ist von Greuze. Hinter dem Chor die Kapelle «Notre-Dame des Malades». In der Kapelle vor dem Querschiff schöne, neuere Wandmalerei, von Bremond.

Saint-Merri, 78 Rue Saint-Martin, wurde 1520 im Bau begonnen, aber erst 1612 vollendet. Elegantes Portal. Im Chor der Hochaltar, über welchem Christus am Kreuz und zwei Engel, aus Marmor, schönes Werk von Dubois (1861—66). Man beachte die Säulen-Kapitäle, die Glasfenster von Pinaigrier (16. Jahrh.), zwei Gemälde an beiden Seiten des Chors: die heil. Jungfrau und der heil. Karl Borromäus, von Vanloo, viele Fresken.

Notre-Dame de Lorette, am nördl. Ende der Rue Lafitte, in Form einer röm. Basilika 1824—1836 erbaut. Ueber dem Portal Skulptur: Christus mit Engeln, und darüber die Statuen: Glaube, Liebe, Hoffnung. — Das Innere ist überreich an Ornamenten und Vergoldung; Chor, Schiff und Kapellen sind mit Fresken geschmückt. Fast alle Gemälde sind mit Inschrift versehen.

Notre-Dame des Victoires, oder *les Petits-Pères* genannt, an der Place des Petits-Pères, nahe der Place des Victoires. Sehr besuchte Wallfahrtskirche, 1629—1740 erbaut zur Erinnerung an die Einnahme von La Rochelle. — Die Kirche hat ein Schiff und sechs Kapellen. Rechts im Querschiff prächtige Kapelle der heil. Jungfrau, reich geschmückt mit Votivtafeln. In der 1. Kapelle rechts ist ein sitzender Petrus aus Bronze (Kopie der in der Peterskirche von Rom befindlichen Statue), Gegenstand besonderer Verehrung. In der Kapelle daneben ein prachtvoller St. Josephsaltar. In der 2. Kapelle links das Grabdenkmal des Komponisten Lulli († 1687).

Saint-Roch, 296 Rue Saint-Honoré, nicht weit vom Tuileriengarten und Palais-Royal, 1653—1740 erbaut. Vorzügliche Kirchenmusik. (Messe mit Musikbegleitung Sonntags 10 Uhr Vorm.) Von der Treppe der Kirche liess Bonaparte am 13. Vendémiaire des Jahres IV. (3. Oktober 1795) auf die Insurgenten, welche gegen den Nationalkonvent aufgestanden waren, mit Kartätschen schiessen. Damals war vor der Kirche ein (jetzt bebauter) grosser Platz, der sich bis zu den Tuilerien ausdehnte.

Im Innern meldet links vom Eingange eine Marmortafel an einem Pfeiler unter der Orgel, dass P. Corneille († 1684) in dieser Kirche beerdigt wurde. Die Kirche hat 21 Kapellen (18 Seitenkapellen und 3 Kapellen hinter dem Chor). In den Seitenkapellen Monumente berühmter Personen; in der 2. Kapelle links eine Inschrift zur Erinnerung an Bossuet, in der 5. Kapelle links das Denkmal des Abbé de l'Epée, des berühmten Begründers der Taubstummen-Anstalt. In der 1. Kapelle rechts das Grabmal des Kanzlers Maupertuis († 1759), des Kardinals Dubois († 1729), des berühmten Gärtners Le Nôtre († 1700); in der 2. Kapelle rechts das Grabmal des Herzogs von Créqui († 1678), gefertigt von Coustou und Coysevox. — Hinter dem Chor eine grosse und zwei kleinere Kapellen. In der grösseren ein Freskogemälde in der Kuppel und recht beachtenswerthe Oelgemälde. In der zweiten Chorkapelle zwei moderne Glasfenster, den Erzbischof Affre und Saint-Denis darstellend. Die 3. Kapelle, *la chapelle du Calvaire* (man tritt durch eine kleine Thür hinein), macht mit ihren schönen Steingruppen, effektvoll von oben beleuchtet, einen bedeutenden Eindruck, welcher in der Charwoche durch besondere Dekoration noch gehoben wird.

Église Russe *(Russische Kirche)*, Rue de la Croix du Roule, zwischen dem Arc de Triomphe und dem Parc de Monceaux, 1859—1861 erbaut. Die Kirche kann Sonnt., Mittw. und Freit. gegen 11 Uhr und Sonnt. und Donnerst. 3—5 Uhr besichtigt werden (25 — 50 cent. Trinkgeld). Die Kirche ist in Form eines griechischen Kreuzes erbaut, und trägt eine vergoldete, weithin sichtbare Kuppel; an jeder der 4 Hauptecken kleinere Kuppeln. Das Innere besteht aus Vorsaal, Schiff und Chor, und ist mit vielen Fresken geziert. In der Hauptkuppel ein Christus mit russischen Inschriften. Auf dem *Ikonostas*, der Wand zwischen Schiff und Chor, die Bilder Christi, der heil. Jungfrau, St. Michaels und einiger russischen Heiligen.

Sorbonne, *Kirche der*, an der Place de la Sorbonne 13 und 15, ist auf Veranlassung von Richelieu 1635 erbaut. Die Kirche gehört zu der *Sorbonne*, der Pariser Universität, welche ihren Namen von dem Begründer *Robert Sorbon* führt. In der Façade der *Kirche* vier Statuen: Unten rechts Gerson, links Bossuet, oben rechts Lombard, links Thomas d'Aquin. In der Vorhalle der Kirche die vier Statuen der Religion, Theologie, Wissenschaft und Philosophie. Im Innern der Kirche sind die Strebebogen der Kuppel mit Fresken von Phil. de Champaigne geschmückt. Besonders beachtenswerth im Querschiff rechts das Marmor-Grabdenkmal des Kardinals Richelieu, von Girardin.

Saint-Sulpice, auf dem gleichnamigen Platze, nicht weit vom Palais du Luxembourg, 1646 begonnen, jedoch erst 1745 vollendet, mit zwei ungleichen Thürmen. Die Hauptfaçade ist ein dorisch-jonischer Säulengang, über welchem die Thürme (70 m hoch) aufsteigen. Neben den Eingangsthüren die sitzenden Statuen St. Petrus und St. Paulus, von Thomas. Am westlichen Eingange der Kirche zwei Weihwasserbecken aus Muscheln (Geschenk der Republik Venedig an Franz I.) auf weissen Marmorfelsen, von Pigalle. Korinthische Pfeiler tragen das Mittelschiff; im Chor der schöne

Hochaltar und die Statuen: Christus, Maria, Engel und Apostel, von Bouchardon. — 18 Kapellen umgeben Schiff und Chor. Hinter dem Hochaltar die Kapelle der heil. Jungfrau mit der Marmorgruppe: Maria mit dem Christuskind, eigenthümlich beleuchtet, von Pigalle. Das Freskogemälde in der Kuppel ist von Lemoine. Ueber der Sakristei an der rechten Seite die sitzende Statue des heil. Sulpitius. In der Trauungskapelle an der linken Seite (meist geschlossen) ein schönes Glasgemälde, über der Kapelle die sitzende Statue St. Petrus. Durch die 1. Kapelle links gelangt man in die Taufkapelle. — Die Orgel gehört zu den Seltenheiten, sie hat 5 Klaviaturen, 118 Register, 2 Pedale und 7000 Pfeifen. In den Kapellen schöne Wandgemälde, von Delacroix, Hesse, Heim, Pujol u. a. — In der 1. Kapelle rechts: Jakobs Kampf mit dem Engel, und Heliodors Vertreibung aus dem Tempel, von Delacroix; in der 2. Kapelle rechts: Die Religion tröstet einen Sterbenden, und das Gebet für den Verstorbenen, von Heim. Die Wandgemälde in dem rechten Querschiff stellen Himmelfahrt und Auferstehung dar.

Auf dem Platze vor der Kirche die **Fontaine Saint-Sulpice**, 1847 nach *Viscontis* Plan angelegt. In den Nischen die Statuen der berühmten Kanzelredner: Bossuet, Fénélon, Massillon und Fléchier.

Das von einem Garten umgebene grosse Gebäude an der Südseite ist das *Seminar Saint-Sulpice*. In den Läden dieser Stadtgegend vielfach kirchliche Statuen, Gemälde, Gefässe, Gewänder, reiche Druckwerke u. s. w., oft von künstlerischem Werthe.

La Trinité, Rue Saint-Lazare, gegenüber der Rue de la Chaussée d'Antin, von *Ballu* 1867 vollendet. Die Façade, im Renaissancestil, besteht aus drei Portalen, über welchen ein Stockwerk mit einer Fensterrose in der Mitte und darüber ein 65 m hoher Glockenthurm. Im Innern beachte man die Gemälde des Schiffs und der Kapelle der heil. Jungfrau, die neuen Skulpturen und Glasfenster.

Vor der Kirche ein 3000 m umfassendes Square mit drei Fontainen.

Le Val de Grâce, 279 Rue Saint-Jacques (linkes Ufer der Seine), wurde von Anna von Oesterreich gegründet; Ludwig XIV. legte 1645 als siebenjähriger Knabe den Grundstein. Auf dem Hofe vor der Kirche steht links eine der letzten Arbeiten von David d'Angers, die Bronze-Statue des Arztes Larrey, mit Reliefs am Sockel. Im Innern der Kirche Fresken in der Kuppel, von Mignard. Die Komposition besteht aus mehr als zweihundert Figuren. Die Kirche enthält das Grabmal der Königin Henriette, Gemahlin Karl I., von England.

Saint-Vincent de Paul, an der Place La Fayette, nahe dem Nordbahnhof, wurde 1824—1844 von Hittorf und Lepère erbaut. Eine amphitheatralisch aufsteigende Doppelrampe führt zur Vorhalle. Diese wird von 12 jonischen Säulen getragen, darüber das Giebelfeld mit einem Basrelief, die Apotheose des heil. Vincenz von Paula darstellend. Ueber dem Giebelfelde ein Aufsatz, der an seinen Endseiten von Pilastern eingeschlossen wird. Die zwei viereckigen Thürme haben 54 m Höhe. Zwischen ihnen die Statuen der vier Evangelisten. In den Nischen St. Petrus und St. Paulus. Im Innern der Kirche beachte man die schöne Säulenreihe, den gemalten Fries, ein Meisterwerk von Hipp. Flandrin. In der Kuppel des Chors ein Gemälde von Picot: Christus auf dem Throne. Bemerkenswerth ist der Hochaltar, die Kanzel, die Glasmalereien von Maréchal, der schöne Taufstein in der ersten Kapelle rechts, mit der Statue Johannes des Täufers, und in der Kapelle der heil. Jungfrau, hinter dem Hochaltar, die Gruppe: Maria hält das segnende Christuskind empor.

Von den vielen übrigen Kirchen sind noch zu nennen: **Saint-Joseph-des-Allemands** (neugothisch), 212 Rue Lafayette, in der nur deutsch (Sonntag 8, 10 und 3 Uhr), und **Sainte-Rosalie**, 50 Boulevard d'Italie, in der jeden Sonntag (10 und 3 Uhr) zwei Mal, und **Notre-Dame de Grâce**, 29 Rue de Lourmel, in der sonntäglich ein Mal deutsch gepredigt wird.

Deutschredende Priester sind ausserdem an vielen Kirchen angestellt und finden manchmal deutsche Predigten statt; z. B. in **Saint-Ferdinand des Ternes** jeden Sonntag um 4 Uhr.

Nicht katholische Gotteshäuser.

Protestantische Kirchen: *Église des Carmes*, 18 Rue des Billettes; französischer Gottesdienst Sonnt. 12 Uhr, deutscher Gottesdienst Sonnt. 2 Uhr. (Neben der Kirche der einzige noch erhaltene mittelalterliche, dabei sehr schöne Klosterhof in Paris.) — *Église de la Rédemption*, 5 Rue Chauchat, französ. Gottesdienst Sonnt. 11½ Uhr. — *Église de l'Etoile*, 54 Avenue de la Grande Armée. — **Reformirte Kirchen**: *L'Oratoire*, 147 Rue Saint-Honoré, beim Louvre; französ. Gottesdienst Sonnt. 11½ Uhr, englischer 3 Uhr. — *Église de la Visitation*, 116 Rue Saint-Antoine, französ. Gottesdienst Sonnt. 11½ Uhr, deutscher 3 Uhr. — *Église de Pentemont*, 106 Rue de Grenelle Saint-Germain.

Synagogen: *15 Rue Notre-Dame de Nazareth*. — *44 Rue de la Victoire*, 1874 eingeweiht, schönes Gebäude. — *Rue Buffault*, 1877 eingeweiht, portugiesischer Ritus. —

Die Kirchhöfe. (Les Cimetières.)

Im Osten der Stadt liegt der Friedhof Père-Lachaise, im Norden der Montmartre und im Süden der Montparnasse. Nur diese drei Hauptkirchhöfe haben Interesse für den Fremden. Alle Beerdigungen werden von einer polizeilich wohl organisirten Gesellschaft, Les Pompes funèbres, besorgt. Der Tarif der Beerdigungskosten zählt neun verschiedene Klassen. Mehr als zwei Drittheile aller Leichen werden unentgeltlich in gemeinschaftliche grosse Gruben, les Fosses communes genannt, in 50 Särgen nebeneinander beigesetzt, welche oben durch ein Kreuz mit Namen bezeichnet sind. Für die Erlaubniss, das Grab während nur fünf Jahren nicht umgraben zu lassen *(Concession temporaire)*, muss man 50 fr., und für den Erwerb des Grabes in gewöhnlicher Grösse als Eigenthum *(Concession à perpétuité)* 500 fr. zahlen. Die drei obengenannten Kirchhöfe sind jetzt nur für die «Concession à perpétuité» reservirt.

Die Begräbnissplätze sind täglich von 6 Uhr früh bis 7 Uhr Abends im Sommer, bis zum Dunkelwerden im Winter geöffnet. Eine Glocke meldet den Schluss $1/2$ Stunde vorher. — An Allerheiligen und Allerseelen (1. und 2. Nov.) wird jeder der drei genannten Kirchhöfe von 150- bis über 200 000 Menschen besucht.

Der Begräbnissplatz Père-Lachaise,

¹/₄ Stunde östlich vom Bastilleplatz, am Boulevard Menilmontant, ist der berühmteste und sehenswertheste Friedhof von Paris. Derselbe ist 1804 angelegt und erhielt seinen Namen von dem Beichtvater Ludwig XIV. In der auf den Haupteingang führenden Rue de la Roquette zahlreiche Läden mit Grabdenkmälern, Kränzen, Blumen u. s. w. und (rechts) das Gefängniss (Prison de la Roquette). Auf dem Platz vor demselben finden die Hinrichtungen, immer Morgens um 5 Uhr, statt. In dem Gefängniss wurden am 24. Mai 1871 der Erzbischof Darboy, der Präsident Bonjean nebst mehreren Priestern erschossen. Die folgenden Tage wurden einige hundert Personen, darunter 98 Gendarmen, durch die Communards niedergemacht.

In dem Gebäude rechts vom Eingange sind die **Führer (Conducteurs)** für den Begräbnissplatz, die für die Führung zu den sehenswerthesten Grabdenkmälern 3 fr. und mehr beanspruchen (man akkordire vorher!). Der gewöhnliche Gang durch den Friedhof, wie ihn die Fremden unter Leitung eines Führers zu machen pflegen, nimmt zwei Stunden in Anspruch. Bei einem einmaligen Besuche ist die Annahme eines Führers sehr zu empfehlen, trotzdem die folgenden Angaben möglichst genau gemacht sind.

Der Père-Lachaise umfasst jetzt 44 ha mit über 1800 Mausoleen; die einzelnen Gänge, an welchen sie sich befinden, kreuzen sich in einem Labyrinth von Wegen nach allen Richtungen, so dass eine genaue Wegbeschreibung fast unmöglich ist. Die zweckmässigste Reihenfolge in der Begehung des Friedhofes ist wohl die folgende: Man folgt dem

Wege (Avenue Principale), welcher vom Haupteingange geradeaus führt. Rechts sieht man bald das Inspektionshaus, in welchem man jede gewünschte Auskunft erhält. Man geht in der geraden Richtung weiter; ein grosser Blumenplatz theilt den Weg in zwei schmale Fusspfade.

Am Pfade rechts die Gräber des Astronomen *Franz Arago* († 1853), der Komponisten *Lefèbure-Wely* und *Auber*, des Philosophen *Cousin* und des Revolutionärs *Ledru-Rollin*. — Am Pfade links die Grabkapellen: *Visconti*, Baumeister des neuen Louvre; *Dantan*, Bildhauer; *Rossini*, Komponist; *Alfred de Musset*, Dichter; *Thomas* und *Le Comte*, die von der Commune erschossenen Generale.

Weiterhin das Denkmal des *Grafen Roederer*, des Hauptanführers der Juli-Revolution 1830.

Dem Blumenplatze folgt ein Rasenplatz mit dem *Calvaire* oder *Monument de souvenir* für Diejenigen, welche kein eigenes Denkmal besitzen. Dahinter, auf einer Anhöhe, die Kapelle. An der Treppe links das Grab des *General Nègre* († 1847), mit Geschützrohr und Kugeln. — Nebenan ruht der Maler *Louis David*. — Links von der Kapelle das Grab *De Sèze*, hohe Pyramide. In der Nähe l. der Bildhauer *Cartellier*, Sarkophag mit schönen Reliefs.

Von der Kapelle geht man den mit Linden bepflanzten Weg, welcher den durchschrittenen Hauptweg r. lässt, zurück und erreicht am Ende dieses Weges den jüdischen Friedhof, der Sonnabends geschlossen ist. Rechts das Grab der berühmten Schauspielerin *Mlle. Rachel*, die Erbbegräbnisse der Familien *Rothschild* und *Fould*.

Man geht nun rechts den breiten, gebogenen Weg (mit Akazienbäumen bepflanzt); l. das Grab von *Robertson*, Physiker, Chemiker und Luftschiffer.

Der Begräbnissplatz Père-Lachaise.

Der erste kleine Seitenweg r. führt zu dem (unechten, aus verschiedenen Bruchstücken zusammengeflickten) Grabmal von *Abailard* († 1142) und *Héloïse* († 1164), dem berühmten unglücklichen Liebespaar.

Man wandert zum breiten Akazienwege zurück und gleich rechts in den Seitenweg, Chemin Maison, dann links bergan: r. *General Maison*. Weiter r. das Säulendenkmal der *Familie Plaisance* (Piacenza) mit dem Relief-Bildniss von Lebrun, des dritten Konsuls nach dem 18. Brumaire. — Gegenüber auf dem umzäunten Platze das hohe Denkmal der Soldaten, welche im Juni 1832 gefallen sind. Links das Grab des *Marschall Lauriston* († 1828).

Dann rechts den Seitenweg und links, Chemin de Labédoyère, bergan: *Labédoyère*, 1815 erschossen, weil er nach Napoléons Rückkehr von Elba zu ihm überging.

Von hier führt der Pfad links zum sogenannten Rond-Point, auf welchem die Bronze-Statue von *Casimir Périer*, unter Louis Philippe Minister-Präsident.

Rings um den Grand-Rond sind die folgenden Gräber berühmter Männer: Die Komponisten *Méhul*, *Hérold*, *Bellini*, *Grétry*, *Boieldieu*, *Cherubini* und *Chopin*. Hinter dieser Gräbergruppe *Mme. Blanchard*, die Luftschifferin, welche 1819 bei Aufsteigen des Ballons verunglückte, der Mineraloge *Brogniard* († 1847), der Dichter *Delille* († 1813), *Bernardin de Saint-Pierre*, der Verfasser von Paul und Virginie († 1814), der Uhrmacher *Bréguet*, *Denon*, der Berauber der Berliner Kunstsammlungen, und weiter in der Richtung zur Kapelle der einfache Grabstein des Schauspielers *Talma* († 1826).

An der Nordseite des Grand-Rond ruhen: *Graf Mallet* und sein Bruder, welcher Priester war, mit einer Statue der heil. Jungfrau. r. *Monge*, Gründer der Polytechnischen Schule. r. *Gall*, der Phrenologe. — Das Mausoleum der *Mme. Raspail*, in Form eines Gefängnisses, weil sie während der Haft ihres Mannes starb.

Von hier folgt man dem breiten Wege, Avenue des Acacias, links: *Marschall Kellermann* († 1820); weiter links: *Lafitte*, der berühmte Bankier. Links *Thiers* († 1877) und seine Familie, l. die Schauspielerin *Duchesnois* mit ihrem Relief-Bilde; das Grab des *Herzogs von Bassano*, l. *Lemercier*, mit einer Marmor-Pyramide, l. *Gouvion Saint-Cyr*, Marschall und Kriegs-Minister, mit Marmor-Statue von David d'Angers. — Weiter hinauf: r. *Graf Lavalette;* ein Basrelief zeigt die Errettung des 1815 zum Tode verurtheilten Grafen aus dem Gefängnisse durch seine Frau, welche die Kleider mit ihm wechselte. — Gegenüber links: *General Gobert* mit dem schönen Reiterbilde von David d'Angers; am Fussgestell Reliefs, bezüglich auf die vom General erfochtenen Siege.

Bei dem Denkmal Gouvion Saint-Cyr rechts absteigend gelangt man zu dem Massengrab, an der Kirchhofmauer, der 1871 gefallenen Communards.

Die Anhöhe weiter ansteigend: r. *Beaumarchais;* gegenüber l. *Larrey*, der Arzt, den Napoléon den tugendhaftesten Mann nannte, den er gekannt; l. *Dupuytren*, berühmter Chirurg.

Den kleinen Seitenweg rechts einschlagend, sieht man die Denkmäler: l. *Graf Belliard*, l. *Herzog von Rovigo* und *Schickler* aus Berlin.

Nach dem Hauptwege zurück und denselben rechts weiter hinauf: *Couteaux*, 1832 bei der Belagerung von Antwerpen gefallen, sonderbares eisernes Denkmal; r. *Eugène Scribe*, Spitzsäule mit

Medaillon. Schräg gegenüber: l. *Marschall Suchet*, Marmor-Denkmal mit Büste und Reliefs. *Herzogin von Ragusa*, Sarkophag mit Kapelle. *Graf Pacthod*, Marmor-Pyramide.

Man folgt dem breiten Wege, Avenue traversale No. I, links: l. *Latreille*, Professor der Naturgeschichte, Obelisk mit Büste; l. *Parmentier*, Begründer des Kartoffelbaus in Frankreich; l. *Gourgod*, Begleiter Napoléons nach St. Helena; r. Bankier *Aguado*, Sarkophag mit zwei Statuen; l. *Marquis d'Argenteuil*.

Am Ende dieses Weges, wo eine hohe Pyramide der Familie *Knusli* und das hohe Mausoleum von *Felix de Beaujour*, hat man eine treffliche Aussicht auf Paris.

Am nordöstlichen Ende des Friedhofes ist der verschlossene muselmännische Begräbnissplatz mit dem Grabe der *Königin von Ouda* und ihres Sohnes.

Nun links bergab: r. *Emile Souvestre*, r. *Balzac*, l. *Delavigne*.

Dann links den breiten Weg zurück zum Hauptwege, wo man beim Gourgaud'schen Denkmal rechts einbiegt: l. *Marschall Pérignon* und *Graf Valence*; r. *Madame de Genlis*, Schriftstellerin; l. die Pyramide des Kupferschmieds *Gémond*; l. *Graf Aboville*, Mausoleum mit zwei grossen Geschützen; l. *Molière* († 1673), *Lafontaine* († 1685), deren beide Sarkophage 1817 hierher gebracht wurden.

In derselben Richtung weiter: l. Egyptisches Mausoleum der Familie *Boode*. — Dahinter *David d'Angers*, Bildhauer († 1856); l. *Cambacérès*, Tempel mit Marmor-Aufsatz; l. *Admiral Decrès*, Sandstein-Denkmal mit Reliefs.

Bei der Wegtheilung geht man rechts: r. *Marschall Lefebvre*, Marmor-Denkmal; r. *Marschall Masséna*, Obelisk mit Medaillon.

An der folgenden Ecke das Grabmal des *Marschall Ney*.

Man wendet sich rechts: r. *Manuel* († 1827) und *Béranger* († 1857), in einem Raume beigesetzt. — An der Ecke: r. *General Foy*, hoher Tempel mit Statue und drei Reliefs von David d'Angers.

Man schlägt nun den mittelsten Weg, Chemin du Dragon, ein: l. *Ludwig Börne* († 1837), Bronze-Büste von David d'Angers. Das Relief stellt die Vereinigung Frankreichs und Deutschlands dar. r. *Admiral Bruat*, Marmor-Denkmal. l. *Garnier-Pagès*. l. *Geoffroi Saint-Hilaire* und sein Sohn, beide berühmte Zoologen. l. Das reichste Denkmal auf dem Friedhofe: *Fürstin Demidoff*, ein Marmor-Tempel mit Sarkophag, der auf zehn dorischen Säulen ruht. — Am Ende des Weges: l. *Pradier* († 1852), der Bildhauer, mit Büste.

Man ist hier wieder in die Nähe der Kapelle gelangt, von wo man auf einem der Hauptwege den Ausgang erreicht.

Der Begräbnissplatz **Montmartre**.

Im Norden der Stadt liegt der Gipfel des *Montmartre* (104 m über der Seine), wo Ludwig VI. 1147 eine Benedictiner-Abtei begründete, von welcher noch die *Église Saint-Pierre* (mit Stationen und dem heil. Grabe, eine besuchte Wallfahrtskirche) etwas unterhalb des Gipfels vorhanden ist. Daneben, auf der Stelle einer gänzlich verschwundenen Kapelle, — in welcher der hl. Ignatius von Loyala mit seinen Gefährten das Gelübde ablegten, durch welches der Jesuitenorden entstand, — ist die Sühne- oder Herz-Jesu-Kirche *(Église du Sacré-Coeur)* seit 1875 im Bau, nach den Plänen Dabadies im romanischen Stil. Die Fundamente sind 20 m tief. In der Krypta wird schon seit mehreren Jahren Gottesdienst gehalten, die Kirche ist bis zum Beginn der Gewölbe gediehen. Bis jetzt sind 15 Millionen ausgegeben, die durch freiwillige Beiträge aufgebracht wurden. Wohl noch ebenso viel sind erforderlich.

Am Eingang, 31 Rue Fontenelle, sind Karten (25 cent.) zur Besichtigung der Kirche und des Bauplatzes zu haben, von dem man eine wundervolle Aussicht auf Paris geniesst. Am Ende der Rue Fontenelle, die hier in eine Treppe ausgeht, eine weite Aussicht auf die Umgebung von Paris, bis Montmorency. (Hôtel du Sacré-Coeur, 8—10 Rue Lamarck, Restaurant und Kaffeehaus.)

Auf dem Montmartre fanden 1814 (30. März) die letzten Kämpfe zwischen Verbündeten und Franzosen statt; 1871 begann hier der Aufstand der Commune durch Erschiessen der Generale Clement und Thomas (18. März).

Der **Montmartre-Kirchhof** liegt am westlichen Fusse des Montmartre-Hügels auf dem Boulevard de Clichy, nahe der Barrière Blanche. Er ist der älteste der Pariser Kirchhöfe.

Dem Eingange gegenüber beginnt der Hauptweg. Rechts der erste Gang von dieser Haupt-Allee heisst *l'Avenue de Polonais*, weil hier viele polnische Verbannte beerdigt sind. Auf dem ersten Denkmal die Inschrift: ‹Exoriare aliquis nostris ex ossibus ultor!› (Aus unseren Gebeinen wird einst ein Rächer erstehen!)

Links von der Haupt-Allee, an deren Ende der *Carrefour de la Croix* (unter dem Kreuze sind die Opfer des Staatsstreiches von 1852 beigesetzt), das Grabmal der Familie *Cavaignac*, mit der Statue Godefroy Cavaignacs († 1845), von Rude.

Links vom Kreuze führt ein langer Gang zu den Monumenten: r. *Caussidière, General Travot* und l. *Madame de Girardin.*

Am Ende des Hauptwegs hinter dem Kreuze, auf kleiner Anhöhe, der Sonnabends geschlossene jüdische Friedhof mit dem Grabe von *Halévy.*

Das reichste Denkmal des Hauptfriedhofes ist ein grosser steinerner Obelisk mit Kreuz über dem Grabe der *Herzogin von Montmorency,* bei der *Avenue Montmorency.* Neben ihr ruht *Ernst von Sachsen-Coburg* († 1838).

Die Avenue de Montmorency führt zur *Avenue Montebello,* an welcher das Grab von *Kamienski,* des bei Magenta in französischen Diensten gefallenen Polen, mit schöner Statue. Ferner das Grab von *Paul Delaroche* († 1857), dann die Stätte, wo das Herz des *Marschall Lannes* († 1809) beigesetzt worden. Grabmal des Baumeisters *Hittorf.* In der Nähe die Kapelle der Fürstin *Potocka-Soltikoff.*

Im dritten Gange, links vom Eingang, bezeichnet ein einfacher Grabstein die Ruhestätte von: l. *Heinrich Heine* († 1856). Am Ende dieses Ganges rechts: l. *Herzogin von Abrantès,* mit Medaillonbild von David d'Angers. Daneben das Grab des Malers *Ary Scheffer* († 1858).

Der Begräbnissplatz **Montparnasse**.

Der Begräbnissplatz **Montparnasse** liegt am Boulevard de Montrouge, nicht weit vom Bahnhofe nach Versailles (Rive gauche).

Rechts vom Eingange liegt der jüdische Friedhof.

Links hinter dem «Bureau du Conservateur» das Marmor-Denkmal des Chirurgen *Lefranc.* In derselben Allee ein wenig weiter ruhen die Jesuiten-Priester von Paris.

In der Hauptallee links *Henri Grégoire*, Bischof von Blois († 1832). Links von der Hauptallee schöne Marmor-Statue einer *Mlle Spiegel*. Unter den Monumenten, welche die runde Allee umschliessen: 1. der Chirurg *Boyer*; die *Herzogin von Gesvres*.

Jenseits des Rond-Point, links: das Mausoleum des Malers *Gérard*. — Nebenan das Grab des Bildhauers *Rude* († 1855).

In der Allee längs der südlichen Mauer ist das Denkmal des Grafen *Dumont d'Urville*, der, nachdem er zwei Mal die Reise um die Welt gemacht, bei einem Eisenbahnunglück der Bahn nach Versailles 1842 mit Frau und Kind umkam.

Von der Rotunde rechts der Bildhauer *Houdon* († 1828) mit Medaillon von David.

Auf der Ostseite: *Boulay de la Meurthe* († 1840), Minister unter Napoléon I. Ferner: *August Dornès*, 1848 auf einer Barrikade erschossen.

Katakomben. Siele. Wasserwerke.

Die **Katakomben** (über den Eintritt s. S. 14) sind ehemalige Steinbrüche, welche schon von den Römern begonnen wurden. Dieselben bilden jetzt eine Art unterirdischer Stadt mit Strassen und Plätzen. Es befinden sich dort Schädelhäuser und Schädelaltäre, gebildet aus den auf ehemaligen Kirchhöfen ausgegrabenen Gebeinen. Siebzig in verschiedenen Quartiers gelegene Treppen führen zu den Katakomben hinab, der Haupteingang ist an der Barrière de l'Enfer.

Die **Egouts** *(Siele)* bilden ebenfalls eine interessante Pariser Sehenswürdigkeit. (Ueber den Eintritt s. S. 12.) Die sämmtlichen Abwässer werden unterirdisch von Paris nach Asnières in die

Seine geleitet. Die Sammelsiele, in welche zahlreiche kleinere Siele münden, sind unter dem Boulevard de Sébastopol und Boulevard Saint-Michel. Den Inhalt sämmtlicher Siele nimmt dann das grosse Sammelsiel (Grand Collecteur) unter der Place de la Concorde auf, welches täglich ca. 100 000 cbm Wasser ausströmt. — Die Besichtigung einer *Galerie principale des Egouts* ist lehrreich und interessant, ermüdet nicht, und die Besucher sind dabei auch nicht der geringsten Unannehmlichkeit ausgesetzt.

Wasserwerke. Unter den grossartigen Anlagen zur Versorgung der Stadt mit Wasser ist die Brunnenstube zu Ménilmontant (**Réservoir Ménilmontant**) eine Sehenswürdigkeit ersten Ranges. Beim Eingange (9 Rue Saint-Fargeau) bietet sich ein Wächterhaus mit Garten und ein mit Luken aus Bergkrystall übersäter grosser Rasenplatz dem Blicke dar. Hier ein schöner Ausblick auf Paris. Der Wächter (Trinkgeld 2 fr. für 1—3 Personen) führt zu einem Glashäuschen, in dem man hinabsteigt, um eine Brunnenstube von zwei Hektaren zu überblicken. Aus der endlosen Wasserfläche, welche durch die gedachten Luken matt erleuchtet wird, steigen 624 Säulen empor, auf denen die gewölbte Decke ruht. Das Becken ist fünf m tief und fasst 100 000 Raummeter, welche die an ihrer 130 km entfernten Quelle gefasste Dhuis liefert.

Die ganz von Wasser umgebene Wendeltreppe führt auf etwa 36 Stufen in das untere Becken, welches mittelst Maschinenhebung aus der Marne gefüllt wird. Der Anblick ist noch grossartiger, indem hier nur die mitgebrachten Laternen die unendlich scheinende Wasserfläche erleuchten, aus der die zahllosen wuchtigen Pfeiler hervorragen, welche das obere Becken tragen. Hier sind auch die mächtigen Rohre und Oeffnungen, durch welche das Wasser in die Leitungen abfliesst. Diese riesige, zweistöckige Brunnenstube macht den Eindruck eines Naturwunders, eines Feenschlosses.

Gärten und Parks.

Ueber den **Tuilerien-Garten** s. S. 69, **Jardin du Luxembourg** S. 101, die **Champs-Elysées** S. 66, **Jardin du Palais-Royal** S. 71, **Bois de Boulogne** S. 76, **Jardin d'Acclimatation** S. 79.

Der Jardin des Plantes.

Der *Jardin des Plantes* (Omnibus G. P. T. U. AE.; TM.; T-Sud 4. 8. 9. siehe Seite 20—23) hat seinen Eingang am Place Valhubert, dem Pont d'Austerlitz (Dampferstation) gegenüber.

Der Pflanzengarten ist einer der schönsten Spaziergänge der Stadt und vereint zugleich alle bedeutenden naturwissenschaftlichen Sammlungen: lebende Thiere und Pflanzen, überaus reiche Museen und eine Bibliothek, somit eines der grossartigsten Institute dieser Art bildend. Der **Garten** ist den ganzen Tag unentgeltlich geöffnet, die **Menagerie** im Sommer 10—6, im Winter 11—4 Uhr. Der Eintritt in die inneren Räume der Menagerie ist von 1—3 Uhr gestattet. Die Fütterung der wilden Thiere findet im Sommer um $3^3/_4$ Uhr, im Winter um $3^1/_4$ Uhr statt. Die **Treibhäuser** *(Serres)* sind von 1—4 Uhr offen, die **Bibliothek** an den Wochentagen von 10—3 Uhr. An den Eingängen in den Garten ist Näheres über die **Vorlesungen** angegeben, welche im Amphithéâtre öffentlich und unentgeltlich gehalten werden.

Die tüchtigsten Männer der Wissenschaft, unter welchen Buffon, Winzlow, de Jussieu, Fourcroy, lehrten an der Anstalt und verschafften ihr europäischen Ruf. 1792 folgte Bernardin de

Der Jardin des Plantes.

Saint-Pierre in der Verwaltung und gründete die Menagerie; 1794 wurde die Bibliothek eröffnet. Verschiedene bedeutende Geschenke Napoléons I. erweiterten 1804 die Museen; 1805 schenkte Alexander von Humboldt die aus den Tropengegenden von Amerika mitgebrachten Herbarien, unter welchen über 3000 bis dahin unbekannte Pflanzen. Cuvier und Geoffroy Saint-Hilaire wurden Lehrer der berühmten Anstalt. Im Jahre 1814 gelang es Humboldts Fürsorge, dass der Jardin des Plantes von den feindlichen Truppen verschont blieb.

Vom Eingange führt die erste Allee rechts zum **Zoologischen Garten**, dem besuchtesten Theil des über 30 ha grossen Jardin des Plantes. Rechts, unweit vom Quai Saint-Bernard, sind die Käfige der wilden Thiere, Löwen, Tiger etc. *(la Ménagerie)*. In der Nähe, an derselben Seite, der grosse Affenkäfig *(Palais des singes)*. Weiterhin in derselben Richtung die *Grande Rotonde*, in welcher Elephanten, Nilpferde und Dromedare. Ganz nahebei links die *Bärengruben (fosses aux ours)*, weiter rechts die Vogelhäuser, zunächst *la Faisanderie*, nebenan rechts *la Fauconnerie* mit den Raubvögeln, links das neue schöne Haus für die kriechenden Thiere *(les reptiles)*, Schlangen etc., mit einer Rotunde, in welcher ein grosses Bassin, von Felsen und Wasserpflanzen umgeben, mit Schildkröten, Krokodilen etc.

Weiter links liegt das **Musée d'anatomie comparée** (vergleichende Anatomie), beim Eingang zwei Walfische. Im Erdgeschoss zwei grosse, im 1. Stock 12 kleinere Zimmer. Im 1. Zimmer Thier-Skelette; im 2. Zimmer Menschen-Skelette aller Racen. Im 1. Stock Skelette, anatom. Präparate, die Gall'sche Schädelsammlung u. s. w. Die *Galerie d'anthropologie* füllt die anderen zehn Zimmer des 1. Stockes.

Beim Austritt aus dem Gebäude rechts das *Labyrinth*, ein Hügel mit schönen Bäumen (hier steht die erste, nach Frankreich gebrachte Ceder vom Libanon, ein Prachtexemplar) und dem

Schneckenwege, welcher zum Gipfel führt. Am Fusse des Hügels das Grab von Daubenton († 1799), der sich um die Sammlungen verdient gemacht hat.

An das Labyrinth grenzt die **Galerie de Zoologie**, eine der reichsten Sammlungen dieser Art. Im Erdgeschoss grosse Säugethiere, im 1. Stock im 1.—3. Zimmer Fische, Schildkröten, im 4. Zimmer Krokodile und Schlangen, im 5. Zimmer Krabben und Krebse, im 6. Zimmer Affen, im 7. Zimmer Mollusken, im 8. Zimmer Hausthiere. Im 2. Stock im 1. und 2. Zimmer Säugethiere, 3.—5. Zimmer Vögel, unter Glas Vogelnester, Seidenwürmer, Schmetterlinge, Muscheln; im 6. Zimmer Säugethiere, welche im Jardin des Plantes gelebt haben. Ganz einzig ist die **Salle de Paléontologie** (Dienstag 1—4 Uhr) mit der grossartigen Sammlung vorsündfluthlicher Thiergerippe.

Rechts vom Ausgang aus der Galerie de Zoologie die **Galeries de Minéralogie et de Géologie**, reiche Sammlungen von Metallen, Edelsteinen, Mosaiken, fossilen Ueberresten, Meteorsteinen etc. Schöne Wandgemälde. In der Mitte des Hauptsaals die Statue Cuviers, von David.

Die Buttes Chaumont

gehören zu den Hauptsehenswürdigkeiten von Paris. Die bis 1866 hier befindlichen, ganz wüsten Gipssteinbrüche sind unter Napoléon III. in einen Park von 22 ha Umfang umgewandelt und in demselben ist mit vielem Geschick eine überraschend grossartige, künstliche Nachahmung einer Gebirgslandschaft ausgeführt. Man findet hier einen hübschen See, aus dem eine Insel sich erhebt; eine Eisendrahtbrücke verbindet zwei pittoreske Felsen, ein ganz steiler, in einen Felsen gehauener Fusspfad führt von einer Höhe zum See hinab; auf dem höchsten Felsen ist ein Tempel, von welchem schöne Aussicht auf Saint-Denis, Père Lachaise und ganz Paris; schöne grosse Tropfsteingrotte mit prächtigem Wasserfall etc. — In der Nähe, 212 Rue Lafayette, die deutsche Kirche Saint-Joseph des Allemands.

Der Parc Monceaux,

5—10 Minuten vom Triumphbogen, ¼ Stunde von der Madeleine-Kirche entfernt (Omnibus etc. s. S. 25), ist 1778 vom Vater Louis Philipps angelegt worden. Napoléon III. liess ihn in eine öffentliche Anlage verwandeln. Die künstliche *Grotte* im Felsenhügel, dann die *Naumachie*, ein theilweise von einer Säulenreihe umgebenes Wasserbecken, und die *Pyramide* im Park geben den höchst lieblichen, schattigen Anlagen ein romantisches Ansehen. Auch mehrere Kunstwerke sind aufgestellt. In den anstossenden Strassen prachtvolle neue Häuser und Paläste.

Nahe dem Park liegt die *Russische Kirche* (s. S. 137).

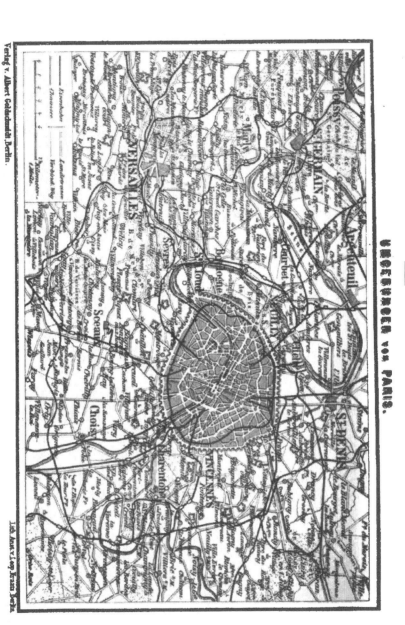

Umgebungen von Paris.

Vincennes.

(Pferdebahn Louvre—Vincennes TC; Louvre—Cours-de-Vincennes TF; Louvre — Charenton TK; Station Vincennes oder Bel-air der Gürtelbahn; Dampfer: Pont d'Austerlitz—Charenton.)
Die zwei erstgenannten Pferdebahnen berühren die **Place de la Nation**, auf welcher zwei hohe, mit Reliefs gezierte Säulen, welche die Statuen des heil. Ludwig und Philipp des Schönen tragen.

Das schöne **Bois de Vincennes** wird durch einen riesigen Schiessplatz (polygone) in zwei ungleiche Hälften getheilt. Auf dem Schiessplatz im August und September das drei Wochen dauernde nationale Schützenfest.

2 km vom Schlosse in Vincennes liegt der **Lac des Minimes**, ein 8 ha umfassender See, in welchem 3 Inseln. Eine Brücke führt zu der kleinsten dieser Inseln, auf welcher das *Café-Restaurant de la Porte-Jaune*. Eine **Kaskade** speist den See.

Auf der andern Seite des Schiessplatzes liegt der **Lac de Gravelle**, etwa 100 m von der Redoute de Gravelle entfernt. Vom *Rond-Point*, diesseits des Sees, prachtvolle Aussicht auf die Thäler der Marne und Seine. Die Aussicht ist noch schöner von dem *Pavillon Robert* auf der Höhe von Gravelle. Aus dem See läuft ein kleiner Bach 3½ km lang und speist den **Lac de Saint-Mandé**, welcher reizend gelegen ist. In seiner Mitte eine Insel.

Das **Schloss Vincennes** *(le Château)* wird täglich geöffnet (Trinkgeld), der Waffensaal nur mit besonderer Erlaubniss Sonnab. 12—4 Uhr.

Das Schloss stammt aus dem 12. Jahrh. und dient jetzt als Festung, welche Kasernen, Arsenal, Artillerieschule etc. enthält. Bis 1740 diente es als Residenz, seit Ludwig XV. als Staats-Gefängniss, wo auch der Prinz Condé, Graf Mirabeau, die Minister Karl X. und der Herzog von Enghien gefangen sassen (letzterer wurde am 14. März 1804 im südlichen Schlossgraben erschossen und beerdigt). — Den *Wartthurm* (Donjon) ersteigt man auf 242 Stufen, oben hübsche Aussicht. Die goth. *Kapelle* ist 1379 begründet, enthält schöne Glasmalereien von *Jean Cousin* und in der Sakristei das Denkmal des Herzogs von Enghien.

Saint-Denis.

(Stündlich, 5 Minuten vor voll, Sonntags halbstündlich, Züge vom Nordbahnhof. (Preis 85, 65 oder 40 cent.) Pferdebahnen von der Rue Taitbout und vom Boulevard Haussmann aus, alle 20 Minuten.)

Saint-Denis *(Restaurant du Grand-Balcon,* gegenüber der Basilika), 45 000 Einw., berühmt durch die **Basilika** mit den Königsgräbern, welche von einem Kirchendiener (Trinkgeld 1 fr.) nur in den Stunden, in welchen kein Gottesdienst stattfindet, gezeigt werden.

Die ursprüngliche Kirche wurde von der heil. Genofeva im Jahre 469 gegründet. König Dagobert vergrösserte dieselbe und stiftete die Abtei. Ihre jetzige Gestalt erhielt die Kirche im 12. und 13. Jahrhundert.

Die Krypta wurde seit Dagobert († 638) als Grabgewölbe der französ. Königsfamilien benutzt. Während der französ. Revolution wurden am 12. Oktober 1793, auf Beschluss des Konvents, die Reste der seit länger als einem Jahrtausend hier Ruhenden in grosse Gruben geworfen. Die Kirche wurde entweiht, sie diente als Tempel der Vernunft, Artilleriedepôt und Salzmagazin. Napoléon I. rettete das Gebäude vor gänzlichem Verfall. Ludwig XVIII. liess 1817 die Asche seiner Vorfahren wieder in die Gruft bringen. Napoléon III. bestimmte 1859 durch Dekret die Basilika zu seiner dereinstigen Ruhestätte, er ist aber bekanntlich auf englischem Boden, in Chislehurst, beerdigt.

Die Kirche ist gothisch, in Kreuzform, 115 m lang und 39 m breit. Von den beiden Thürmen ist der nördliche 1837 durch einen Blitzstrahl zerstört worden.

An der vorderen Hauptfaçade drei Portale, die mit Basreliefs aus Bronze verziert sind. In der Mitte Christus, von Heiligen umgeben; über dem südlichen Portal der heil. Dionysius und seine Gefährten, die zum Tode geführt werden. Unter dem südlichen Portal der Aufgang zum Thurm; 239 Stufen führen zur Galerie, wo eine schöne Aussicht. — Die grosse Glocke ist ein Geschenk König Karl V.

Im Innern ist besonders der herrliche Bau des Schiffes zu beachten. In der 2. Kapelle rechts die Grabdenkmäler Ludwigs von Orléans († 1407) und seiner Gemahlin. — Im Querschiff das grosse Denkmal Franz I. († 1547) und seiner Gemahlin Claudia († 1524), aus dem 16. Jahrhundert, nach Zeichnungen von *Delorme*, mit vielen Reliefs. Rechts vom Chor eine Reihe von Königsgräbern mit liegenden Figuren, das Grabmal des Königs Dagobert († 638) und seiner Gemahlin Nantilde († 641) mit Denkmälern aus dem 13. Jahrh. — Das Grabmal Ludwig XII. († 1515) und seiner Gemahlin Anna von Bretagne, im 16. Jahrh. gefertigt. Beide Gestalten sind liegend und knieend dargestellt. In den Bogen des Monuments die zwölf Apostel. Am Sockel kleine Reliefs. — Daneben das Grabmal Heinrich II. († 1599) und seiner Gemahlin Katharina von Médicis († 1588) von *Germain Pilon*. Die Reliefs stellen Glaube, Liebe, Hoffnung und gute Werke dar. Im Chorumgang Grabmal des tapfern Connétable Du Guesclin.

Die bunten Glasfenster und Glasgemälde sind neuere Arbeiten, Könige und Königinnen, Heilige, Päpste und Scenen aus dem Leben des heil. Dionysius darstellend.

Der Eingang zur Krypta ist rechts vom Hochaltar. In der Mitte das Grabgewölbe der letzten Bourbonen, Ludwig XVI. und XVIII., des Herzogs von Berry u. s. w.

Saint - Cloud.

(Dampfer: stündlich vom Pont Royal (Tuileries) ab, sehr angenehme Fahrt durch das schöne Seinethal. Saint-Cloud ist Station der beiden Bahnen nach Versailles. Pferdebahnen TA., Louvre—Saint-Cloud und TAB., Louvre—Versailles.)

Saint-Cloud (mehrere Restaurants und Cafés am Platz bei der Brücke), mit 4000 Einw., liegt malerisch an dem Ufer der Seine und an einem waldigen Bergrücken. Ueber der Stadt die noch im Verfall recht stattlichen Trümmer des zerstörten kaiserl. Schlosses, der Sommerresidenz Napoléon III. In der Umgebung von Paris hat kein Ort im Jahre 1871 so schwer gelitten, wie Saint-Cloud. Die französ. Artillerie beschoss den Ort vom Mont-Valerien aus, um die deutschen Truppen zu verhindern, von demselben Besitz zu ergreifen. Von den 624 Häusern des Ortes waren nur 123 stehen geblieben. Daher jetzt noch Spuren der Verwüstung.

Der *Park*, durch seine reizenden Anlagen berühmt, erstreckt sich bis Sèvres. Die zahlreichen Springbrunnen sind am zweiten Sonntag jeden Monats und die drei letzten Sonntage im September in Thätigkeit. Bei der grossen Kaskade giessen Statuen der Seine und Marne ungeheure Wassergarben in ein Becken, von wo das Wasser in neun Strahlen über je neun Stufen in das untere Bassin fällt. Rechts davon der grosse Springbrunnen, mit Delphinen und Meerungeheuern. — Auf dem höchsten Punkte des Bergrückens oberhalb des Schlosses ($1/2$ Stunde von der Terrasse) bietet ein von Napoléon I. errichteter *Thurm* mit Pavillon **(la Lanterne de Diogène)** die herrlichste Aussicht auf den Lauf der Seine, das Bois de Boulogne, die Strasse bis zum Arc de Triomphe und das Häusermeer von Paris.

Saint-Cloud feiert im September eine vielbesuchte Kirmess *(la fête de Saint-Cloud)*, welche namentlich Sonntags im Parke festlich begangen wird.

Wenn man von der eben genannten *Lanterne* im Park rechts geht, dann links über die Brücke, bei der Wegetheilung rechts, erreicht man in $1/4$ Stunde das Städtchen Sèvres, Station des Personendampfer nach Paris.

Sèvres.

(Fahrgelegenheit wie nach Saint-Cloud s. S. 159.)

Sèvres *(Restaurant du Berceau)* ist berühmt durch seine **Porzellan-Manufaktur**, welche 1876 in ein ganz neues Fabrikgebäude am Park von Saint-Cloud, gegenüber *Bas-Meudon*, verlegt wurde. Dieser Neubau mit all' seinen Fabrikgebäuden, Niederlagen und Bureaux bildet einen umfangreichen Komplex mit hübschen Gartenanlagen. In der Hauptfaçade die Medaillon-Porträts der Kunsttöpfer Luca della Robbia und Bernard Palissy. Das hier befindliche **Musée Céramique** ist sehr sehenswerth.

Beim Aufgang zum 1. Stock sieht man eine Marmortafel, welche meldet, dass die Neue Fabrik am 17. November 1876 von Mac-Mahon eingeweiht ist. Ueber dem Portal, welches in den Pavillonsaal führt, erinnert eine Inschrift an den Begründer der Sammlung, Brogniart. Die Sammlung selbst ist in den neuen, hellen Räumen musterhaft aufgestellt; sie beläuft sich auf über 30 000 Nummern und nimmt das ganze erste, 23 Fenster breite Stockwerk und die Hälfte des Erdgeschosses ein. Sehr vollständige Sammlungen von Proben fremder Porzellan-Arbeiten, französischer Porzellan-Produkte und Fabrikate aller Art, von den geringsten Nippsachen bis zu den riesigsten Vasen; im Erdgeschoss befinden sich die modernen Gefässe und die Tafelgemälde von Sèvres, nach berühmten Gemälden ganz vorzüglich ausgeführt.

Versailles.

(19 km von Paris.)

1) **Eisenbahn am rechten Ufer** *(Rive Droite)*. Bahnhof: 110 Rue Saint-Lazare. Abfahrt jede Stunde um 1/2 von Paris, um voll von Versailles; Bahnhof in Versailles: Rue Duplessis. Preise

Versailles.

1 fr. 65 cent. und 1 fr. 35 cent. — Es werden Retourbillets (doppelter Preis), für den Tag der Lösung giltig, ausgegeben, mit welchen man auf der rechten oder linken Ufer-Bahn beliebig zurückkehren kann.

Die Bahn *(Rive Droite)* geht durch einen Tunnel unter dem Festungswall, dann über die Seine zwischen *Clichy* und *Asnières* und berührt die Stationen *Courbevoie, Puteaux, Suresnes* am Fusse des *Mont-Valérien, Montretout, St. Cloud* (s. S. 156), *Ville d'Avray, Viroflay* und *Versailles.*

Das Schloss in Versailles ist 20 Min. vom Bahnhof entfernt (Pferdebahn s. S. 163). Wer zu Fuss gehen will, wendet sich vom Ausgange des Bahnhofs links, die Rue Duplessis entlang und am Ende dieser Strasse rechts die Avenue, welche direkt zum Schlosse führt.

2) **Eisenbahnen am linken Ufer** *(Rive Gauche).* Bahnhof: 44 Boulevard Montparnasse. Abfahrt jede Stunde, 5 Min. nach voll von Paris, und 35 Min. nach voll von Versailles. Bahnhof in Versailles: Avenue de la Mairie. Preise und Retourbillets genau wie oben bei 1. An Sonntagen werden nach Bedürfniss Züge eingelegt.

Die Bahn *(Rive Gauche)* berührt *Vanves, Issy, Clamart, Meudon,* dessen Schloss 1871 völlig zerstört wurde, *Bellevue, Sèvres* (s. S. 161), *Chaville, Viroflay* und *Versailles.*

Das Schloss in Versailles ist 10 Min. vom Bahnhof entfernt.

3) **Pferdebahn** *(Chemin de fer américain)* von der Rue du Louvre 2. Abfahrt stündlich von 8 Uhr früh bis 9 Uhr Abends, auch häufiger, je nach Bedarf. Abfahrt in Versailles um voll von der Place Hoche, von 7 Uhr früh bis 8 Uhr Abends. Preis an Wochentagen 1 fr., an Sonn- und Festtagen 1 fr. 25 cent., an den Tagen, an welchen die grossen Fontainen in Versailles (les grandes eaux) springen, 1 fr. 35 cent.

Die Pferdebahn führt an den *Quais* entlang, am *Champ de Mars* vorbei, dann über *Auteuil, Billancourt, Saint-Cloud, Sèvres, Chaville, Viroflay* nach *Versailles.*

Praktische Notizen für den Besuch von Versailles.

Das **Schloss** mit dem *Musée de Versailles* ist täglich, ausser Montag, von 12—4 Uhr zu besichtigen.

Die **Gärten** von Versailles sind täglich von früh bis spät geöffnet.

Das **Grand-Trianon** und die in der Nähe gelegene Sammlung von Staatswagen *(Musée des Voitures)* sind Dienst., Donn. und Sonnt. von 12—4 Uhr zu besichtigen (Trinkg.).

Versailles.

Das **Petit-Trianon** soll nur gegen Vorzeigung der Passkarte oder Erlaubniss gezeigt werden, die man im *Grand-Trianon* erhält. (Man wende sich an den Diener.)

Pferdebahn *in Versailles (Tramway).* Mit den Bahnzügen (rechtes und linkes Ufer) korrespondirt eine Pferdebahn in Versailles, welche durch die Stadt, nach dem Schloss und den Trianons führt.

Droschken. Einspänner kosten für die Fahrt 1 fr. 25 cent., die Stunde 2 fr., Zweispänner für die Fahrt 2 fr., die Stunde 2 fr. 50 cent.

Hôtels. *Hôtel des Réservoirs,* 9 Rue des Réservoirs. — *Hôtel Vatel,* 28 Rue des Réservoirs. — *Hôtel de France,* 5 Place d'Armes.

Restaurant à la carte. *Gervais,* 49 Rue Duplessis, dem Bahnhof gegenüber. — *Restaurant de l'Hôtel des Réservoirs,* während des letzten Krieges viel von Offizieren und später von Abgeordneten besucht. Déjeuner 4, Diner 6 fr. und höher.

Restaurants à prix fixe. *Au Rocher du Cancale,* 9 Rue Colbert, beim Schloss; Déjeuner 2 fr., Diner 2 fr. 50 cent. oder 3 fr. — *Café Anglais,* 49 Rue Duplessis. — *Restaurant de Bourgogne,* 11 Place d'Armes, Rue Colbert; Déjeuner 2 fr. 50 cent., Diner 3 fr. — *Restaurant de Londres,* Place d'Armes; Déjeuner und Diner 2 fr. 50 cent., nicht sehr sauber.

Versailles ist eine regelmässig gebaute Stadt mit über 50 000 Einwohnern.

Das Schloss (**Palais de Versailles**), unter Ludwig XIV. erbaut, bildete bis 1789 die Residenz der Könige von Frankreich. Louis Philippe legte 1837 im Schlosse das berühmte Historische Museum an.

Vor dem Schlosse ist ein grosser **Hof**, auf welchem Statuen. Vier Steingruppen auf den Eingangspfeilern, rechts: Frankreich besiegt Oesterreich, der Friede; links: Frankreich besiegt Spanien, der Reichthum. In der Mitte des Hofes das Reiterstandbild Ludwig XIV. Rechts die Statuen von *Richelieu, Bayard, Colbert, Jourdan, Masséna, Tourville, Duguay-Trouin, Turenne.* Links die Statuen von *Suger, Du Guesclin, Sully, Lannes, Mortier, Suffren, Duquesne, Condé.*

Am Giebel des Schlosses die Inschrift: «*A toutes les gloires de la France.*»

Der Eingang in das **Museum** ist rechts, neben der Kapelle. Stöcke und Schirme müssen abgegeben werden (10 cent.).

Das Museum enthält eine Fülle geschichtlicher Bilder und Skulpturen; so dass man bei einem einmaligen Besuche nur das Wesentlichste beachten kann.

An allen Bildern sind Gegenstand und Name des Künstlers angegeben. Die Diener des Museums halten darauf, dass das Publikum die Säle in richtiger Reihenfolge besucht. Ein Katalog ist deshalb entbehrlich.

Elf Säle (1 bis 11) mit von neueren Künstlern herrührenden geschichtlichen Darstellungen von Karl dem Grossen bis Ludwig XVI. Am Ende der Säle die Treppe zum ersten und zweiten Stock, daneben das Theater, in dem die Nationalversammlung, und dann der Senat, von 1871—79 tagten. An die elf Säle lehnt sich die

Galerie des Tombeaux, hauptsächlich Gipsabgüsse geschichtlicher Grabdenkmäler enthaltend.

In der Mitte der Galerie des Tombeaux, links, die prächtigen (1 bis 5) **Salles des Croisades** mit bezüglichen Gemälden und Wappenschildern. Am Ende der Galerie des Tombeaux, bei der Kapelle, führt eine kleine Treppe in den ersten Stock, wo man einen Blick in die Kapelle hat. Darauf rechts, durch die Galerie de Sculpture, in die aus 7 Sälen bestehende **Galerie de Constantine** mit Gemälden, welche sich auf die Kriegsereignisse in Algier, in Rom (1849) und in der Krim beziehen. Im Salle III die Einnahme des Lagers Abd-el-Kaders (Prise de la Smalah d'Abd-el-Kader) von Horace Vernet, 21,39 m lang, 5 m hoch, das grösste (übrigens auch sehr tüchtige) Bild, welches je gemalt wurde.

Zur **Galerie de Sculpture** zurück, bis zu dem am nördlichen Ende belegenen Theater; eine Treppe links führt zum zweiten Stock (attique du Nord), mit einer 10 Säle füllenden Sammlung von Bildnissen, welche übergangen werden können. Durch dieselbe Treppe zurück: die zweite **Galerie de l'Histoire de France**, 10 Säle mit Darstellungen von 1797 bis 1835, folglich die Schlachten der Republik und des Kaiserreiches.

Wieder bei der Kapelle angekommen, befinden sich rechts die Königsgemächer **(grands appartements du Roi)**, mit Bildern der Schlachten Ludwig XIV. von Van der Meulen, zusammen 10 Säle, welche seither mehrfache Aenderungen durchgemacht haben.

Im **Salon de la Guerre** stellt das Deckengemälde, von Lebrun, Frankreich (mit dem Bilde Ludwig XIV. auf dem Schild) dar, wie es vernichtende Blitze schleudert, während Deutschland auf den Knieen, das zerschmetterte Holland, das vor Schrecken bebende Spanien u. s. w. es umgeben.

Die **Galerie des Glaces** (73 m lang, 10,60 m breit, 13 m hoch) ist in ihrer Ausschmückung ganz der überschwänglichsten Verherrlichung Ludwig XIV. gewidmet. Hier fand am 18. Januar 1871 die Proklamation Wilhelm I. zum Deutschen Kaiser statt.

Parallel mit der Galerie des Glaces: **Salle du Conseil** und links die kleinen Königsgemächer **(petits appartements du Roi)**; das erste ist das Schlafzimmer Ludwig XV., der hier starb (10. Mai 1774). Nach der Salle du Conseil zurück, folgt das fast unveränderte Schlafzimmer Ludwig XIV. mit dem Bett, in dem dieser König starb (1. September 1715). Dann das Vorzimmer, **Salle de l'oeuil-de-boeuf**, in welchem die Höflinge auf das Aufstehen des Königs warteten und Klatscherei trieben.

Das erste Vorzimmer und die Wachtstube **(Salle des Gardes)** und, jenseits der Galerie des

Glaces, der **Salon de la Paix** und die Staatsgemächer der Königin (**grands appartements de la Reine**). Der erste der acht Säle diente Marie Theresia, Marie Leszinska und Marie Antoinette als Schlafzimmer.

Im siebenten Saal führt eine kleine Thür in drei kleinere Räume mit Schlachtenbildern von 1794 bis 1796.

Nach dem achten Saal über die Treppenflure des Escalier des Princes in die 120 m lange **Galerie des Batailles**, mit 33 grossen Schlachtenbildern und 80 Büsten von Prinzen und Heerführern. Am Ende derselben die **Salle de 1830** mit Bildern, die sich auf die Thronbesteigung Ludwig XIV. beziehen. Daneben eine **Galerie de Sculpture** mit neueren Statuen und Büsten von Persönlichkeiten des 17. und 18. Jahrhunderts.

Zum Escalier des Princes zurück, entweder hinabsteigen, um den südlichen Flügel zu besichtigen, oder zurück nach dem 5. Saale des Mittelflügels (wo sich das Bild des sterbenden Napoleon befindet) und zum *Escalier de Marbre* und dem *Escalier de la Reine*, welcher in den zweiten Stock führt.

Der zweite Stock (attique genannt) geht nicht durch das ganze Gebäude. Es sind hier hauptsächlich neuere Gemälde und Bildnisse (Familie Bonaparte, Thiers, Guizot u. s. w.) aufgestellt. Ueber den Escalier des Princes wiederum in das Erdgeschoss, im südlichen Flügel, rechts, die **Galerie de l'Empire** in 13 Sälen. Die Gemälde beziehen sich meist auf die Feldzüge nach Egypten, gegen Deutschland und Oesterreich. Dann folgen *Salle de Marengo* und *Salles des Marines*. Die der Galerie de l'Empire parallel liegende Galerie de Sculpture enthält Büsten und Denkmäler bekannter Persönlichkeiten der Republik und des ersten Kaiserreiches. Ausgang nach der Cour des Princes. Oder links, durch mehrere Vestibule hindurch, zum Mittelflügel, wo die *Salles des Amiraux, des Connetables, des Maréchaux et des Guerriers célèbres* mit Büsten und Bildern von grösserem geschichtlichen als künstlerischem Werthe.

In der Mitte die *Galerie Louis XIII.* mit einigen guten Bildern, daneben die *Salle des Rois* mit den Bildnissen aller Könige Frankreichs, und die *Salle des Résidences* mit alten Ansichten königlicher Wohnstätten.

Die Gärten von Versailles.

An manchen Sonntagen (gewöhnlich vom Mai bis Oktober am ersten Sonntage jeden Monats) spielen die grossen Springbrunnen **(les grandes eaux)**, was jedesmal 8—10 000 fr. kostet; es wird eine Woche vorher allenthalben in Paris bekannt gemacht und lockt zahlreiche Besucher an, wodurch namentlich bei der Rückkehr die Eroberung von Plätzen im Waggon schwierig wird. Gewöhnlich werden die kleinen Fontainen um 4 Uhr, die grossen (Bassins du Dragon und de Neptune) um 5 Uhr in Bewegung gesetzt. Letztere bleiben nur etwa 20 Minuten in Thätigkeit, daher man den richtigen Moment nicht versäume (Stuhl 50 cent.). Die beste Reihenfolge beim Besuche der Fontainen ist an diesen Sonntagen: *Bassin de l'Obélisque; Bassin d'Encelade; Bassin d'Apollon; Bosquet des Dômes; Bosquet de la Colonnade; Salle de Bal; Bassin de Latone; Bassin du Dragon; Bassin de Neptune.*

Wer direkt vom Schloss zu den beiden Trianons will, folge vom Bassin de Neptune der Avenue de Trianon, welche zum Gitter des Trianon-Gartens führt, und von hier geradeaus zum Grand-Trianon oder die Allee halb rechts zum Petit-Trianon führt.

Die Gärten von Versailles sind im französ. Geschmack von Le Nôtre († 1700) angelegt. Eine grosse Zahl älterer Statuen ziert die Anlagen, welche man in ihrem grösseren Theile von der Schlossterrasse überblickt. Der Hof der Kapelle führt in die Gärten.

Die Hauptgruppen sind: oben am Schlosse das *Parterre d'Eau* mit zwei Wasserbassins; an der

Treppe, welche in den unteren Theil des Gartens führt, zwei grosse Fontainen, rechts *la Fontaine de Diane*, links *la Fontaine du Point-du-Jour*, mit Thiergruppen in Erzguss.

Am Fusse der Stufen ist das *Bassin de Latona*, von Marsy. Die Gruppe stellt Latona mit ihren Kindern Apollo und Diana dar, Jupiter um Rache für die Kränkungen der lykischen Bauern anrufend, unten die verwandelten Bauern: Frösche, Eidechsen, Schildkröten. Rings um das Bassin schöne Standbilder und Hermen: ein Melancholikus (der Wissenschaft, dem Gelde und dem Schweigen huldigend), von *La Perdrix;* Antinous, Tigranes, Faun, Bacchus, Faustina, Herkules, Kommodus, Urania, Jupiter und Ganymed, gegenüber Venus in der Muschel. An der andern Seite: sterbender Fechter, Apoll vom Belvedere, Urania, Merkur, Antinous, Silen, Venus Kallipygos, Tiridates, das Feuer, die lyrische Poesie.

Es folgt ein langer Rasen, *le Tapis-Vert* genannt, an dessen Ende *le Bassin d'Apollon*. Dahinter der 1521 m lange *Canal*, der einst zu Wasserfahrten für den Hof benutzt wurde.

Rechts vom Bassin d'Apollon gelangt man zu dem *Bassin de l'Encelade*, wo der Riese Encelades, halb unter dem Felsen des Aetna begraben, einen 32 m hohen Strahl emporsendet, dann zu dem *Bassin de l'Obélisque* oder *Cent tuyaux*, wo die Strahlen aus 100 Wasserröhren die Form eines Obelisken bilden. Man kommt dann zu dem *Bassin du Printemps* in der Mitte der Allée du Printemps; etwas rechts (in der Richtung zum Bassin d'Apollon zurück) das *Bosquet des Dômes*. — Nun weiter in der Richtung zum Schlosse links *l'Etoile*, ein sternartiger Rasenplatz, geradeaus das *Bassin de l'Eté*, in der Allée de l'Eté; weiterhin links das *Rond-Vert* und rechts das schöne *Bosquet des Bains d'Apollon* mit der Gruppe: Apollo von Nymphen bedient. Die *Allée des trois Fontaines*, oder etwas näher zum Schlosse die *Allée d'Eau*, führt zum *Bassin du Dragon* und zum *Bassin de Neptune*, dem umfangreichsten des Parks; bei demselben fünf Bronzegruppen. Wenn die grossen Wasser springen, bietet diese Fontaine einen grossartigen Anblick.

Links vom Bassin d'Apollon die *Colonnade*, von 32 Marmorsäulen getragen; aus den Vasen zwischen den Säulen springen die Wasserstrahlen empor. Die Mittelgruppe stellt die Entführung Proserpinas durch Pluto dar; am Fussgestell Scenen dieser Mythe nach Ovid. Weiter links das *Bosquet du Roi*, dann dem Schlosse zu das *Bassin du Miroir*, daneben das *Bassin de l'Hiver*, dann das *Bassin de l'Automne*, das *Bosquet de la Reine*, das *Bosquet de la Salle de Bal*.

Die Orangerie, links von der Schlossterrasse, enthält eine grosse Menge von Orange-, Citronen- und Granaten-Bäumen. Gegenüber ist die *Fontaine des Suisses*.

Die rechte Seite des Gartens wird (parallel mit dem Tapis-Vert in der Mitte des Gartens) von der *Allée de Flore et de Cérès*, die linke Seite von der *Allée de Saturne et de Bacchus* durchschnitten.

Die Trianons.

Das **Grand-Trianon** führt seinen Namen nach dem Dorfe, bei welchem sich dasselbe befindet. Das Schloss wurde von Ludwig XIV. für Mme. de Maintenon errichtet, und ist von Mansart in Form eines Hufeisens erbaut. Im Innern (Eintr. s. S. 162) führt ein Kastellan umher, er nennt die Säle und erklärt die Bilder, unter denen werthvolle Porträts der Mme. de Maintenon, Marie Lesczinska, Marie Theresia, Marie Antoinette, Ludwig XV. etc.

Ganz in der Nähe des Grand-Trianon besucht man das **Musée de Voitures**, in welchem sieben prächtige Staatswagen; der eleganteste diente bei der Krönung Karl X., bei der Trauung Napoléon III. und bei der Taufe des Prinzen Napoléon. Sechs Schlitten aus der Zeit Ludwig XIV., die Sänften der Königinnen Maria Lesczinska und Maria Antoinette.

Im **Petit-Trianon** (einige hundert Schritte nördlich), einem für Madame Dubarry erbauten Pavillon mit zwei Stockwerken, feierte Ludwig XV. seine Orgien. Es war auch der Lieblingssitz der Königin Marie Antoinette, der Königin Marie Louise (zweite Gemahlin Napoléon I.) und der Herzogin Helene von Orléans; Marie Antoinette legte hier eine Schäferei und einen herrlichen *Park* an, dessen üppige Bäume von den beschnittenen Hecken des Versailler Gartens vortheilhaft abstechen.

Im Petit-Trianon wurde im Jahre 1872 der Marschall Bazaine zum Tode verurtheilt.

In Versailles ist ausserdem der *Salle du Jeu de Paume*, südlich vom Place d'Armes, bekannt durch den Schwur (des dritten Standes) im Ballspielhause, 20. Juni 1789, sehenswerth. Der Saal birgt jetzt das *Musée de la Révolution*, täglich, Montags ausgenommen, von 12—4 Uhr offen.

In dem Gebäude der Präfektur wohnte der Kaiser Wilhelm während der Belagerung von Paris.

Saint-Germain-en-Laye.

Bahnhof Saint-Lazare: Abfahrt jede Stunde von 7 Uhr 35 bis 12 Uhr 35. Von Saint-Germain jede Stunde 5 Minuten vor voll. Fahrt 1 fr. 65 cent. und 1 fr. 35 cent. 21 km von Paris.

Gasthöfe: *Pavillon Henri IX.*, an der Terrasse; *Prince de Galles*, rechts der Kirche; *Ange Gardien*, Rue de Paris (Frühstück 2 fr. 50 cent., Mittag 3 fr.).

Das **Schloss** (Chateau), links vom Bahnhof, ist sehr alt, wurde aber fast ganz von Franz I. umgebaut und enthält jetzt ein höchst bedeutendes *Musée des antiquités nationales;* reiche Sammlung vorgeschichtlicher Gegenstände, gallo-römische Alterthümer und Münzen, und mittelalterliche Gegenstände, Waffen, Nachbildungen von Steindenkmälern, römisches Kriegszeug. Alles ist geschichtlich geordnet, die Gegenstände mit erklärenden Bezeichnungen versehen. Vor dem Schlosse Statue Thiers, von Mercié.

Rechts vom Bahnhof beginnt am Saume des Waldes die berühmte 2400 m lange **Terrasse**, von der aus eine wunderbar grossartige Aussicht bis Paris, Saint-Denis und Montmorency. Man hat so zu sagen einen endlosen Park mit Städtchen, Landhäusern, Baumgruppen u. s. w. vor sich, durch den sich das riesige Silberband der Seine in mehreren Bogen schlängelt.

Der **Wald von Saint-Germain** schliesst sich unmittelbar an die Stadt (und Terrasse) an, hält 4400 ha und bietet prachtvolle Partien. In demselben das «*Les Loges*» genannte frühere königliche Landhaus, wo am ersten Sonntag im September das Fête des Loges, ein grosses Volksfest, beginnt.

Fontainebleau.

60 km von Paris. 6 bis 8 Züge täglich von der Gare de Lyon. Fahrzeit 1½ bis 2 Stunden. 7 fr. 25 cent., 5 und 4 fr.

Gasthöfe: *Aigle-Noir, Hôtel de France et d'Angleterre, Hôtel de l'Europe,* alle drei beim Schloss, und mehrere andere. Frühstück gewöhnlich 2 fr. 50 cent., Mittag 3 fr.

Das **Schloss** ist grösstentheils unter Franz I. und Heinrich IV. erbaut worden, von aussen ziemlich einfach, nur ein Stockwerk hoch. Um so geschmackvoller und reicher ist das Innere. Neben den aus jener Zeit stammenden Sälen und Gemächern haben die späteren Herrscher, besonders Ludwig Philipp und Napoléon III., sich ebenfalls reich ausgestattete Gemächer im Geschmacke ihrer Zeit darin einrichten lassen.

Das Schloss ist täglich von 11—4 Uhr zu besichtigen unter Führung eines Wächters, welcher am Eingang im Haupthofe sich befindet (Trinkgeld). Derselbe giebt die gewöhnlichen Erklärungen.

Im Garten ein Teich mit berühmten alten Karpfen.

Hinter demselben beginnt der Wald (forêt de Fontainebleau), 17000 Hektare umfassend und durch seine alten Bäume, Steinbrüche, Felsen, Schluchten, Wildbäche und Höhenzüge der schönste Wald Frankreichs. Nur zeigen sich öfters Vipern. Zwei Ansiedelungen von Landschaftsmalern finden sich in demselben (Barbison und Marlotte). Die schönsten Punkte sind: *Fort de l'Empereur*, $^1/_2$ Stunde vom Bahnhof, prächtige Aussicht; *Gorges de Franchard*, prächtige Felsengruppen; *Gorges d'Aspremont; Monts-Girard*, Höhenzug; *Belle-Croix*, u. s. w.

Compiègne.

84 km. Nordbahnhof. 8 bis 10 Züge täglich. Fahrzeit 1$^1/_2$ bis 2$^1/_2$ Stunden. 10 fr. 30 cent., 7 fr. 75 cent. und 5 fr. 65 cent. Von Compiègne nach Pierrefonds 30 bis 40 Minuten 2 fr., 1 fr. 55 cent. und 1 fr. 5 cent.

Gasthöfe: *Hôtel de la Cloche* und *Hôtel de France*, beim Rathhaus; *Hôtel de Flandre*, beim Bahnhof.

Compiègne besitzt ein hübsches von Ludwig XV. erbautes **Schloss**, dessen reiches Innere besonders sehenswerth ist. Aber eine Haupt-Anziehungskraft sind der prächtige, 14 500 ha grosse

Wald, der ebenso wie der von Fontainebleau und Saint-Germain, wohl gepflegt und von zahlreichen Wegen und Schneisen, die alle mit Namen bezeichnet sind, durchschnitten wird, sowie das 14 km weit, am Ende dieses Waldes, befindliche Schloss **Pierrefonds**. Dasselbe wurde 1390 erbaut, liegt auf einer steilen Anhöhe und ist eine der grossartigsten, vollständigsten Ritterburgen des Mittelalters, dabei wohl erhalten und hergestellt.

Namen-Verzeichniss

mit Bezug auf den in einzelne Felder (A—H und 1—5) getheilten

Plan von Paris.

Vorbemerkung. Die Namen, denen **Neuve-**, **Vieille-**, **Grande-**, **Petite-** etc. vorgesetzt ist, stehen unter dem Buchstaben der Vorsilbe; also **Rue Neuve des Petits-Champs** unter **Neuve**.

Die Namen hingegen, denen **Saint-** oder **Sainte-** vorgesetzt wird, findet man unter dem Buchstaben des auf diese Vorsilbe folgenden Namens; also **Rue Saint-Ambroise** unter **Ambroise**.

Abkürzungen. Av. = Avenue; Boul. = Boulevard; Egl. = Église; Imp. = Impasse; Pass. = Passage; R. = Rue; St. = Saint; Ste. = Sainte.

Abattoir. — B 5.
Abbatucci, R. — C 2.
Abbaye, R. de l' — D 4.
Abbaye - aux - Bois, Egl. de l' — D 4.
Abbé de l'Epée, R. de l' — DE 5.
Abbé Groult, R. de l' — A 5.
Abbé Lassalle, Av. de l' — C 4.
Abbeville, R. d' — F 1.
Aboukir, R. d' — E 3.

Acacias, R. des (Ternes) — A 1—A 2.
Adam, R. — E 4.
Affre, R. — F 1.
Agriculture, Ministère de l' — D 4.
Aguesseau, R. d' — C 2.
Albe, R. d' — B 2.
Albouy, R. — F 1.
Alexandre Lepeu, Pass. — H 4.
Alger, R. d' — D 3.
Alibert, R. — G 2.
Aligre, Rue et Place d' — H 4.

Allemagne, R. d' — GH 1.
Alma, Avenue de l' — B 2—B 3.
Alma, Place de l' — B 3.
Alma, Passage de l' — B 4. H. 2.
Alma, Pont de l' — B 3.
Alsace, R. d' — F 1.
Amandiers, R. des — H 3.
Amandiers, Av. des — GH 3.
Ambroise, Egl. St.- — G 3.

Ambroise, Imp. St.- — H 3.
Ambroise, R. St.- — H 3.
Ambroise-Paré, R. — F 1.
Amélie, R. — B 3.
Amelot, R. — G 3. 4.
Ampère, R. — B 1.
Amsterdam, R. d' — D 1.
Amyot, R. — E 5.
Anastase, R. St.- — F 3.
Ancienne - Comédie, R. de l' — E 4.
André des Arts, R. St.- — E 4.
Anglais, R. des — E 4.
Angoulême, R. et Pass. d' — G 3.
Anjou, Quai d' — F 4.
Anjou-Saint-Honoré, R. d' — C 2.
Anjou au Marais, R. d' — F 3.
Anne, Pass. Ste.- — G 3.
Anne, R. Ste.- — D 3.
Annelets, R. des — H 1.
Antin, Avenue d' — B 2. 3.
Antin, Chaussée d' — D 2.
Antin Impasse, — B 3.
Antin, R. d' — D 2.
Antoine, R. St.- — FG 4.
Antoine, R. du Faubourg-St.- — GH 4.
Antoine, Hôpital St.- — H 4.
Antoine, Passage St.- — H 4.

Apolline, R. Ste.- — F 2.
Aqueduc, R. de l' — F 1.
Arbalète, R. de l' — E 5.
Arbre-Sec, R. de l' — E 3.
Arc de triomphe du Carroussel — D 3.
Arc de triomphe de l'Etoile — A 2.
Arcade, R. de l' — D 2.
Archevêche, Palais de l' — C 4.
Archevêche, Pont et Quai de l' — F 4.
Archives de l'Etat. — F 3.
Archives, R. des — F 3.
Arcole, R. d' — E 4.
Arcole Pont d' — F 4.
Argenson, R. d' — C 2.
Argenteuil, R. d' — D 3.
Argout, R. d' — E 3.
Armorique, R. de l'— C 5.
Arnaud, R. de St.- — D 2.
Arrivée, R. de l' — C 5.
Arsenal, Place et Rue de l' — G 4.
Arts, Pont des — E 3.
Arts et Métiers, Palais des — F 3.
Asile, R. de l' — G 3.
Asnières, R. d' — C 1.
Assas, R. d' — D 5.
Assomption, Egl. de l' — D 3.
Astorg, R. d' — C 2.

Auber, R. — D 2.
Aubervilliers, R. d' — G 1.
Aubigné, R. d' — F 4.
Augustin, Egl. Saint- — C 2.
Augustins, Quai des Grands- — E 4.
Augustins, R. des Grands- — E 4.
Aumaire, R. — F 3.
Aumale, R. d' — D 1.
Austerlitz, Pont d' — G 4.
Austerlitz, Quai und Pass. d' — G 4.
Aval, R. d' — G 4.
Ave-Maria, R. de l' — F 4.

Babylone, R. de — C 4.
Bac, R. du — D 3. 4.
Bac, d'Asnières, R. du — C 1.
Bagneux, R. de — C 5.
Baillif, R. — E 3.
Bailly, R. — F 3.
Balzac, R. — B 2.
Banque de France — E 3.
Banque, R. de la — E 3.
Barbet-de-Jouy, R. — C 4.
Barbette, R. — F 3.
H 1.
Bargue, R. — B 5.
Barouillère, R. de la — C 5.
Barthélemy, Imp. — H 2.
Barthélemy, R. — B 5.
Basfroi, R. — H 4.
Bassano, R. — B 2.

Basse-des-Ursins, R. — F 4.
Bassins, R. des — A 2.
Baste, R. — G 1.
Bastille, Place de la — G 4.
Batignolles, Boul. et Rue — C 1—D 1.
Battoir, R. du — F 5.
Baudin, R. — E 1.
Bayard, R. — B 3.
Bayen, R. — A 1.
Béarn, R. de — G 4.
Beaubourg, R. — F 3.
Beauce, R. de — F 3.
Beaucour, Imp. — B 1.
Beau-Grenelle, Place — A 5.
Beaujon, Hôpital — B 2.
Beaujon, R. — B 2.
Beaumarchais, Boulevard — G 3—4.
Beaune, R. de — D 3. C 2.
Beauregard, R. — E 2.
Beautreillis, R. — G 4.
Beaux-Arts, Ecole des — D 4.
Beaux-Arts, R. des — D 4.
Beccaria, R. de — H 5.
Beethoven, R. — A 3.
Belfort, R. — H 3.
Belhomme, R. — E 1.
Bellechasse, R. de — C 4—D 3.
Bellefond, R. de — E 1.
Belleville, Boulevard et Rue — H 2.
Bel-Respiro, Av. — B 2.
Bellot, R. — G 1.
Bellay, R. — F 4.
Belloy, R. de — A 2.

Belsunce, R. — F 1.
Benoît, R. St.- — D 4.
Béranger, R. — F 3.
Bercy, Boul. de — H 5.
Bercy, R. de — GH 5.
Berger, R. — E 3.
Bergère, R. — E 2.
Berlin, R. de — D 1.
Bernard, Imp. St.- — H 4.
Bernard, Pass. St.- — H. 4.
Bernard, Quai St.- — F 5.
Bernard, R., St.- — H 4.
Bernardins, R. des — F 4.
Bernouilly, R. — C 1.
Berry, R. de — B 2.
Berthe, R. — E 1.
Bertin-Poirée, R. — E 3.
Bertrand, R. — C 5.
Béthune, Quai de — F 4.
Beudant, R. — C 1.
Beuret, R. — B 5.
Bibliothèque Nationale — E 3.
Bichat, R. — G 2.
Bienfaisance, R. de la — C 2.
Bièvre, R. de — E 4.
Billault, R. — B 2.
Billettes, R. des — F 4.
Billy, Quai de — A 3 — B 3.
Biot, R. — D 1.
Birague, R. de — G 4.
Biscornet, R. — G 4.
Bisson, R. — H 2.
Bizet, R. — B 3.
Blainville, R. — E 5.
Blaise, R. — H 3.

Blanche, R. et Place — D 1.
Blancs-Manteaux, R. des — F 3.
Bleue, R. — E 2.
Blomet, R. — A 5 — B 5.
Blondel, R. — F 2.
Bochard-de-Saron, R. — E 1.
Bois de Boulogne, Av. du — A 2.
Boissonnade, R. — D 5.
Boissière, R. — A 2. 3.
Boissy-d'Anglas, R. — C 2.
Bolivard, R. — G 1. 2. H 2.
Bonaparte, R. — D 4. 5.
Bondy, R. de — F 2.
Bonne-Nouvelle, Boulevard — F 2.
Bons-Enfants, R. des — E 3.
Borda, R. — F 3.
Bordeaux, R. de — F 5.
Borromée, R. — B 5.
Bosquet, Avenue — B 3. 4.
Bossuet, R. de — F 1.
Botzaris, R. — H 1. 2.
Bouchardon, R. — F 2.
Bouchardy, Pass. — G 2.
Bouchet, Imp. — G 1.
Boudreau, R. — D 2.
Bouffes Parisiens — D 2.
Boufflers, Cité — F 3.
Bougainville, R. — B 4.
Boulangers, R. des — F 5.
Boule, R. — G 4.
Boule-Blanche, Pass. — G 4.

Boulets, R. des — H 4.
Boulogne, R. de — D 1.
Bouloi, R. du — E 3.
Bourbon, Quai — F 4.
Bourdon, Boul. — G 4.
Bourdonnais, R. de — E 3.
Bourdonnaye, Avenue de la — B 3. 4.
Bouret, R. — G 1.
Bourgogne, R. de — C 3.
Bourgogne, R. de (Entrepôt) — F 5.
Boursault, R. — C 1.
Bourse, Palais, Place et R. de la — E 2.
Boutarel, R. — F 4.
Brady, Passage — F 2.
Brantôme, R. — F 3.
Braque, R. de — F 3.
Bréa, R. de — D 5.
Bréda, R. — E 1.
Bréguet, R. — G 4.
Brémontier, R. — B 1.
Bretagne, Cour de — G 2.
Bretagne, R. de — F 3.
Breteuil, Av. de — C 4. 5.
Bretonvilliers, R. de — F 4.
Brey, R. — A 2.
Briare, Imp. — E 2.
Bridaine, — C 1.
Briquet, R. — E 1.
Brisemiche, R. — F 3.
Brissac, R. de — G 4.
Brunel, R. — A 1.
Bruno, R. St.- — F 1.
Bruxelles, R. de — D 1.

Bucherie, R. de la — E 4.
Buci, R. de — D 4.
Bude, R. — F 4.
Buffault, R. — E 2.
Buffon, R. de — F 5.
Buisson-Saint-Louis, R. du — G 2.
Buttes Chaumont, R. des — F 1.
Buttes Chaumont, Parc des — H 1.
Buzelin, Passage — G 1.

Cail, R. — F 1.
Cadet, R. — E 2.
Caire, R., Place et Pass. du — E 3.
Caffarelli, R. — F 3.
Calais, R. de (Clichy) — D 1.
Cambacérès, R. — C 2.
Cambronne, Place et Rue — B 5.
Camou, R. — B 3.
Canal-Saint-Martin, R. du — G 1.
Canettes, R. des — D 4.
Capron, R. — D 1.
Capucines, Boul. des — D 2.
Cardinal-Lemoine, R. du — F 5.
Cardinet, R. — B 1.
Cardinet, R. — C 1.
Carmes, Couvent des — D 4.
Carmes, R. des — E 4.
Carnot, R. — D 5.
Caroline, Pass. — D 1.
Caroline, R. (Batignolles) — D 1.
Carpentier, R. — D 4.

Carroussel, Place et Pont du — D 3.
Casimir-Périer, R. — C 3.
Cassette, R. — D 4.
Castellane, R. de — D 2.
Castex, R. — G 4.
Castiglione, R. de — D 3.
Catherine, R. Ste.- — E 8.
Cavé, R. — F 1.
Cauchois, R. — D 1.
Caumartin, R. — D 2.
Cécile, R. Ste.- — E 2.
Célestins, Quai des — F 4.
Cendriers, R. des — H 3.
Censier, R. — F 5.
Centre, R. du — B 2.
Cerisaie, R. de la — G 4.
Chabrol, R. de — F 2.
Chaillot, R. de — B 2.
Chaise, R. de la — D 4.
Chalgrin, R. — A 2.
Chaligny, R. — H 5.
Châlons, R. de — GH 5.
Champ-de Mars, le — B 4.
Champ, R. du — B 4.
Champagne, R. de — F 5.
Champollion, R. — E 4.
Champs-Elysées, Av. des — B 2—C 3.
Champs, Rond-point des — BC 2.
Chanaleilles, R. — C 4.

Change, Pont au — E 4.
Chanoinesse, R. — F 4.
Chantier, Pass. du — G 4.
Chantiers, R. des — F 4.
Chapelle expiatoire — D 2.
Chapelle, Boul. de la — F 1.
Chapelle, la Ste.- — E 4.
Chapelle, Imp. de la — F 1.
Chapon, R. — F 3.
Chaptal, R. — D 1.
Chaptal, Collége — C 1.
Charbonnière, R. de la — F 1.
Charbonniers, R. des — GH 5.
Charenton, R. de — G 4—H 5.
Charles Nodier, R. — E 1.
Charité, la — D 4.
Charlemagne, R. — F 4.
Charles, R. St.- — A 4.
Charles, Place St.- — A 4.
Charles V., R. — F 4.
Charlot, R. — F 3.
Charolais, R. du — H 5.
Charonne, R. de — GH 4.
Charraud, Cité — G 1.
Chartière, R. — E 5.
Chartres, R. de — F 1.

Château, R. du — C 5.
Château-d'Eau, Place du — G 3.
Château-d'Eau, R. du — F 2.
Château-Landon, R. de — F 1.
Châteaudun, R. de — DE 2.
Châtelet, Place et Théâtre — E 3.
Chauchat, R. — E 2.
Chaudron, R. — G 1.
Chaufourniers, R. des — G 1.
Chaumont, Cité St.- — G 2.
Chaussée-d'Antin, R. de la — D 2.
Chaussée - du - Maine, Av. de la — C 5.
Chausson, Pass.— F 2.
Chazelles, R. — B 1.
Chemin de fer de l'Ouest — D 1. C 5.
Chemin-Vert, R. du — G 3. 4.
Chêne-Vert, Cour du — G 4.
Cherche-Midi, R. du — C 5—D 4.
Cheroi, R. — C 1.
Chevert, R. — B 4.
Chevreuse, R. de — D 5.
Choiseul, R. et Pass. — D 2.
Chopinette, R. de la — G 2.
Chomel, R. — D 4.
Choron, R. — E 1.
Christiani, R. — E 1.
Christine, R. — E 4.
Christophe - Colomb, R. — B 2.
Cimarosa, R. — A 2.

Cimetière du Nord, Av. du — D 1.
Cimetière - St.- Benoît, R. du — E 4.
Cirque d'Eté — C 2.
Cirque d'Hiver — G 3.
Cirque, R. du — C 2.
Cité, R. et Quai de la — E 4.
Cité, Ile de la — EF 4.
Citeaux, R. de — H 4. 5.
Clapeyron, R. — D 1.
Clary, R. — D 2.
Claude, R. St.- — G 3.
Claude - Vellefaux, R. — G 2.
Clausel, R. — E 1.
Clavel, R. — H 2.
Clef, R. de la — F 5.
Clément, R. — D 4.
Cler, R. — B 3.
Cléry, R. de — E 2. 3.
Clichy, Boul., Place et R. de — D 1.
Clignancourt, R. de — E 1.
Cloître - Notre - Dame, R. du — F 4.
Clotilde, R. — E 5.
Clotilde, Eglise Ste.- — C 3.
Clovis, R. de — E 5.
Cluny, Musée de — E 4.
Cochin, R. — F 4.
Coëtlogon, R. — D 4.
Colbert, R. — E 2.
Coligny, R. de — G 4.
Colisée, R. du — B 2.
Collége de France — E 4.
Colombe, R. de la — F 4.
Colonne de Juillet — G 4.

Colonne Vendôme — D 3.
Combes, R. — B 3.
Comète, R. de la — B 3.
Commerce, Cour du — B 2. G 4.
Commerce, Place du — A 5.
Commerce, Tribunal de — E 4.
Commines, R. — G 3.
Concorde, Place et Pont de la — C 3.
Condamine, R. de la — C 1.
Condé, R. — E 4.
Condorcet, R. — E 1.
Conférence, Quai de la — B 3—C 3.
Conservatoire des Arts et Métiers — F 3.
Conservatoire de Musique — E 2.
Conservatoire, R. du — E 2.
Constance, R. — D 1.
Constantine, R. de — E 4.
Constantinople, R. de — C 1.
Conti, Quai — E 4.
Contrescarpe, Boul. — G 4. 5.
Copenhague, R. de — C 1.
Copernic, R. — A 2.
Copreau, R. — B 5.
Coq, Av. du — D 2.
Coq-Héron, R. — E 3.
Coquillière, R. — E 3.
Corbeau, R. — G 2.
Corderie, R. de la — F 3.
Cordiers, R. des — E 5.

Corps législatif, Palais du — C 3.
Cossonnerie, R. de la — E 3.
Côte d'Or, R. de la (Bercy) — F 5.
Cotentin, R. de — C 5.
Cotte, R. de — H 4.
Courcelles, Boul. de — B 1—B 2.
Courcelles, R. — B 1 —B 2.
Couronnes, R. des — H 2.
Cours la Reine — B 3—C 3.
Courty, R. de — C 3.
Crimée, R. de — H 1.
Croissant, R. du — E 2.
Croix-de-la-Bretonnery, R. Ste.- — F 3.
Croix-Nivert, R. de la — A 5—B 5.
Croix - des - Petits Champs, R. — E 3.
Crozatier, R. — H 5.
Crussol, Cité et R. — G 3.
Cujas, R. — E 5.
Cuvier, R. — F 5.
Cygne, R. du — E 3.

Dames, R. des — C 1—D 1.
Damoy, Pass. — G 4.
Dante, R. — E 4.
Darboy, R. — G 2.
Daru, R. — B 1.
Daubenton, R. — F 5.
Daumesnil, Av. — GH 5.
Dauphin, R. du — D 3.
Dauphine, R. et Place — E 4.

Debelleyme, R. — F 3.
Deguerry, R. — G 2.
Delaître, R. — H 3.
Delambre, R. — D 5.
Delanay, Imp. — H 4.
Delessert, Boul. — A 3.
Delessert, Pass. — G 1.
Delorme, Pass. — D 3.
Delta, R. du — E 1.
Demours, R. — A 1 —B 1.
Denain, Av. de — F 1.
Denis, Boul. St.- — F 2.
Denis, Porte St.- —
Denis, R. St.- — E 3—F 2.
Denis-du-St.-Sacrem., Eglise-St.- — G 3.
Denis, R. du Faubourg-St.- — F 1—2.
Départ, R. du — C 5.
Département, R. du — G 1.
Desaix, R. — A 4.
Descartes, R. — E 5.
Descombres, R. — A 1.
Désir, Pass. du — F 2.
Desnoyers, R. — H 2.
Desrenaudes, R. — B 1.
Deux-Gares, R. des — F 1.
Deux-Ponts, R. des — F 4.
Deux-Portes-St.-Jean, R. des — F 4.
Deux-Portes, R. des — E 3.
Deux-Soeurs, Pass. des — E 2.
Diderot, Boul. — G 5. 6.
Didier, Pass. — G 2.
Didier, R. St.- — A 3.

Dieu, R. — G 2.
Domat, R. — E 4.
Dôme, R. du — A 2.
Dominique, Pass. St.- — B 4.
Dominique, R. St.- — B 3—C 3.
Doré, R. — G 3.
Douai, R. de — D 1.
Douane, R. de la — G 2.
Dragon, R. du — D 4.
Droit, Ecole de — E 5.
Drouot, R. — E 2.
Dubail, Pass. — F 2.
Dubois, Imp. — H 2.
Dubois, Pass. — H 1.
Duguay-Trouin, R. — D 5.
Dulac, Pass. — C 5.
Dulong, R. — C 1.
Dumont - d'Urville, R. — A 2.
Dunkerque, R. de — EF 1.
Duperré, R. — D 1.
Dupetit-Thouars, R. — F 3.
Duphot, R. — D 2.
Dupin, R. — D 4.
Dupleix, R. et Ruelle — A 4.
Dupont, R. — H 3.
Dupuis, R. — F 3.
Duquesne, Av. — C 4.
Duranti, R. — H 3.
Duras, R. — C 2.
Duret, R. — A 2.
Duris, R. — H 3.
Duroc, R. — C 5.
Duvivier, R. — B 4.

Eaux, Pass. des — A 4.
Eblé, R. — C 4.

Echaudé, R. de l' — D 4.
Echelle, R. de l' — D 3.
Echiquier, R. de l' — F 2.
Ecluses-Saint-Martin, R. des — G 1—2.
Ecole - de - Médicine, R. de l' — E 4.
Ecole Militaire — B 4.
Ecole-Polytechnique, R. de l' — E 5.
Ecoles, R. des — E 4 – F 5.
Ecosse, R. de — E 5.
Ecouffes, R. des — F 4.
Ecuries — B 2—B 3.
Eglantiers, R. des — H 3.
Eglise, R. de l' — A 5.
Eglise, Russe — B 2.
Egoût, Imp. de l' — F 2.
Elisabeth, Eglise Ste.- — F 3.
Elysée, R. de l' — C 2.
Elysée, Palais de l' — C 2.
Elysée, Pass. de l' — E 1.
Elzévir, R. — F 4.
Embacadère de Lyon — G 5.
Embacadère du Nord — F 1.
Embacadère d'Orléans — G 5.
Embacadère de l'Ouest, rive droite — D 1. 2.
Embacadère de l'Ouest, rive gauche — C 5.

Embacadère de Strasbourg ou de l'Est — F 1.
Embacadère de Vincennes — G 4.
Emeriau, R. — A 4.
Emile Lepeu, R. — H 4.
Enfant-Jésus, Imp. de l' — C 5.
Enfer, Boul. d' — D 5.
Enfer, R. d' — E 5.
Enghien, R. d' — F 2.
Entrepôt, R. de l' — G 2.
Entrepreneurs, R. et Pass. des — A 5.
Envierges, R. des — H 2.
Epée-de-Bois, R. de l' — E 5.
Eperon, R. de l' — E 4.
Erard, R. — H 5.
Essling, Av. d' — A 1. 2.
Est, Gare de l', ou de Strasbourg — F 1.
Est, R. de l' — H 2.
Estrapade, Place de l' — E 5.
Estrées, R. d' — C 4.
Etat-Major — D 2. C 3.
Etoile, Place de l' — A 2.
Etoile, R. de l' — A 1.
Eugène, Eglise St.- — E 2.
Eugénie, Hôpital Ste.- — G 4.
Eupatoria, R. d' — H 2.
Europe, Place de l' — C 1.
Eustache, Eglise St.- — E 3.

Namen-Verzeichniss. 181

Eylau, Av. et Place d' — A 2.

Fabert, R. — C 3.
Fabriques, Cours des — G 3.
Faubourg - St.-Denis, R. du — F 1—2.
Faubourg-St.-Honoré, R. du — B 1—C 2.
Faubourg-St.-Martin, R. du — F 1—G 2.
Faubourg - Montmartre, R. du — E 2.
Faubourg - Poissonnière, R. du — E 1—2.
Faubourg-du-Temple, R. du — G 2.
Faucheux, Pass. des — H 2.
Favart, R. — E 2.
Favorites, R. des — B 5.
Félicité, Imp. Ste.- — B 5.
Fénelon, R. — F 1.
Fénoux, R. — B 5.
Fer-à-Moulin, R. du — F 5.
Ferdinand, Eglise et R. St.- — A 1.
Ferme - de - Grenelle, R. de la — B 4.
Ferme-des-Mathurins, R. — D 2.
Ferme - St. - Lazare, Pass. de la — F 2.
Férou, R. — D 4.
Ferronnerie, R. de la — E 3.
Fessart, R. et Imp. — H 2.
Feuillantines, R. des — E 5.
Feuillet, Pass. — G 1.

Feydeau, R. — E 2.
Fiacre, Pass. St.- — B 5.
Fiacre, R. St.- — E 2.
Fidélité, R. de la — F 2.
Figuier, R. du — F 4.
Filles - du - Calvaire, Boul. des — G 3.
Filles, R. des — G 3.
Filles-Saint-Thomas, R. des — E 2.
Flandre, R. de — G 1.
Fleurus, R. de — D 5.
Florence, R. de — H 2.
Florence, R. de — D 1.
Florentin, R. St - — D 3.
Foin, R. du — G 4.
Folie-Méricourt, R. de la — G 3.
Folie-Regnault, R. de la — H 3. 4.
Folie - Titon, R. de la — H 4.
Folies - Dramatiques, Théâtre — F 2.
Fondary, R. — A 4 — B 5.
Fonderie, Pass. de la — G 3.
Fontaine, R. — D 1.
Fontaine-au-Roi, R. — G 2.
Fontaines, R. des — F 3.
Fontenoy, Place — B 4.
Forez, R. du — F 3.
Forge-Royale, Pass. de la — H 4.
Fortin, R. — B 2.
Fossés-St.-Bernard, R. des — F 5.

Fossés-St -Jacques, R. des — E 5.
Fouarre, R. du — E 4.
Four, R. du — D 4.
Fourcroy, R. — A 1.
Fourcy, R. de — F 4.
Fourneaux, R. des — C 5.
Foy, R. Ste.- — F 2.
François Ier, R. — B 2.
François-Miron, R. — F 4.
François-Xavier, Egl. Saint- — C 4.
Françoise, R. — E 3.
Francs-Bourgeois, R. des — F 3-4.
Franklin, Av. — A 3.
Frémicourt, R. — B 5.
Frère-Philippe, R. du — C 4.
Freycinet, R. — B 3.
Friedland, Av. de — B 2.
Frochot, R. — E 1.
Froment, R. — G 4.

Gabriel, Av. — C 2.
Gabrielle, R. — E 1.
Gaillard, Pass. — B 3.
Gaillon, R. — D 2.
Gaîté, R. de la — D 5.
Gaîté, Théâtre de la — F 3.
Galande, R. — E 4.
Galilée, R. — A 2 — B 2.
Galvani, R. — A 1.
Gambey, R. — G 3.
Garancière, R. — D 4.
Gardes, R. des — F 1.
Gatebois, R. — H 5.
Gaudelet, Imp. — H 3.
Gauthier, Pass. — H 2.
Gay-Lussac, R. — E 5.

Genty, Pass. — G 5.
GeoffroyDidelot, Pass. — C 1.
Geoffroy - St. - Hilaire, R. — F 5.
Geoffroy - Langevin, R. — F 3.
Geoffroy - Lasnier, R. — F 4.
Geoffroy-Marie, R. — E 2.
Georges, Egl. St. - — G 1.
Georges, Rue St.- — E 2.
Gerando, R. — E 1.
Gerbert, R. — B 5.
Gerbier, R. — H 3.
Germain, Boul. St.- — C 3 — F 4.
Germain - l'Auxerrois, Egl. St.- — E 3.
Germain - Rue St.- — E 3.
Germain - des - Près, Egl. St.- — D 4 — B 5.
Germain-Pillon, R. — E 1.
Gerson, R. — E 5.
Gervais, Egl. St.- — F 4.
Gèvres, Quai de — E 4.
Gilles, R. St.- — G 4.
Gît - le - Coeur, R. — E 4.
Gluck, R. — D 2.
Godot, Cité — B 3.
Godot - de - Mauroy, R. — D 2.
Gomboust, R. — D 3.
Goutte - d'Or, R. de la — F 1.
Gouvion St. - Cyr, Boul. — A 1.
Gozlin, R. — D 4.

Gracieuse, R. — F 5.
Grammont, R. de — D 2.
Grand-Cerf, Pass. du — E 3.
Grand-Hôtel — D 2.
Grand-Prieuré, R. du — G 3.
Grande-Armée, Av. de la — A 2.
Grande-Cour — G 5.
Grande - Truanderie, R. de la — E 3.
Grands - Augustins, Quai des — E 4.
Grands, R. des — E 4.
Grange-aux-Belles, R. de la — G 2.
Grange-Batelière, R. de la — E 2.
Gravilliers, R. des — F 3.
Grégoire - de - Tours, R. — E 4.
Grenelle, Boul. de — A 4 — B 5.
Grenelle, R. de — B 4 — D 4.
Grenelle, Quai de — A 4.
Grenéta, Pass. — E 3.
Grenéta, R. — F 3.
Grenier - St. - Lazare, R. — F 3.
Grétry, R. — E 2.
Greuze, R. — A 3.
Griset, Imp. — H 3.
Guéménée, Imp. — G 4.
Guénégaud, R — E 4.
Guerre, Conseil de — D 4.
Guerre, Ministère de la — C 3.
Guillaume, R. St.- — D 4.

Guillaume Tell, R. — A 1.
Guilhelm, R. — H 3.
Guisarde, R. — D 4.
Gustave Lepeu, Pass. — H 4.
Guy-Labrosse, R. — F 5.
Guy-Patin, R. — F 1.
Guyot, R. — B 1.
Gymnase, Théâtre — E 2.

Halévy, R. — D 2.
Halle au blé — E 3.
Halle aux vins — F 5.
Halles, R. des — E 3.
Halles centrales — E 3.
Hambourg, R. de — D 1.
Hamelin, R. — A 3.
Hanovre, R. de — D 2.
Harlay, R. de — G 3.
Harpe, R. de la — E 4.
Hasard, R. du — D 3.
Hassard, R. — H 1.
Haussmann, Boul. — B 2 — D 2.
Hautefeuille, R. — E 4.
Hauteville, R. d' — F 2.
Hautpoul, R. d' — H 1.
Havre, R. du — D 2.
Hébrards, R. des — H 5.
Helder, R. du — D 2.
Hélène, R. — D 1.
Hennain, Cité — G 1.
Henri IV., Boul. — G 4.
Henri IV., Quai — F 4.
Héricart, R. — A 4.

Héron, Cité — G 2.
Herr, R. — A 5.
Hilaire, R. St. — E 4.
Hippodrôme — B 3.
Hippolyte-Lebas, R. E 1.
Hoche, R. — A 4.
Honoré, Marché St.- — D 3.
Honoré, R. St.- — D 3—E 3.
Honoré, R. du Faubourg-St.-, B 1 — C 2.
Hôpital, Boul. de l' — F 5.
Hôpital militaire — B 3.
Hôpital-St.-Louis, R. de l' — G 2.
Horloge, Quai de l' — E 4.
Hôtel-Colbert, R. de l' — E 4.
Hôtel-Dieu — E 4.
Hôtel du Louvre — E 3.
Hôtel-de-Ville — F 4.
Hôtel Quai de l' — F 4.
Houdard, R. — H 3.
Houdon, R. — E 1.
Huchette, R. de la — E 4.

Industrie, Pal. de l' — C 3.
Industrie, Pass. de l' — F 2.
Innocents, R. des — E 3.
Institut, Pal. de l' — E 3.
Invalides, Boul. des — C 4.
Invalides, Dôme des — C 4.
Invalides, Esplanades des — C 3.
Invalides, Hôtel des — C 4.
Invalides, Pont des — C 3.
Irénée, R. Ste.- — G 3. 4.
Isly, Pass. d' — H 2.
Isly, R. d' — D 2.
Italiens, Boul. des — DE 2.

Jacob, R. — D 4.
Jacques, R. St.- — E 4—5.
Jacques-Coeur, R. — G 4.
Jacques-du-Haut-Pas, Egl. St.- — E 5.
Jacques, Tour St.- — E 4.
Jadin, R. — B 1.
Jandelle, Cité — H 2.
Jardin-des-Plantes — F 5.
Jardiniers, Ruelle des — G 3.
Jardins, R. des — F 4.
Jarente, R. de — F 4.
Javel, R. de — A 5.
Jean-Baptiste, Egl. St.- — A 5.
Jean-Beausire, R. — G 4.
Jean-de-Beauvais, R. — E 4.
Jean-Goujon, R. — B 3.
Jean-Jacques-Rousseau, R. — E 3.
Jemmappes, Quai de — G 1. 2.
Jéna, Av. de — A 2. 3.
Jéna, Pont d' — A 3.

Jéna, R. d' — C 3.
Jessaint, R. — F 1.
Jeunes-Aveugles, Institution des — C 5.
Jeûneurs, R. des — E 2.
Joinville, Pass. — G 2.
Jolivet, R. — D 5.
Joquelet, R. — E 2.
Joseph, Chapelle St.- — G 2.
Joseph, Pass. St.- — G 2.
Joseph, Cour St.- — G 4.
Joseph, R. St.- — E 2.
Joubert, R. — D 2.
Jouffroy, R. — B 1.
Jouffroy, Pass. — E 2.
Jour, R. du — E 3.
Jouy, R. de — F 4.
Jouye-Rouve, R. — H 2.
Juge, R. — A 4.
Juifs, R. des — F 4.
Juigné, R. de — A 2.
Jules-César, R. — G 5.
Julien-Lacroix, R. — H 2.
Jussieu, R. de — F 5.
Justice, Ministère de la — D 2.
Justice, Pal. de — E 4.

Kabylie, R. de — G 1.
Keller, R. — G 4.
Keppler, R. — B 2.
Kleber, Av. — A 2. 3.
Kleber, R. — A 4.
Kusner, Pass. — H 2.

Laborde, R. — C 2.
La Bourdonnaye, Av. de — B 3. 4.

La Bruyère, R. de — D 1.
Lacépède, R. de — F 5.
Lacharrière, R. — H 3.
Lacuée, Av. — H 4—G 5.
Lafayette, R. de — D 2—G 1.
La Ferrière, Pass. — E 1.
Laffitte, R. — E 2.
Lallier, R. — E 1.
Lally-Tollendal, R. — G 1.
Lamandé, R. — C 1.
Lamartine, R. — E 2.
La Michodière, R. — D 2.
La Mothe-Piquet, Av. de — B 4.
Lancry, R. de — F 2.
Languedoc, R. de — F 5.
Laplace, R. — E 5.
Lappe, R. de — G 4.
La Rochefoucault, R. — D 1.
Laromiguière, R. — E 5.
Las Cases, R. — C 3.
La Tour-d'Auvergne, R. de E 1.
Latour-Maubourg, Boul. — B 3. 4.
Laugier, R. — A 1.
Laumière, Av. — H 1.
Laurent, Cité St.- — G 1.
Laurent, Eglise et R. St.- — F 2.
Lauriston, R.—A 2. 3.
Lauzin, R. — H 2.
Laval, R. — E 1.
Lavandières, R. des— E 3.

Lavoisier, R. — C 2.
Lazare, Prison St.- — F 2.
Lazare, R. St.- — D 2.
Lebon, R. — A 1.
Lebouteux, R. — C 1.
Lécluse, R. — D 1.
Lecourbe, R. — A 5 — B 5.
Legendre, R. — C 1.
Légion d'honneur, Pal. de la — D 3.
Legrand, R. — G 2.
Legraverend, R. — G 5.
Lemercier, R. — D 1.
Léonard-de-Vinci, R. — A 2.
Léonie, R. — D 1.
Lepage, Passage — G 1.
Lepelletier, R. — E 2.
Lepeu, R. — H 5.
Lepic, R. — D 1.
Le Regrattier, R. — F 4.
Leroux, R. — A 2.
Lesage, R. — H 2.
Lesueur, R. — A 2.
Letellier, R. — A 4.
Lévis, R. de — C 1.
L'homme, Pass.—G 4.
L'homond, R. — E 5.
Lille, R. de — D 3.
Lingerie, R. de la — E 3.
Linné, R. — F 5.
Linois, R. — A 5.
Lions, Cour des — G 3.
Lions, R. des — F 4.
Lisbonne, R. de — C 1.
Lobineau, R. — D 4.
Loire, Quai de la — G 1.

Lombards, R. des — E 3.
Londres, R. et Pass. de — D 2.
Longchamp, R. de — A 3.
Lord-Byron, R. — B 2.
Lorraine, R. de — H 1.
Louis, Eglise St.- — D 2.
Louis, Hôpital St.- — G 2.
Louis, Lycée St - — E 4.
Louis, Pass. St.- — C 1. G 2.
Louis, Pont. St.- — F 4.
Louis, R. St.- — F 4.
Louis, le-Grand, Lycée — E 5.
Louis, R. — D 2.
Louis Philippe, Pont et R. — F 4.
Lourmel, R. - A 4. 5.
Louvois, R. — E 2.
Louvre, Palais, Place, Quai et R. du — E 3.
Lowendal, Av. de — B 4.
Lubeck, R. de — A 3.
Lucie, R. Ste.- — A 5.
Lune, R. de la — E 2.
Lunéville, R. de — H 1.
Luxembourg, Av. et Jard. du — D 5.
Luxembourg, Palais du — DE 4. 5.
Luxembourg, R. de — D 2.
Lyon, R. de — G 4. 5.

Lyrique, Théâtre (Historique) — E 4.

Mabille, Bal — B 2.
Mabillon, R. — D 4.
Mac Mahon, R. — A 3—B 2.
Madame, R. — D 4. 5.
Madeleine, Boul. de la — D 2.
Madeleine, Eglise et Place de la — D 2.
Mademoiselle, R. — A 5—B 5.
Madrid, R. de — C 1.
Magdebourg, R. de — A 3.
Magellan, R. — B 2.
Magenta, Boul. de — F 1.
Magnan, R. — G 2.
Mail, R. du — E 3.
Maillot, Porte — A 1.
Maine, Av. et Imp. du — C 5.
Maine, Chaussée du — C 5.
Maître-Albert, R. — E 4.
Malakoff, Av. de — A 2. 3.
Malaquais, Quai — D 3.
Malar, R. — B 3.
Malebranche, R. — E 5.
Malesherbes, Boul. — B 1—C 2.
Malesherbes, R. — C 1.
Malesherbes, Place — B 1.
Malher, R. — F 4.
Malte, R. de — G 3.
Mandar, R. — E 3.
Manin, R. — H 1.

Manutention — B 3.
Manutention, Rue de la — A 3.
Mansart — D 1.
Marais, R. des — F 2.
Marbeuf, Av. et R. — B 2.
Marc, R. St.- — E 2.
Marceau, Av. — B 2. 3.
Marché - Neuf, Quai du — E 4.
Marguerite, Egl. Ste.- — H 4.
Marguerite, R. Ste.- — H 4.
Marie, R. Ste.- — G 2.
Marie, R. Ste.- — D 1.
Marie, Pass. Ste.- — D 4.
Marie, Pass. Ste.- — G 2.
Marie, Pont — F 4.
Marie Antoinette, R. — E 1.
Marie Louise, R. — G 2.
Marie Stuart, R. — E 3.
Marignan, R. de — B 2.
Maroc, R. du — G 1.
Maronites, R. des — H 2.
Marquefoy, R. — G 1.
Marseille, R. de — F 2.
Martel, R. — F 2.
Martignac, R. de — C 3.
Martin, R. — A 1. G 1.
Martin, R. St.- — F 2.
Martin, Boul. St.- — F 2.
Martin, Canal St.- — G 1—2.
Martin, Egl. St.- — F 2.

Martin, Porte St.- — F 2.
Martin, R. du Faubourg-St.- — F 2 — G 1.
Martyrs, R. des — E 1.
Masseran, R. — C 5.
Massillon, R. — F 4.
Matignon, R. de — C 2.
Maubert, Place — E 4.
Maubeuge, R. de — E 2—F 1.
Maublanc, R. — B 5.
Maubuée, R. — F 3.
Maur, Cité Saint- — H 3.
Maur, R. St.- — G 2 —H 3.
Maure, R. du — F 3.
Maurice, Pass. — H 3.
Mayet, R. — C 5.
Mayran, R. — E 2.
Mazagran, R. — F 2.
Mazarine, R. — E 4.
Mazas, Prison — G 5.
Meaux, R. de — G 1.
Médecine, R. de l'Ecole de — E 4.
Mégisserie, Quai de la — E 4.
Meinadier, R. — H 1.
Ménars, R. — E 2.
Ménil, R. — A 2.
Ménilmontant, R. de — H 2—3.
Ménilmontant, Boul. de — H 3.
Ménilmontant, Imp. et Pass. — H 3.
Mercier, R. — E 3.
Mercoeur, R. — H 4.
Merlin, R. — H 3.
Merri, Egl. St.- — F 3.
Meslay, R. — F 2.

Messageries Nationales — E 2.
Messageries, R. des — E 2.
Messine, R. de — C 2.
Messine, Square de — C 2.
Metz, R. de — F 2.
Meyerbeer, R. — D 2.
Mézières, R. de — D 4.
Michel, Boul. St. — E 4—5.
Michel, Place, Pont et Quai St.- — E 4.
Michel, le Comte, R. — F 3.
Michodière, R. de la — D 2.
Midi, Cité du — D 1.
Milan, R. de — D 1.
Milcent, Imp. — H 3.
Millaud, Av. — G 5.
Milton, R. — E 1.
Minimes, R. des — G 4.
Miollis, R. — B 5.
Miromenil, R. de — C 1—C 2.
Missions, R. des — D 5.
Missions, Etrangères, Egl. des — C 4.
Mobilier de l'Etat — B 3.
Mogador, R. de — D 2.
Moineaux, R. des — D 3.
Molière, R. — D 3.
Monceaux, R. de — B 2—C 1.
Monceaux, Parc de — B 1.
Moncey, R. — D 1.
Mondovi, R. de — D 3.

Monge, R. — F 5.
Monnaie, R. de la — E 3.
Monnaies, Hôtel des — E 4.
Monsieur, R. de — C 4.
Monsieur - le - Prince, R. — E 4.
Montagne-Ste.-Geneviève, R. de la — E 4. 5.
Montaigne, Av. — B 3.
Montaigne, R. — C 2.
Montalivet, R. — C 2.
Mont - Carmel, Couvent du — B 4.
Mont-de-Piété — F 3.
Montebello, Quai — E 4.
Montenotte, R. — A 1. 2.
Montgallet, Pass. et R. — H 5.
Montgolfier, R. — F 3.
Montholon, R. — E 2.
Montjol, R. — G 2.
Montlouis, R. — H 4.
Montmartre, R. — E 3.
Montmartre, Boul. — E 2.
Montmartre, Cimetière — D 1.
Montmartre, R. du Faubourg — E 2.
Montmorency, R. de — F 3.
Montorgueil, R. — E 3.
Montparnasse, Boul. — CD 5.
Montparnasse, Cimetière du — D 5.
Montparnasse, R. du — D 5.
Montplaisir, Imp. — H 3.

Montreuil, R. de — H 4.
Montrouge, Boul. de — D 5.
Month-Thabor, R. du — D 3.
Monthyon, R. de — E 2.
Morand, R. — G 2.
Moreau, R. — G 4.
Moret, R. — H 3.
Morgue, la — F 4.
Morland, Boul. — G 4.
Mornay, R. — G 4.
Morny, R. de — B 2.
Moscou, R. de — D 1.
Moselle, R. de la — G 1.
Mothe-Piquet, Av. de la — B 4.
Mouffetard, R. — E 5.
Mouffle, Pass. — G 3.
Moulin-Joli, Imp. du — H 2.
Moulins, R. des — G 5.
Moussy, R. de — F 4.
Mulhouse, R. de — E 2.
Muller, R. — E 1.
Murillo, R. — B 1.
Murs-de-la-Roquette, R. des — H 4.
Nancy, R. de — F 2.
Nanettes, Ruelle des — H 3.
Naples, R. de — C 1.
Napoléon, Quai — F 4.
Napoléon, Square — H 2.
Nation, R. de la — E 1.
Navarin, R. de — E 1.
Necker, Hospice — C 5.

Négrier, R. — B 3.
Nemours, R. de — G 3.
Neuf, Pont- — E 3.
Neuve-St.-Augustin, R. — D 2.
Neuve-Bourg-l'Abbé, R. — F 3.
Neuve-des-Capucines, R. — D 2.
Neuve-Coquenard, R. — E 1.
Neuve de la Goutte d'Or — F 1.
Neuve-du-Maine, R. — C 5.
Neuve-des-Mathurins, R. — D 2.
Neuve-St.-Médard, R. — E 5.
Neuve-St.-Merri, R. F 3.
Neuve-des-Petits-Champs, R. — D 2 — E 2.
Neuve, Popincourt, R. — G 3.
Nevers, R. de — E 4.
Neveux, Pass. — F 2.
Newton, R. — A 2.
Nicol, R. — E 5.
Nicolas, Imp. St.- — G 1.
Nicolas, R. St.- — G 4.
Nicolas-des-Champs, Egl. St.- — F 3.
Nicolas-du-Chardonnet, Egl. St.- — F 4.
Nicol, R. — B 3.
Niel, Av. — A 1 — A 2.
Nil, R. du — E 3.
Nollet, R. — C 1.
Nonnains d'Hyères, R. des — F 4.
Nord, Gare du — F 1.

Normale, Ecole — E 5.
Notre-Dame — E 4.
Notre-des-Champs, R. — D 5.
Notre-de-Lorette, Egl. — E 1. 2.
Notre-Dame-de-Lorette, R. — F 3.
Notre-des-Victoires, R. — E 2. 3.
Nys, Cité — H 2.

Obelisque de Louqsor — C 3.
Oberkampf, R. — GH 3.
Oblin, R. — E 3.
Odéon, R. et Théâtre de l' — E 4.
Odessa, Cité — D 5.
Oiseaux, Couvent des — C 5.
Omer-Talon, R. — H 3.
Opéra — D 2.
Opéra, Av. de l' — D 2. 3.
Opéra-Comique — E 2.
Oratoire, R de l' — E 3.
Orfèvres, Quai des — E 4.
Orillon, R. et Pass, de l' — G 2.
Orléans, Quai d' — F 4.
Orléans-St.-Honoré, R. d' — E 3.
Ormesson, R. d' — F 4.
Oınano, Boul. — E 1.
Orsay, Quai d' — B 3—D 3.
Orsel, R. d' — E 1.
Oudinot, R. — C 4.

Ouest, Embarcadère de l', rive droite — D 1. 2.
Ouest, Embarcadère de l', rive gauche — C 5.
Ours, R. aux — E 3.
Pagevin, R. — E 3.
Paillet, R. — E 5.
Paix, R. de la — D 2
Pajol, R. — F 1.
Palais, Boul. du — E 4.
Palais de justice — E 4.
Palais Royal — E 3.
Palais Royal, Place du — D 3.
Palatine, R. — D 4.
Palestro, R. de — F 3.
Palikao, R. — H 2.
Panorama — C 2.
Panoyaux, R. des — H 3.
Panthéon, le — E 5.
Panthéon, Place du — E 5.
Papillon, R. — E 2.
Paradis, R. de — F 2.
Parcheminerie, R. de la — E 4.
Parc-Royal, R. du — F 3.
Parme, R. de — D 1.
Parmentier, Pass. — G 2.
Parmentier, Av. — G 2—H 3.
Parvis-Notre-Dame, Pl. du — E 4
Pasquier, R. — C 2.
Passy, Quai de — A 4.
Pastourelle, R. — F 3.
Patriarches, Marché des — E 5.
Paul, Eglise et R. St.- — F 4.

Paul-Lelong, R. — E 2.
Pavée, R. — F 4.
Payenne, R. — F 4.
Péchoin, R. — G 2.
Péclet, R. — B 5.
Pecquai, Pass. — F 3.
Pélagie, Eglise Ste. — F 5.
Pelouze, R. — C 1.
Penthièvre, R. de — C 2.
Pépinière, Caserne et Rue de la — C 2.
Percée, R. — F 4.
Perche, R. du — F 3.
Percier, Av. — C 2.
Perdonnet, R. — F 1.
Père-Lachaise, Cimetière du — H 3.
Pères, R. des Sts.- — D 4.
Pereire, Boulevard — A 1 — B 1.
Pergolèse, R. — A 2.
Perignon, R. — B 5.
Perle, R. de la — F 3.
Pernelle, R. — E 3.
Pernetty, Imp. — A 5.
Perrée, R. — F 3.
Perronet, R. — D 4.
Petel, R. — B 5.
Pétersbourg, R. de St.- — D 1.
Petit, R. — H 1.
Petit-Carreau, R. du — E 3.
Petite-Corderie, R. de la — F 3.
Petit-Musc, R. du — G 4.
Petit-Pont, le — E 4.
Petites - Ecuries, R. des — F 2.
Petites, Passage des — F 2.

Petite-Pierre, R. de la — H 4.
Petits-Hôtels, R. des — F 1.
Pétrelle, R. — E 1.
Philippe, Cité — H 1.
Philippe - de - Girard, R. — F 1.
Philippe - du - Roule, Egl. St.- — B 2.
Piat, R. — H 2.
Piccini, R. — A 2.
Picardie, R. de — F 3.
Pichon, Imp. — H 3.
Pierre - de - Chaillot, Egl. St.- — B 2.
Pierre du Gross Caillou, Egl. St.- — B 3.
Pierre, Pass. St.- — G 2.
Pierre, Pass. St.- — G 3.
Pierre-au-Lard, R. — F 3.
Pierre - Lescot, R. — E 3.
Pierre - Levée, R. — G 3.
Pierre-Picard, R. — E 1.
Pierre-Sarazin, R. — E 4.
Pigalle, Place — E 1.
Pigallé, R. — D 1.
Pivert, Passage — G 2.
Placide, R. St.- — D 5.
Planchette, Ruelle de la — H 5.
Plantes, Jardin des — F 5.
Plateau, R. du — H 1.
Plâtre, R. du — F 3.
Plumet, R. — B 5.
Poinsot, R. — C 5.
Poisson, R. — A 1.

Poissonnière, R. — E 2.
Poissonnière, Boul.— E 2.
Poissonnière, R. du Faubourg- E 1—2.
Poissonniers, R. des (Montmartre) — F 1.
Poissy, R. de — F 4.
Poitiers, R. de — D 3.
Poitou, R. de — F 3.
Poliveau, R. de — F 5.
Polonceau, R. — F 1.
Polytechnique, R. de l'Ecole — E 5.
Poncelet, R. — B 1.
Pont - au - Choux, R. du — G 3.
Pont-Neuf, et R. du — E 3.
Ponthieu, R. de — B 2.
Pontoise, R. de — F 4.
Popincourt, R. — G 3 — H 4.
Popincourt, Cité, Pass., Imp. — G 3.
Portalis, Av. et R. — C 2.
Port aux Vins — F 5.
Portefoin, R. — F 3.
Postes, administration des — E 3.
Pot-de-Fer, R. du — E 5.
Poterie, R. de la — E 3.
Poultier, R. — F 4.
Pradier, R. — H 2.
Pré-aux-Clercs, R. — D 4.
Presbourg, R. de — A 2.
Pressoir, R. du — H 2.
Prêtres St. - Séverin, R. des — E 4.

Prince - Eugène ou Voltaire, Boul. — G 3—H 4.
Prince - Eugène, caserne du — G 2.
Princesse, R. — D 4.
Procession, R. de la — B 5.
Prony, R. — B 1.
Prouvaires, R. des — E 3.
Provence, R. de — DE 2.
Puget, R — D 1.
Puits-de-l'Ermite, R. du — F 5.
Puteaux, R. de — C 1.
Pyramides, R. des — D 3.

Quatre-Fils, R. des — F 3.
Quatre-Septembre, R. du — DE 2.
Quentin, R. de St.- F 1.
Quinault, R. — B 5.
Quincampoix, R. — F 3.
Quinze-Vingts, Hospice des — G 4.

Rabelais, R. — C 2.
Racine, R. — E 4.
Raguinot, Passage — H 5.
Rambouillet, R. et Pass. — H 5.
Rambuteau, R. de — EF 3.
Rameau, R. — E 2.
Rampon, R. — G 3.
Ramponneau, R. — H 2.
Raoul, Pass. — G 4.

Rapée, Quai de la — G 5.
Rapp, Av. — B 3.
Réaumur, R. — F 3.
Rébeval, R. et Imp. — H 2.
Recollets, R. des — F 2.
Regard, R. du — D 4.
Reine Hortense, Av. de la — B 2.
Renard, Pass. du — H 2.
Renard, R. du — F 3.
René, Pass. — H 3.
Rennequin, R. — B 1.
Rennes, R. de — D 4.
Reuilly, R. de — H 5.
Réunion, Pass. de la — F 3.
Reynie, R. de la — E 3.
Rhin, Cour du — H 1.
Richard-Lenoir, Boul. — G 3. 4.
Richard, R. — H 4.
Richelieu, R. — E 2.
Richepanse, R. — D 2.
Richer, R. — E 2.
Richerand, Av. — G 2.
Richomme, R. — F 1.
Rivière, Ruelle — H 3.
Rivoli, R. de — D 3 —F 4.
Roch, Egl. St.- — D 3.
Roch, R. St.- — D 3.
Rochambeau — E 1.
Rochebrune, R. — H 3.
Rochechouart, Boul. et R. — E 1.
Rocher, R. du — C 1.
Racroi, R. de — F 1.
Rodier, R. — E 1.
Rohan, Cour de — E 4.

Roi-de-Sicile, R. du — F 4.
Rollin, R. — F 5.
Romain, R. St.- — C 5.
Rome, R. de — C 1.
Ronce, Pass. — H 2.
Rondelet, R. — H 5.
Ronsard, R. — E 1.
Roquépine, R. — C 2.
Roquette, Av. de la — H 4.
Roquette, R. de la — G 4—H 3.
Rosière, R. de la — A 5.
Rosiers, R. des — F 4.
Rossini, R. — E 2.
Rotonde, Pl. de la — G 1.
Roubaix, Place — F 1.
Roubo, R. — H 4.
Rouelle, R. — A 4.
Rougemont, R. de — E 2.
Roule, R. du — E 3.
Roussel, R. — B 1.
Rousselet, R. — C 4.
Roussin, R. — B 5.
Roux, Imp. — B 1.
Rovigo, R. — C 2.
Royal, Pont — D 3.
Royale, Place — G 4.
Royale - St. - Honoré, R. — C 2.
Royer-Collard, R. — E 5.

Sabin, R. St.- — G 3. 4.
Sablonnière, R. de la — B 5.
Sacré-Coeur, Couvent du — C 4.
Saïgon, R. de — A 2.

Saintonge, R. de — FG 3.
Saints-Pères, R. des — D 4.
Sandrié, Imp. — D 2.
Santeuil, R. — F 5.
Saulnier, Pass. — E 2.
Saumon, Pass. du — E 3.
Saussaies, R. des — C 2.
Saussier, R. — A 1.
Saussure, R. — C 1.
Sauvage, R. — G 1 — G 5.
Sauval, R. — E 3.
Sauveur, R. St.- — E 3.
Savoie, R. de — E 4.
Saxe, Av. de — B 4 — C 5.
Schomberg, R. — F 4.
Scribe, R. — D 2.
Sébastien, R. et Imp. St.- — G 3.
Sébastopol, Boul. de — E 3 — F 2.
Secrétant, R. — GH 1.
Sedaine, R. — G 4.
Séguier, R. — E 4.
Ségur, Av. de — B 4.
Seine, R. de — E 4.
Seine, Quai de la — G 1.
Sellèque, Cité — G 1.
Sentier, R. du — E 2.
Sept-Voies, R. — E 5.
Serpente, R. — E 4.
Servan, R. — H 4.
Servandoni, R. — D 4.
Séverin, R. St.- — E 4.
Sévigné, R. — F 4.
Sèvres, R. de — C 5 — D 4.
Sibour, R. — F 2.

Simon-le-Franc, R. — F 3.
Soleil d'Or, R. — B 5.
Solférino, Pont et R. — D 3.
Sommerard, R. du — E 4.
Sorbonne, Place et R. de la — E 4.
Soufflot, R. — E 5.
Sourdière, R. de la — D 3.
Sourdis, Ruelle — F 3.
Sourds-Muets, Institut. des — E 5.
Steinville, Pass. H 5.
Stanislas, R. et Pass. — D 5.
Stemler, Cité — G 2.
Stephenson, R. — F 1.
Strasbourg, Boul. de — F 2.
Strasbourg, Place de — F 2.
Strasbourg, Gare et R. de — F 2.
Sud, Pass. du — H 1.
Suffren, Av. de — A 4 — B 5.
Suger, R. — E 4.
Sully, Pont — F 4.
Sulpice, Egl. et Place St.- — D 4.
Sulpice, R. St.- — D 4.
Surèsne, R. de — C 2.

Tabacs, Manufacture des B 3.
Tacherie, R. de la — E 4.
Taillandiers, R. des — G 4.
Taitbout, R. — D 2.
Tandon, R. — H 1.
Téhéran, R. de — C 2.

Temple, le — F 3.
Temple, R. du — F 3.
Temple, Boul. du — G 3.
Temple, R. du Faubourg-du- — G 2.
Ternaux, R. — G 3.
Ternes, Av. des — A 1.
Terrage, R. du — F 2.
Terrasse, R. de la — C 1.
Terres-Fortes, R. des — G 4.
Tessier, R. — B 5.
Théâtre du Châtelet -- E 4.
Théâtre Français — D 3.
Théâtre Lyrique ou Historique — E 4.
Théâtre de l'Odéon — E 4.
Théâtre de l'Opéra — D 2.
Théâtre, R. du — A 5.
Thénard, R. — E 4.
Thérèse, R. — D 3.
Thermes, Musée des E 4.
Thévenot, R. — E 3.
Thierré, Pass. — G 4.
Thomas - d'Aquin, Egl. — D 4.
Thorigny, R. de — F 3.
Thouin, R. — E 5.
Tilsit, R. de — A 2.
Timbre, Hôtel du — E 2.
Tiphaine, R. — A 4.
Tiquetonne, R. — E 3.
Tiron, R. — F 4.
Tivoli, Pass., Pl. d D 1.
Tlemcen, R. de — H 3.

Namen-Verzeichniss. 191

Tocanier, Pass.— H 5.
Tour-d'Auvergne, R. de la — E 1.
Touraine, R. de — F 5.
Tourefort, R. — E 5.
Tournelle, Pont et Quai de la — F 4.
Tournelles, R. des — G 4.
Tournon, R. de — E 4.
Tourtille, R. de — H 2.
Tourville, Av. de — BC 4.
Tracy, R. de — F 2.
Traktir, R. — A 2.
Traversière - St. - Antoine, R. — G 5.
Trévise, R. et Cité de — E 2.
Trinité, Egl. et R. de la — D 1.
Trocadéro, Av. du — A 3.
Trocadéro, Place du — A 3.
Trois-Bornes, R. des — G 3.
Trois-Chandelles, R. des — H 5.
Trois-Couronnes, R. des — H 2.
Trois-Frères, R. des — E 1.
Trois-Soeurs, des — H 3.
Tronchet, R. — D 2.
Troyon, R. — A 2.
Trudaine, Av. — E 1.
Truffault, R. de — C 1.
Truillot, Cité — G 3.
Tuileries, Pal., Jardin et Quai des — D 3.
Tunnel, R. du — H 1.
Turbigo, R. — EF 3.

Turenne, R. — G 3. 4.
Turgot, R. Place et R. — E 1.
Turin, R. de — D 1.
Ulm, R. d' — E 5.
Université, R. de l' — B 3—D 4.
Ursulines, R. des — E 5.
Uzès, R. d' — E 1.
Vacquerie, R. la — H 4.
Val-de-Grâce, Hôp. et R. du — E 5.
Valenciennes, R. de — F 1.
Valmy, Quai de — G 1—3.
Valois, R. de — E 3.
Vandamme, R. — C 5.
Van Dyck, Av. — B 1.
Vanneau, R. — C 4.
Varennes, R. de — C 4.
Variétés, Théâtre des — E 2.
Vauban, Place — C 4.
Vaucanson, Pass. — H 4.
Vaucanson, R. — F 3.
Vaucouleurs, Pass. — H 2.
Vaugirard, Boul. de — C 5.
Vaugirard, R. de — B 5—E 4.
Vauquelin, R. — E 5.
Vauvilliers, R. — E 3.
Vavin, R. — D 5.
Vélasquez, Av. — C 1.
Velpeau, R. — D 4.
Vendôme, Place — D 3.
Venise, R. de — F 3.

Verdeau, Pass. — E 2.
Vernet, R. — B 2.
Verneuil, R. de — D 3. 4.
Véro-Dodat, Pass. — E 3.
Véron, Cité — D 1.
Véron, R. — D 1.
Verrerie, R. de la — F 4.
Vertbois, R. du — F 3.
Verte, Allée — G 3.
Vertus, R. des — F 3.
Vézelay, R. — C 1.
Viala, R. — A 4.
Vicq - d'Azir, R. — G 2.
Victoire, R. de la — DE 2.
Victoires, Place des — E 3.
Victor-Cousin, R. — E 5.
Victor, R. St.- — F 4.
Victoria, Av. — E 4.
Vieille-Estrapade, R. de la — E 5.
Vieille-du-Temple, R. — F 3. 4.
Vieilles-Haudriettes, R. des — F 3.
Vienne, R. de — C 1.
Vieux-Colombier, R. du — D 4.
Vigny, R. — B 1.
Vilin, R. — H 2.
Villars, Av. de — C 4.
Villejust, R. de — A 2.
Ville-l'Evêque, R. de la — C 2.
Villette, Bassin de la — G 1.
Villette, Boul. de la — G 1—3.
Villette, R. de la — H 1. 2.

Villiers, Boul. — B1—C1.
Villiers, Porte de — A1.
Villiot, R. — G5.
Vinaigriers, R. des — F2.
Vincent, R. — H2.
Vincent-de-Paul, Egl. et R. St.- — F1.
Vineuse, R. — A3.
Vingt-Neuf-Juillet, R. du — D3.

Vintimille, Place et R. — D1.
Violet, R. — A5.
Violet, Pass. — E2.
Violet, Place — A5.
Virginie, R. — E1.
Visconti, R. — D4.
Vivienne, R. — E2.
Volontaires, Ruelle des — B5.
Volta, R. - F3.

Voltaire ou du Prince Eugène, Boul. — G3—H4.
Voltaire, Place — H4.
Voltaire, Quai — D3.
Vosges ou Royale, Place des — G4.
Vosges, R. de — G4.

Wagram, Av. de — A2—B1.
Walhubert, Place — G5.

Alphabetisches Register.

(Die Zahlen geben die Seiten an. Wo Ausführliches über den betr.
Gegenstand zu finden, ist dies durch fettere Ziffern hier angedeutet.)

Académie des Beaux-Arts 121.
Académie française 121.
Académie des inscriptions et belles-lettres 121.
Académie des sciences 121.
Académie des sciences morales et politiques 121.
Acclimatation, Jardin d', **79, 80**.
Adonis, Salle d', 94.
Allée de Longchamp 79.
Allée de l'Observatoire 102.
Allée de la Reine Marguérite 79.
Alma, Pont d', 2.
Alterthümer-Museum 81.
Ambigu-Comique 53, 60.
Amelot, Rue, 60.
Amiraux, Salle des, 167.
Anatomie comparée, Musée d', 154.
Anguier, Salle des, 95.
Ankunft in Paris 1.
Anthropologie, Galérie d', 154.
Antiken-Museum 82.
Antiquités Egyptiennes, Musée des, 90.
Antiquités Grecques, Musée des, 90.
Antonins, Salles des, 93.
Apis, Salle d', 96.
Apollon, Galerie d', 83.
Aquarium 11.
Arc de Triomphe 5, 68.

Arc de Triomphe du Caroussel, 74.
Arc Triomphe de l'Etoile 11.
Archives Nationales, Musée des, 111.
Armes portatives, Salle des, 114.
Armures, Salle des, 113.
Arrondissements 58.
Arsenal, Bibliothèque d', 12.
Artesischer Brunnen 116.
Artillerie, Musée d', 13. 15. 113.
Arts décoratifs, Musée des, 111.
Arts et Manufactures, Ecole Centrale des, 108.
Arts et Métiers, Conservatoire des, 108.
Arts et Métiers, Square des, 108.
Assyrisches Museum (Assyrien, Musée) 81. 96.
Auguste, Salle d', 93.
Ausgabe-Budget 7.
Auteuil 28. 57.
Auteuil, Mare d', 78.
Auteuil, Porte d', 79.
Avenue du Bas-Rhin 76.
Avenue du Bois de Boulogne 76. 77.
Avenue des Champs-Elysées 5. 66.
Avenue d'Eylau 76.
Avenue d'Haut-Rhin 76.
Avenue de l'Impératrice 76.

Alphabetisches Register.

Avenue Montaigne 67.
Avenue de Neuilly 76.
Avenue de la Paix 63.

Bade-Anstalten (Bains) 45.
Bal Bullier 56.
Bälle 56.
Banque de France 124.
Bardo, Palast, 28.
Baromètre, Galerie du, 125.
Bas-Meudon 161.
Basreliefs, Salle des, 93
Bas-Rhin, Avenue du, 76.
Bassins (Versailles) 168.
Bastille, Panorama de la, 16.
Bastille, Place de la, 2. 59.
Bataille de Champigny, Panorama de la, 16.
Batailles, Galerie des, 166.
Bateaux-Omnibus 26 ff.
Beaujolais, Galérie, 72.
Beaumarchais, Boulevard, 59.
Beaumarchais, Théâtre, 53.
Beaux-Arts, Palais des, 16.
Bedürfnissanstalten 46.
Beförderungsmittel 17 ff.
Belle-Croix 172.
Béranger, Statue, 128.
Bibliothèque de l'Arsenal 12.
Bibliothèque de l'Institut 121.
Bibliothèque Mazarine 121.
Bibliothèque Nationale 11. 110.
Bibliothèque Sainte - Geneviève 11. 104.
Bierhäuser 43.
Bijoux, Salle des, 83.
Blumenmärkte 128.
Bois de Boulogne 76 ff.
Bois de Boulogne, Avenue du, 76. 77.
Bois de Vincennes 157.
Bon-Marché, Magazin du, 4.
Bonne-Nouvelle, Boulevard, 60.
Bonne-Nouvelle, Palais, 61.
Bord de l'eau, Terrasse du, 70.

Börse, die, 12. **61**.
Botanischer Garten 14.
Bouffes Parisiens 53
Boulevards 2. **58** ff.
Boulevard Beaumarchais 59.
Boulevard Bonne-Nouvelle 60.
Boulevard des Capucines 62.
Boulevard des Filles de Calvaire 59.
Boulevard Henri IV. 2.
Boulevards des Italiens 59. 62.
Boulevard de la Madelaine 64.
Boulevard Montmartre 59. 61.
Boulevard Poissonnière 61.
Boulevard Saint-Denis 60.
Boulevard Saint-Germain 2.
Boulevard Saint-Martin 60.
Boulevard de Sébastopol 60. 74.
Boulevard de Strasbourg 60.
Boulevard du Temple 60.
Boulevard Voltaire 60.
Boulogne, Avenue du, 76.
Boulogne, Porte de, 79.
Bourbons, Palais, 12. 16. 66. 119.
Bourse, Palais de la, **61**.
Bourse, Place de la, 61.
Brasseries **43**.
Buttes Chaumont **155**.
Butte Mortemart 78.

Cabinets de lecture 45.
Cafés 4. **42. 43**.
Cafés-chantants **55**.
Cafés-Concerts 67.
Caire, Passage du, 125.
Campana, Musée, 81. 90.
Canal Saint-Martin 59.
Capucines, Boulevard des, 62.
Capucines, Rue Neuve des, 63.
Carmes, Eglise des, 141.
Carnavalet, Musée, 110.
Caroussel, Arc de Triomphe du, 74.
Caroussel, Place du, 74.
Carte à manger 35.

Caryatides, Salle des, 92.
Cascades, Rond des, 78.
Ceinture, Chemin de fer de, 28.
Céramique, Musee, 17.
Céramique, Musée, in Sèvres, 161.
Chambre correctionelle 117.
Chambre de Députés 12. 119.
Champs-Elysées 5. **65** ff. 69. 76.
Champs-Elysées, Avenue des, 5. 66.
Change, Pont au, 75.
Chantilly 57.
Chapelle expiatoire **132**.
Chapelle Saint-Ferdinand 77.
Château d'Eau, Théâtre du, 53.
Châtelet, Place du, 74.
Châtelet, Théâtre, 53. 75.
Chaudet, Salle de, 97.
Chaussée d'Antin, Rue de la, 62.
Cheminée de Bruges, Salle de la, 96.
Chemin de fer de Ceinture 28.
Chemin de fer de l'Est 29.
Chemin de fer du Nord 29.
Chemin de fer d'Orleans 29.
Chemin de fer de l'Ouest 29.
Chemin de fer de Paris à Lyon 29.
Chemin de fer de Sceaux 29.
Chemin de fer de Vincennes 29.
Chines, Rond des, 78.
Chinesisches Museum 81.
Choiseul, Passage 125.
Choiseul, Rue de, 62.
Chretienne, Salle de, 96.
Cigarren 45.
Cimetières 12. **142** ff.
Circus 53. 54.
Cirque d'été 53. 67.
Cirque Fernando 54.
Cirque d'hiver 54.
Claqueurs 50.
Clichy, Place de, 124.
Cluny, Hôtel de, 105.
Cluny, Musée de, 104 ff.
Cluny, Théâtre de, 53.

Cluny et des Thermes, Musée de, 15.
Colbert, Passage 125.
Colonne de Juillet 12. **59**.
Colonne du Vendôme 63.
Commerce, Tribunal de, 118.
Compagnie Lyonnaise, Magasins de la, 63.
Compiègne 172.
Concerts du Conservatoire 54.
Concerts populaires 54.
Concession à perpétuité **142**.
Concession temporaire **142**.
Conciergerie 117.
Concorde, Place de la, 2. 5. 65. 69. 70.
Concorde, Pont de la, 66.
Connetables, Salle des, 167.
Conseil, Salle du, 113. 165.
Conservatoire des Arts et Métiers 12. **107**.
Constantine, Galerie de, 164.
Constantinople, Panorama de, und Diorama 16.
Courbevoie 69.
Cour d'Angoulème 114.
Cour d'Appel 117.
Cour d'honneur 113. 116.
Cour du Mai 116.
Cour de la Victoire 114.
Courses 57.
Coustou, Salle de, 97.
Coyzevox 97.
Crèmeries 44.
Croisades, Salles des, 164.

Daims, Parc aux, 78.
Dampfboote 26 ff.
Daru, Vestibule, 94.
Dauphine, Galerie, 117.
Dauphine, Porte-, 28. 76.
Déjazet, Théâtre 53. 60.
Denis, Boulevard Saint-, 60.
Denis, Porte Saint-, 2. 60.
Denkmäler **123** ff.
Denon, Pavillon, 81.

196   Alphabetisches Register.

Deputés, Chambre des, 12. 119.
Dessins, Musée des, 92.
Diderots Statue 134.
Diorama 16.
Docks du Campement 61.
Droschken 1. 4. 17. 18.
Duchâtel, Salle, 84.

Ecole des Beaux-Arts 12. **108** ff.
Ecole Centrale des Arts et Manufactures 108.
Ecole de Droit 104.
Ecole des Mines 111.
Eden-Théâtre 53. 56.
Eglises, s. Kirchen.
Eglise des Carmes 141.
Eglise de l'Etoile 141.
Eglise de Pentemont 141.
Eglise de la Rédemption 141.
Eglise Russe **137**.
Eglise de la Visitation 141.
Egouts 12. 151.
Egyptisches Museum (Egyptien, Musée) 81. 96.
Einwohnerzahl 58.
Eisenbahnen 28. 29.
Elysée-Montmartre 56.
Elysée, Palais de, 120.
Empire, Galerie de l', 166.
Enceinte 58.
Enghien 57.
Entrepôt des vins 128.
Escalier de Marbre 166.
Escalier de la Reine 166.
Esplanade des Invalides 112.
Est, Chemin de fer de l', 29.
Etablissements de bouillon 37. 41.
Ethnographisches Museum (Musée Ethnographique) 17. 81. 98. 112.
Etoile, Eglise de l', 141.
Etoile, Place de l', 68.
Exposition géographique 110.
Exposition permanente de Colonies françaises 12.

Exposition de peinture, sculpture et dessins 12.
Eylau, Avenue d', 76.

Favart, Rue, 62.
Fêtes 56. 57.
Feuillants, Terrasse des, 70.
Filles de Calvaire, Boulevard des, 59.
Folies-Dramatiques 53.
Fontaine des Innocents 127.
Fontaine de Léda 102.
Fontaine de Médicis 102.
Fontaine Molière 110.
Fontaine de l'Observatoire 102.
Fontaine Richelieu 110.
Fontaine Saint-Michel 132.
Fontaine Saint-Sulpice **139**.
Fontaine de la Victoire 75.
Fontainebleau **171**.
Fontainen (Versailles) 168.
Forêt de Compiègne 173.
Forêt de Fontainebleau 172.
Fort de l'Empereur 172.
Forts détachés 58.
Fosses communes 142.
Française, Galerie, Ie: 88. IIe: 89.
Française, Théâtre, 71.
François Premier, Maison de, 68.

Gagne Petit 4.
Galerien 124.
Gaîté (Theater) 53.
Galerie d'anthropologie 154.
Galerie d'Apollon 83.
Galerie du Baromètre 125.
Galerie des Batailles 166.
Galerie Beaujolais 72.
Galerie de Constantine 164.
Galerie Dauphine 117.
Galerie de l'Empire 166.
Galerie ethnographique 114.
Galerie Française, Ie: 88. IIe: 89.

Alphabetisches Register. 197

Galerie des Glaces 165.
Galerie, Grande, 85.
Galerie de l'Histoire de France 165.
Galerie de l'Horloge 125.
Galerie Louis XIII. 167.
Galerie de Minéralogie et de Géologie 155.
Galerie Montpensier 72.
Galerie d'Orléans 72.
Galerie des Prisonniers 117.
Galerie Saint-Louis 117.
Galerie de Sculpture 164. 166.
Galerie des Tombeaux 164.
Galerie Valois 72.
Galerie de Zoologie 155.
Garde-Meuble 12. 66.
Garde-Meuble, Musée de, 13. 15.
Gardes, Salle des, 165.
Gare Saint-Lazare 28.
Gärten 153 ff.
Gasthöfe 4.
Gebäude, sehenswerthe, 112 ff.
Geld 6.
Gemälde-Galerie 81.
Geneviève, Bibliothèque Sainte, 11.
Gentilly 28
Géologie, Galerie de, 155.
Gerichtspalast 16. 116.
Germain de l'Auxerrois, Saint-, 73.
Germain, Boulevard Saint-, 2.
Gesandtschaften 49.
Getreidehalle 127.
Gipsabgüsse, Sammlung der, 111.
Glaces, Galerie des, 165.
Gladiateur, Salle du, 94.
Gobelins, Manufacture des, 12. 123.
Gorges de Franchard 172.
Grande Cascade 79.
Grande Galerie 85.
Grands appartements de la Reine 166.
Grands appartements du Roi 165.

Grandes eaux, les, in Versailles, 167.
Grand Salon carré 83.
Grands Magasins du Louvre 4.
Grand-Trianon (Versailles) 169.
Gravelle, Lac de, 157.
Gravures, Musée de, 97.
Grecque, Salle, 90.
Grenelle, Stät., 28.
Grevin, Musée, 15. 54
Guerre, Galerie des, 165.
Gürtelbahn 28.
Gymnase, Théâtre, 52. 61.

Halle au blé 127.
Halle aux cuirs 128.
Halle aux vins 128.
Halles Centrales 13. 125. 126.
Handelsgericht 118.
Haut-Rhin, Avenue du, 76.
Henri IV., Boulevard, 2.
Henri IV., Salle, 96.
Henri II., Salle, 82.
Hermaphrodite, Salle de l', 95.
Hippodrom (Longchamp) 79.
Hirschpark, der, 78.
Histoire de France, Galerie de l', 165.
Historique, Théâtre, 75.
Homère, Salle d', 90.
Horloge, Galerie de l', 125.
Horloge, Pavillon d', 74.
Hôtels 29 ff.
Hôtel Dieu 132.
Hôtel des Invalides 13. 112.
Hôtel de la Monnaie 122.
Hôtel des Monnaies 13. 15.
Hôtel de Ville 5. 75.
Hôtel de Ville, Place de l', 76.
Houdon, Salle de, 97.
Hyppodrome 54.

Impératrice, Avenue de l', 76.
Imprimés et manuscrits, Salle des, 110.
Imprimerie Nationale 13, 111.

Industrie, Palais de l', 67.
Innocents, Fontaine des, 127.
Institut de France 14.
Institut, Palais de l', 120.
Invalidendom 114 ff.
Invaliden-Hôtel 13. 112.
Invalides, Esplanade des, 112.
Italiens, Boulevards des, 59. 62.

Jacques, Tour Saint-, 2.
Japanisches Museum 81.
Jardin d'acclimatation **79. 80.**
Jardin d'hiver 80.
Jardin du Luxembourg 14. 101.
Jardin du Palais-Royal 71.
Jardin de Paris 54. 56. 67.
Jardin des Plantes 14. **153.**
Jardin des Tuilleries 14. **69.**
Jardin zoologique d'acclimatation 14.
Jean Goujon, Salle de, 95.
Jeanne d'Arc, Reiterstandbild, 70.
Jena, Pont de, 2.
Jeu de Paume, Salle du, 170.
Jouffroy, Passage, 61. 125.
Judaïque, Salle, 96.
Jüdischer Friedhof 144. 150.
Juillet, Colonne de (Juli-Säule), 12. **59.**
Justice, Palais de, 16. 116.

Kaisergruft im Invaliden-Dom 13.
Karl des Grossen Standbild 129.
Katakomben 14. 151.
Kathedrale **129** ff.
K i r c h e n (Eglises) 5. 14. **129** ff.
    Saint - Augustin 132.
        Basilika (St. Denis) **158.**
        Carmes, Eglise des, 141.
        Chapelle Expiatoire **132.**
    Sainte-Clotilde **133.**
    Saint - Denis (Basilika) **158.**
    » Etienne du Mont 104.

    Etoile, Eglise de l', 141.
Saint - Eustache 126. 129.
    » Ferdinand 77. 141.
Sainte-Geneviève 16. **102.**
Saint - Germain de l'Auxerrois 73. **134.**
    » Germain des Prés **133.**
    » Gervais et St.-Protais **135.**
    Invalidendom 114 ff.
    » Joseph des Allemands 141.
    » Laurent **135.**
    Le Val de Grâce **140.**
    L'Oratoire 141.
    » Louis 114.
    Madeleine 2. **64.** 129.
    » Merri 136.
    Notre - Dame (Kathedrale) **129** ff.
    Notre-Dame de Grâce 141.
    Notre-Dame de Lorette 62. **136.**
    Notre-Dame des Victoires **136.**
    Pentemont, Eglise de, 141.
    » Pierre 148.
    Protestantische K. 141.
    Redemption, Eglise de la, 141.
    Reformirte K. 141.
    » Roch 129. **136.**
Sainte-Rósalie 141.
    Russische K. **137.** 156.
    Sacré-Coeur 148.
    Sainte-Chapelle 17. 118.
    Sorbonne, Kirche der, **138.**
    Sühnekapelle **132.**
Saint - Sulpice 138.
    La Trinité **139.**
    » Vincent de Paul **140.**
    Visitation, Eglise de la, 141.

Alphabetisches Register.

Kirchhöfe 12. **142** ff.
Kloaken 12.
Konditoreien **44**.
Konzerte **54**.
Kunstgewerbliche Sammlung 111.
Kunstsammlungen **81** ff.

Labyrinth, das, 154.
Lac de Gravelle 157.
Lac de Minimes 157.
Lac de Saint-Mandé 157.
Lac inférieur, 78.
Lac supérieur 78.
La Caze, Salle, 82.
La Marche 57.
La Trinité, Kirche, **139**.
Lanterne de Diogène 160.
Lazare, Gare St.-, 28.
Lebrun, Salle des, 88.
Léda, Fontaine de, 102.
Lederhalle 128.
Legion d'Honneur, Palais de la, 120.
Leichenschauhaus 15.
Les Pompes funèbres 142.
Lesekabinets 45.
Le Val de Grâce, Kirche, **140**.
Longchamp 57. 79.
Longchamp, Allée de, 79.
L'Oratoire 141.
Louis XIII., Galerie, 167.
Louvois, Place, 110.
Louvre 5. **72** ff.
Louvre, Hof, 73.
Louvre, Musées du, 15. **81** ff.
Louvre, Place du, 73.
Louvre, Sammlungen des, **81** ff.
Louvre, Square du, 74.
Ludwig XIII., Reiterstatue, 124.
Ludwig XIV., Reiterstatue, 124.
Luxembourg, Jardin du, 14. 101.
Luxembourg, Musée du, 15. 99 ff.
Luxembourg, Palais du, 16. 98.
Luxor, Obelisk, **65**.
Lyrique, Théâtre, 75.

Madelaine, Boulevard de la, 64.
Madelaine, Eglise, 2. **64**. 129.
Madrid, Porte de, 79.
Magasin du Bon-Marché 4.
Magasins de la Compagnie Lyonnaise 63.
Magasins du Printemps 4.
Maillot, Porte-, 28. 69. 76. 77.
Mairie du 5e Arrondissement 104.
Maison de François Premier 68.
Maison Pompéienne 67.
Manufacture des Gobélins 123; s. auch Gobelins.
Manufacture Porcelaine 17.
Marché aux chevaux 128.
Marchés aux fleurs 128.
Marché aux oiseaux 128.
Marché du Temple 128.
Maréchaux, Salle des, 167.
Mare d'Auteuil 78.
Marengo, Salle de, 166.
Marigny, Panorama, 16. 67.
Marine, Musée de la, 81. 98.
Marines, Salle des, 166.
Märkte **125**.
Marschall Moncey, Statue, 124.
Martin, Porte Saint-, 2. 60.
Maschinen-Sammlung 12.
Maskenbälle 56.
Mécène, Salle de, 93.
Médailles, Musée des, 11. 15.
Médée, Salle de la, 95.
Médicis, Fontaine de, 102.
Melpoméne, Salle de, 95.
Menagerie im Jardin des Plantes 153.
Menus-Plaisirs 53.
Michel-Ange, Salle de, 95.
Michel-Colombe, Salle de, 96.
Militärkonzerte 55.
Mineralogie, Galerie de, 155.
Mineralogique, Musée, 15. 111.
Minerve, Salle de, 94.
Mines, Ecole des, 111.
Minimes, Lac de, 157.

Alphabetisches Register.

Ministerien 48. 49.
Mithras, Salle des, 93.
Modèles, Salle des, 113.
Molière, Fontaine, 110.
Monde antidéluvien, Panorama du, 16.
Monnaie, Hôtel de la, 122.
Monnaies, Hôtel des, 13. 15.
Monnaies, Musée des, 13. 15.
Monnaies et Médailles, Musée des, 122.
Montaigne, Avenue, 67.
Monts-Girard 172.
Montmartre 142. 148 ff.
Montmartre, Boulevard, 57. 161.
Montparnasse 142. 150.
Montpensier, Galérie, 72.
Montrouge, Stat., 28.
Montsouris, Parc, 28.
Mont-Valérien 58. 77.
Monuments Français, Musée des, 108.
Morgue 15. 131.
Moyen-Age et de la Renaissance, Musée du, 91. 92.
Muette, Porte de la, 76.
Münze, die, 13. 15. 122.
Münzsammlung 122.
Münzwerkstätten 122.
Museen (Musées):
Alterthümer-, 81.
d'Anatomie comparée 154.
Antiken-, 82.
Antiquités Egyptiennes 90.
Antiquités Grecques 90.
des Antiques Nationales in Saint-Germain-en-Laye 171.
des Archives Nationales 111.
d'Artillerie 15. 113.
des Arts décoratifs 111.
Assyrisches (Assyrien) 81. 96.
Bildhauerwerke 82 ff.
Campana 81. 90.
Carnavalet 110.
Céramique 17.
Céramique (Sèvres) 161.

Chinesisches 81.
de Cluny 15. 104 ff.
des Dessins 92.
Egyptisches (Egyptien) 81. 96.
Ethnographisches (Ethnographique) 17. 81. 98. 112.
du Garde-Meuble 15.
Gemälde-, 81.
de Gravures 97.
Grévin 15. 54.
Griechisches 90.
Handzeichnungen 92.
Japanisches 81.
du Louvre 15. 81 ff.
du Luxembourg 15. 99 ff.
de la Marine 81. 98.
des Médailles 11. 122.
Mineralogique 15. 111.
des Monnaies et Médailles 122.
des Monuments Français 108.
du Moyen-Age et de la Renaissance 91. 92.
de la Revolution 170.
des Sculptures antiques 92 ff.
de Sculpture comparée 17. 111.
de Sculpture moderne française 97.
de Sculpture du Moyen-age et de la Renaissance 95 ff.
Skulpturen-, 81.
des Souverains 91.
des Thermes 15.
du Trocadéro 15.
à Versailles 164.
de Voitures 170.
Muselmännischer Friedhof 147.

Nation, Place de la, 157.
National, Bibliotèque, 11.
Neue Oper 62.
Neuilly, Avenue de, 76.
Ney's Standbild 102.
Nike von Samothrake 90.
Nord, Chemin de fer du, 29.
Notre-Dame, Eglise, 15. 129 ff.

Alphabetisches Register.

Notre-Dame, Place, 131.
Notre-Dame de Grâce, Kirche, 141.
Notre-Dame de Lorette, Kirche, 62. **136**.
Notre-Dame des Victoires, Kirche, **136**.
Nouvel Opéra 62.

Obelisk von Luxor **65**.
Observatoire, l', 102.
Observatoire, Allée de l', 102.
Observatoire, Fontaine de l', 102.
Odéon 52.
Oeuil-de-boeuf, Salle de l', 165.
Omnibus **18** ff.
Oper, Neue, 62.
Opéra 51.
Opéra-Comique 52.
Opéra, Passage de l', 62. 125.
Opéra populaire 53.
Orangerie (Versailles) 169.
Orfèvrerie Christophle 62.
Orientirung 5.
Orientirungs-Plan 3.
Orléans, Chemin de fer de l', 29.
Orléans, Galerie d', 72.
Orléans, Jungfrau von, Reiterstandbild, 70.
Ouest, Chemin de fer de l', 29.

Päckereisendungen 48.
Paix, Avenue de la, 63.
Paix, Rue de la, 63.
Paix, Salle de la, 93.
Paix, Salon de la, 119. 166.
Paléontologie, Salle de, 155.
Palais des Beaux-Arts 16.
Palais Bonne-Nouvelle 61.
Palais Bourbons 12. 16. 66. **119**.
Palais de la Bourse **61**.
Palais de l'Elysée 120.
Palais de l'Industrie 67.
Palais de l'Institut 120.
Palais de Justice 16. **116** ff.

Palais de la Légion d'Honneur 120.
Palais du Luxembourg **16**.
Palais Royal 5. **71**.
Palais Royal, Jardin du, 71.
Palais Royal, Place du, 71.
Palais Royal, Théâtre du, 53. 71.
Palais du Sénat 16.
Palais des Thermes 106.
Palais du Trocadéro 111.
Palais de Versailles 163.
Paläste 5.
Pan, Corridor de, 93.
Panorama de la Bastille 16.
Panorama de Champigny 16.
Panorama de Constantinople 16.
Panorama Marigny 16. 67.
Panorama du Monde antidéluvien 16.
Panoramas, Passage des, 61. 125.
Panthéon 5. 16. **102** ff.
Parc aux Daims 78.
Parc Monceaux 156.
Parc Montsouris 28.
Paris à Lyon, Chemin de fer de, 29.
Parks 153 ff.
Pas Perdus, Salle des, 117.
Pass 6.
Passagen 124. 125.
Passage du Caire 125.
Passage Choiseul 125.
Passage Colbert 125.
Passage Jouffroy 61. 125.
Passage de l'Opéra 62. 125.
Passage des Panoramas 61. 125.
Passage des Princes 62. 125.
Passage du Saumon 125.
Passage Vendôme 60.
Passage Vero-Dodat 125.
Passage Vivienne 125.
Passy 28.
Pâtissiers **44**.
Pavillon chinois 78.
Pavillon Denon 81.
Pavillon d'Horloge 74.

Alphabetisches Register.

Pavillon Sully 82.
Pentemont, Eglise de, 141.
Père-Lachaise 142. **143** ff.
Petits appartements du Roi, 165.
Petits-Augustins, Kloster, 108.
Petit-Luxembourg 99.
Petits-Pères, Les, **136**.
Petit-Trianon 170.
Pferdebahnen 18. **21** ff.
Pferdemarkt 128.
Phidias, Salle de, 93.
Photographische Ateliers und Ansichten 49.
Pierre-fonds, Schloss, 173.
Place de Bastille 2. 59.
Place de la Bourse 61.
Place du Caroussel 74.
Place du Châtelet 74.
Place de Clichy 124.
Place de la Concorde 2. 5. **65**. 69. 70.
Place de l'Etoile **68**.
Place de l'Hôtel de Ville 76.
Place Louvois 110.
Place du Louvre 73.
Place Napoléon III. 74.
Place de la Nation 157.
Place Notre-Dame 131.
Place du Palais Royal 71.
Place Royale 124.
Place des Victoires 124.
Place des Vosges 124.
Plantes, Jardin des, 14. **153**.
Point du Jour 28.
Poissonnière, Boulevard, 61.
Pompejanisches Haus 67.
Pont d'Alma 2.
Pont au Change 75.
Ponte de la Concorde 66.
Pont de Jena 2.
Pont-Neuf 124.
Pont Sully 2.
Porcelaine, Manufacture de, 17.
Porte d'Auteuil 79.
. Porte de Boulogne 79.
Porte-Dauphine 28. 76.

Porte de Madrid 79.
Porte-Maillot 28. **69**. **76**. 77.
Porte des Sablons 76.
Porte Saint-Denis 2. 60.
Porte Saint-Martin 2.
Porte Saint-Martin, Théâtre de la, 53. 60.
Porzellan-Manufaktur (Sèvres) 161.
Post **46**. **47**.
Praktische Notizen 1.
Princes, Passage des, 62. **125**.
Printemps, Magasins du, 4.
Prisonniers, Galerie des,
Privatsammlungen 5.
Protestantische Kirchen 141.
Puget, Salle de, 97.
Puits Artésien de Grenelle 116.
Psyche, Salle de la, 94.

Quatre Colonnes, Salle des, 119.
Quatre Septembre, Rue du, 63.

Rathhaus 75.
Rédemption, Eglise de la, 141.
Reformirte Kirchen 141.
Regattas 57.
Reine, Grands appartements de la, 166.
Reine Marguérite, Allée de la, 79.
Renaissance, Théâtre de la, 53. 60.
Rennen 57.
Republik, Statue der, 60. 121.
Réservoir Ménilmontant 152.
Résidences, Salle des, 167.
Restaurants 4. **34** ff.
Restaurants à la carte 38 ff.
Restaurants à prix fixe 37. 40.
Révolution, Musée de la, 170.
Richelieu, Fontaine, 110.
Ring- oder Gürtelbahn 28.
Rivoli, Rue de, 5. **66**. **69** ff.
Rohrpost 48.
Roi, grands et petits appartements du, 165.

Rois, Salle des, 167.
Rond des Cascades 78.
Rond des Chines 78.
Rond-Point 67.
Rond de la Source 78.
Rotonde, Salle de la, 93.
Route du Lac 78.
Royal, Palais, 5. 71.
Royale, Rue, 2. 65.
Rude, Salle de, 97.
Rue Amelot 60.
Rue de la Chaussée d'Antin 62.
Rue de Choiseul 62.
Rue Favart 62.
Rue Neuve des Capucines 63.
Rue du Quatre Septembre 63.
Rue de la Paix 63.
Rue de Rivoli 5. 66. **69** ff.
Rue Royale 2. 65.
Rue Vivienne 61.
Russische Kirche **137**.

Sablons, Porte des, 76.
Sacré-Coeur, Eglise du, 148.
Saint-Augustin, Kirche, **132**.
Sainte-Chapelle 17. 117. 118.
Sainte Clotilde, Kirche, **133**.
Saint-Cloud 159.
Saint-Denis 158.
Saint-Etienne du Mont, Kirche, 104. **133**.
Saint-Eustache, Kirche, **126**. 129.
Saint-Ferdinand des Ternes, Kirche, 141.
Sainte-Geneviève, Kirche, 102.
Saint-Germain 57.
Saint-Germain l'Auxerrois, Kirche, **134**.
Saint-Germain-en-Laye **170**.
Saint-Germain des Près, Kirche, **133**.
Saint-Germain, Schloss 171.
Saint-Germain, Wald, 171.
Saint-Gervais et Saint-Protais, Kirche, **135**.

Saint-Joseph-des-Allemands, Kirche, 141.
Saint-Laurenz, Kirche, **135**.
Saint-Louis, Galerie, 117.
Saint-Louis, Kirche, 114.
Saint-Mandé, Lac de, 157.
Saint Martin des Champs, Abtei, 107.
Saint-Martin, Boulevard, 60.
Saint-Merri, Kirche, **136**.
Saint-Michel, Fontaine, 132.
Sainte-Pierre, Eglise, 148.
Saint Roch, Kirche, 129. **136**.
Sainte-Rosalie, Kirche, 141.
Saint-Sulpice, Fontaine, **139**.
Saint-Sulpice, Kirche, **138**.
Saint-Sulpice, Seminar, 139.
Saint-Vincent de Paul, Kirche, **140**.
Saisons, Salle des, 93.
Salle de 1830: 166.
Salle d'Adonis 94.
Salle des Amiraux 167.
Salle des Anguier 95.
Salle des Antonins 93.
Salle d'Apis 96.
Salle des armes portatives 114.
Salle des Armures 113.
Salle d'Auguste 93.
Salle des Basreliefs 93.
Salle de Bijoux 83.
Salle des Bronzes antiques 92.
Salle des Caryatides 92.
Salle Casimir Périer 120.
Salle La Coze 82.
Salle de Chaudet 97.
Salle de la Cheminée de Bruges 96.
Salle Chretienne 96.
Salle des Conférences 120.
Salle des Connetables 167.
Salle du Conseil 113. 165.
Salle de Coustou 97.
Salle de Coyzevox 97.
Salles des Croisades 164.
Salle des Distributions 120.

Alphabetisches Register.

Salle Duchâtel 84.
Salle des Gardes 165.
Salle du Gladiateur 94.
Salle Grecque 90.
Salon de la Guerre 165.
Salle Henri II. 82.
Salle Henry IV. 96.
Salle de l'Hermaphrodite 95.
Salle d'Homère 90.
Salle de Houdon 97.
Salle des imprimés et manuscrits 110.
Salle de Jean Goujon 95.
Salle du Jeu de Paume 170.
Salle Judaïque 96.
Salle des Lebrun 88.
Salle des Maréchaux et des Guerriers célèbres 167.
Salle de Marengo 166.
Salle des Marines 166.
Salle de Mécène 93.
Salle de la Médée 95.
Salle de Melpoméne 94.
Salle de Michel-Ange 95.
Salle de Michel-Colombe 96.
Salle de Minerve 94.
Salle des Mithras 93.
Salle des Modèles 113.
Salle de l'Oeuil-de-boeuf 165.
Salle de Paléontologie 155.
Salle de Pas-Perdus 117.
Salle de Phidias 93.
Salle de la Psyche 94.
Salle de Puget 97.
Salle des quatre Colonnes 119.
Salle des Résidences 167.
Salle Robert Houdin 53.
Salle des Rois 167.
Salle de la Rotonde 93.
Salle de Rude 97.
Salle des Saisons 93.
Salle du Sarcophage 94.
Salle Sauvageot 92.
Salle des Séances 119.
Salle des Sept-Cheminées 82.
Salle des Sept-Maîtres 89.

Salle de Septième-Sévère 93.
Salles supplémentaires de peinture 97.
Salles Thiers 92.
Salle du Tibre 94.
Salle du Trocadéro 112.
Salle du Trône 120.
Salle des Vases peints à figures noires 90.
Salle des Vases peints à figures rouges 90.
Salle de Vénus de la Milo 94.
Salon de la Paix 93. 119. 166.
Sarcophage, Salle du, 94.
Saumon, Passage du, 125.
Sauvageot, Salle, 92.
Savonnerie, la, 123.
Sceaux, Chemin de fer de, 29.
Schlösser 112 ff.
Sculptures antiques, Musée des, 92 ff.
Sculpture comparée, Musée de, 17. 111.
Sculpture, Galerie de, 164. 166.
Sculpture moderne française, Musée de, 97.
Séances, Salle des, 119.
Sébastopol, Boulevard de, 60. 74.
Seen, oberer und unterer, 78.
Sehenswürdigkeiten (alphabetisch) 10 ff.
Sehenswürdigkeiten, Liste etc., mit den Omnibus- und Pferdebahnlinien 23 ff.
Seine 58. 66.
Seminar Saint-Sulpice 139.
Sénat, Palais du, 16.
Sept-Cheminées, Salle des, 82.
Sept-Maîtres, Salle des, 89.
Septième-Sévère, Salle de, 93.
Serres (im Jardin des Plantes) 151.
Sèvres 160. 161.
Siele 151.
Skulpturen-Sammlung 81.
Sorbonne, Kirche der 138.
Source, Rond de la, 78.

Alphabetisches Register.

Souverains, Musée des, 91.
Speisekarte 35.
Sprache 6. 7.
Springbrunnen auf dem Place de la Concorde 66.
Square des Arts et Métiers 108.
Square du Louvre 74.
Staatsdruckerei 13. 111.
Sternwarte 102.
Strasbourg, Boulevard de, 60.
Stundenzeiger der Sehenswürdigkeiten 11 ff.
Sühne-Kapelle 132.
Sully, Pavillon, 82.
Sully, Pont, 2.
Synagogen 141.

Tables d'hôtes 37. 41.
Taschenspieler-Vorstellung 53.
Telegraph 47.
Télégraphie pneumatique 48.
Temple, Boulevard du, 60.
Temples protestants 14.
Terrasse du Bord de l'eau 70.
Terrasse de Feuillants 70.
Theater 50 ff.
Theaterkassen 50.
Theater-Plätze 51.
Théâtre-Français 52. 71.
Théâtre de la Gaîté 108.
Théâtre Historique 75.
Théâtre Lyrique 75.
Théâtre-Lyrique-Historique 52.
Théâtre du Palais-Royal 71.
Théâtre Robert Houdin 62.
Thermes, Palais des, 106.
Thiers, Salles, 92.
Tibre, Salle du, 94.
Tivoli-Vauxhall 56.
Tombeaux de Napoléon 114.
Tombeaux, Galerie des, 164.
Tour de l'Horloge 116.
Tour Saint-Jacques 2. 74.
Tramways 18. 21 ff.
Tramways-Nord 22.
Tramways-Sud 23.

Treibhäuser 153.
Trianons (Versailles) 169.
Tribunal de Commerce 118.
Trinkgelder 4.
Triomphe, Arc de, 5.
Triomphe de l'Etoile, Arc, 11.
Triumphbogen 68.
Trocadéro, Musée du, 15. 17.
Trocadéro, Palais du, 111.
Trocadéro, Salle du, 112.
Tuilerien 5.
Tuilleries, Jardin des (Tuilerien-Garten) 14. 66. 69.

Umgebungen 157 ff.

Valérien, Mont, 77.
Valois, Galérie, 72.
Variétés (Theater) 53. 61.
Vases peints à figures noires, Salle des, 90.
Vases peints à figures rouges, Salle des, 90.
Vaudeville (Theater) 52. 62.
Vendôme, Colonne du, 63.
Vendôme, Passage, 60.
Vendôme-Platz 63.
Vendôme-Säule 63.
Vénus de Milo, Salle de la, 94.
Vero-Dodat, Passage, 125.
Versailles 17. 161 ff.
Versailles, Gärten, 167.
Versailles, Palais de, 163.
Vesinet 57.
Victoire, Fontaine de la, 75.
Victoires, Place des, 124.
Ville, Hôtel de, 5. 75.
Vincennes 17. 57. 157. 158.
Vincennes, Bois de, 157.
Vincennes, Chateau, 158.
Vincennes, Chemin de fer de, 29.
Visitation, Eglise de la, 141.
Vivienne, Passage, 125.
Vivienne, Rue, 61.
Vogelmarkt 128.
Voitures, Musée de, 170.

Voitures de Place 17.
Voltaire, Boulevard, 60.
Voltaire, Statue, 121.
Vosges, Place des, 124.

Wachsfiguren-Kabinet 15.
Wasserwerke 152.

Weinhalle 128.
Wintergarten 80.

Zeit-Eintheilung 2 ff.
Zoll 6.
Zoologie, Galérie de, 155.
Zoologischer Garten 14. 154.

BIBLIOLIFE

Old Books Deserve a New Life
www.bibliolife.com

Did you know that you can get most of our titles in our trademark **EasyScript**™ print format? **EasyScript**™ provides readers with a larger than average typeface, for a reading experience that's easier on the eyes.

Did you know that we have an ever-growing collection of books in many languages?

Order online:
www.bibliolife.com/store

Or to exclusively browse our **EasyScript**™ collection:
www.bibliogrande.com

At BiblioLife, we aim to make knowledge more accessible by making thousands of titles available to you – quickly and affordably.

Contact us:
BiblioLife
PO Box 21206
Charleston, SC 29413

Printed in Germany
by Amazon Distribution
GmbH, Leipzig